MÉMOIRES
D'UN SIMPLE MISSIONNAIRE

D1313227

LA COLLECTION CIVILISATION DU QUÉBEC

Fondée en 1971 par la Direction des communications du ministère des Affaires culturelles, la collection Civilisation du Québec est un miroir de la culture des Québécois d'hier et d'aujourd'hui.

Les volumes de cette collection n'entrent pas dans un cadre étroit et préétabli. En effet, à l'image du peuple dont elle est le reflet, la civilisation est une notion assez flexible pour englober aussi bien les moyens de communication et les arts comme la musique, la danse, la sculpture, la peinture que les relations sociales au sein de la communauté inuit, les recettes de la médecine populaire, les techniques de la trempe des métaux par le forgeron du village et celles de la construction d'une maison.

Les sujets traités dans les volumes de la collection Civilisation du Québec sont aussi variés que les expressions de la vie de notre peuple et, en même temps, assez bien définis pour pouvoir lui servir d'accompagnateur.

Collaborent à cette collection des spécialistes de toutes les disciplines (artistes, archéologues, anthropologues, architectes, écrivains, historiens, urbanistes, etc.) et, en général, ceux qui s'intéressent aux vastes et multiples manifestations de la civilisation du peuple québécois.

(Voir la liste des ouvrages publiés à la fin de ce volume.)

SERGE BOUCHARD

MÉMOIRES
D'UN SIMPLE MISSIONNAIRE

le père Joseph-Étienne Guinard, o.m.i.
1864-1965

MINISTÈRE DES AFFAIRES CULTURELLES, QUÉBEC, 1980

Couverture: La visite épiscopale de Mgr Latulipe à Weymontachingue en 1913.

ISBN 2-551-03760-3

Dépôt légal: 1er trimestre 1980
Bibliothèque nationale du Québec

© Ministère des Affaires culturelles, 1980

Conception et réalisation: Direction des communications
Diffusion: Éditeur officiel du Québec

REMERCIEMENTS

Je désire remercier les personnes et les organismes suivants qui ont permis à cet ouvrage de naître:

Marie-Andrée Charest, pour la cartographie;
Christiane Bouchard-Garon, pour la dactylographie et la révision du texte;
Axel Harvey, pour la localisation des noms géographiques et la révision du texte;
Ignatius, E. La Rusic, pour la reproduction des photographies;
le père Gaston Carrière, o.m.i.;
le père Donat Levasseur, o.m.i.;
la Direction de l'archéologie et de l'ethnologie, en particulier Richard Dominique qui m'a aidé de ses commentaires, et la Direction des communications ·du ministère des Affaires culturelles.

Je tiens, par ailleurs, à rendre un hommage posthume au père Herman Plante qui, le premier, m'a suggéré de préparer le manuscrit pour la publication.

L'Auteur

PRÉSENTATION

Courte biographie

Joseph-Étienne Guinard naquit le 16 octobre 1864 à Maskinongé. À cette époque, ce petit village rural, situé entre Montréal et Trois-Rivières, regroupe des cultivateurs relativement prospères car les terres y sont riches et elles donnent un bon rendement. La communauté se situe en marge du grand mouvement de migration des «habitants» canadiens-français vers les villes ou vers les États-Unis, mouvement qui fut l'un des traits dominants de la société québécoise à la fin du dix-neuvième siècle. [1]

Sa mère, Marie Ross, est de descendance écossaise. Elle est morte en 1887 alors que Joseph, quatrième d'une famille de dix enfants, a vingt-trois ans et manifeste pour la première fois son intention de devenir prêtre. Son père, Olivier Guinard, réussit bien sur sa ferme puisque Joseph écrit, dans sa demande pour entrer au noviciat, que son «père est riche de douze à quatorze mille piastres.» [2]

Nous savons très peu de chose sur les vingt premières années de la vie de Joseph Guinard. Lui-même n'en traite pas dans ses mémoires et il semble bien qu'il en parlait peu à ses confrères oblats. Nous savons toutefois que Joseph-Étienne a fréquenté l'école primaire de Maskinongé pour ensuite poursuivre ses études classiques au séminaire de Trois-Rivières. Cela indique bien l'aisance de sa famille puisqu'en accédant au cours classique, sans se diriger

---

(1) L'historien Gérard Parizeau estime à un demi-million le nombre de Canadiens-français qui quittèrent le Canada pour les États-Unis à la fin du dix-neuvième siècle. Parizeau, Gérard. *La Société canadienne-française au XIXᵉ siècle*. Montréal, Fides, 1975, p. 94.

Il ajoute, par ailleurs, que la ville de Montréal a vu sa population passer de 57 715 en 1851 à 267 730 en 1901. (Parizeau, Gérard, *op. cit.*, p. 95, extraits du *Recensement du Canada*, 1901, vol. III, p. 329).

(2) Archives provinciales des Oblats. Montréal. Dossier Guinard.

vers la prêtrise, il est manifestement privilégié par rapport à l'ensemble de la société canadienne-française du temps.

Avant l'âge de vingt-deux ans, il ne songe donc pas à la prêtrise. S'il s'instruit, c'est d'abord parce que les circonstances le permettent et, ensuite, parce qu'il songe aux professions libérales. Comme il le dit lui-même, c'est pour devenir un «monsieur» qu'il poursuit ses études. [3]

En attendant de devenir ce «monsieur», Joseph Guinard évolue au milieu d'une société particulièrement renfermée sur elle-même. Il est élevé à l'école des idées les plus traditionalistes de l'époque. Son univers est celui du monde rural, catholique, tel qu'il se développe dans la seconde moitié du dix-neuvième siècle; une société où le clergé est en train de devenir extrêmement puissant. Le progrès y est mal vu, les changements technologiques redoutés et les nouvelles idées sont énergiquement combattues. La société se donne d'elle-même l'image d'une communauté achevée, d'un modèle imperturbable qui s'appuie sur les bases de la Terre, de la Famille, du Foyer et de la Foi. Ces idées ne quitteront jamais Joseph Guinard et elles entreront, plus tard, dans sa vision des communautés indiennes sur la voie de devenir ou de redevenir heureuses. N'anticipons pas trop cependant.

Recruté en 1887 dans le contexte d'une «retraite fermée» qui terminait le cours classique, Joseph Guinard entre au noviciat de Lachine. Il a choisi de devenir missionnaire oblat. On ne voit pas en lui le plus brillant des élèves: «Il a suivi son cours et n'a pas eu trop de difficultés à le faire», écrira le père Boisramé, le recruteur et l'évaluateur du novice Guinard.

Cette évaluation de ses capacités intellectuelles le suivra toute sa vie. Dès le début, on le considère comme un jeune homme honnête, très docile; un élève sans initiative dont le talent est limité. Mais c'est sur cette base qu'on entreprend quand même d'en faire un missionnaire oblat, en insistant sur sa force morale, son équilibre psychologique, sa fidélité et son absence d'ambition personnelle. C'est une recrue idéale pour les missions difficiles dans des régions éloignées. Il est simple et il plaira aux gens simples.

(3) Nadeau, Eugène. *Notice nécrologique du père Joseph-Étienne Guinard.* Ottawa, Archives Deschâtelets. Dossier Guinard, 1965.

En 1888, il entre au scolasticat Saint-Joseph, à Archville, près d'Ottawa. Il y fera deux années de théologie. Se remémorant cette époque du scolasticat, le vieux père Guinard, à la retraite, disait à ses confrères:

> «Au fond, mon idée, c'était de prêcher dans les campagnes. Mes confrères Deguire, Jeannotte, Tourangeau, Lewis, Arthur Guertin, étaient pour ça. Alors moi aussi j'étais pour ça. On était tous plus ou moins des orateurs dans ce temps-là et j'avais cette idée comme les autres. Je suis un curieux d'homme; foncer n'est pas mon fort. J'aime mieux suivre. On m'envoie quelque part et j'y vais comme un enfant.» [4]

Or, il me semble bien que le père Guinard a toujours conservé ce penchant pour la parole. Il avait la répartie facile et ses talents de conteur furent souvent appréciés. On lui a toujours reconnu un esprit vif et une parole extrêmement vivante. L'auteur de la notice nécrologique du père Guinard, le père Eugène Nadeau, n'est cependant pas tendre à l'endroit de Guinard, l'écrivain, le rédacteur de ses mémoires: ils sont décousus, de valeur inégale, anecdotiques, souvent mal écrits. Décidément, cet homme n'est pas un homme de lettres. Mais le père Nadeau s'empresse d'ajouter que si le père Guinard écrivait mal, il parlait par contre avec aisance et racontait des histoires à la façon des meilleurs conteurs. Bien triste consolation, d'autant plus que l'image qui domine dans la présentation que fait le père Nadeau du père Guinard est celle d'un homme persévérant et obéissant dont la plus grande qualité fut d'avoir été le type même du «père-n'importe-qui», toujours disponible; l'éternel remplaçant, le père, finalement, qui est toujours là, utile, bien qu'on ne le remarque jamais.

En décembre 1891, ce futur missionnaire effacé devient prêtre. Quelques mois plus tard, au printemps, il reçoit sa première obédience.[5] Dans la rédaction de ses mémoires, le père Guinard commence à ce moment de sa vie.

---

(4) Nadeau, Eugène. *op. cit.*, p. 4.

(5) L'obédience est l'attribution d'une responsabilité confiée à un religieux ou l'assignation d'un lieu où il doit exercer son ministère. Celui qui reçoit l'obédience doit l'accepter en vertu de son voeu d'obéissance.

S'il est choisi pour être de l'équipe missionnaire à qui l'on confie la tâche d'ouvrir les missions de la Baie-James sur une base permanente, c'est justement en raison de l'évaluation qu'on a faite de lui. En compagnie du père Fafard, l'homme d'expérience mais aussi l'homme de tête, du frère Lapointe, l'ouvrier, le père Guinard commence sa longue carrière de missionnaire effacé, celui qui sera toujours derrière un autre, comme c'est le cas à la Baie-James; ou le remplaçant d'un autre, comme ce sera le cas en Haute-Mauricie où il conservera toujours le titre de successeur du père Jean-Pierre Guéguen, même s'il sera missionnaire aussi longtemps que ce dernier l'a été.

Il reste six ans à la Baie-James. En 1898, il est de retour à Montréal où il réside une année entière dans la paroisse de Saint-Pierre-Apôtre, dirigée par les Oblats. Déjà sa réputation est faite puisque, durant toute cette année, selon le père Nadeau, le missionnaire s'occupe de la publication de livres religieux en langue indienne que d'autres ont préparés et remplace les pères de la paroisse lorsque ceux-ci sont surchargés ou absents. En 1899, on lui annonce qu'il ne retournera plus à la Baie-James. Il est plutôt envoyé à Maniwaki où il doit prendre la relève d'un père Guéguen vieillissant et malade après quarante ans de missions en Haute-Mauricie.

Même s'il accompagne le père Guéguen dans son dernier voyage missionnaire en Haute-Mauricie en 1899, le père Guinard ne recevra pas immédiatement la responsabilité de ces missions. C'est le père Georges Lemoine qui sera officiellement le successeur du père Guéguen entre 1900 et 1906. Durant ces années à Maniwaki, le père Guinard est une fois de plus «le prêtre-à-tout-faire». On le retrouve dans les villages de colons, dans les camps de bûcherons, dans les chantiers d'arpentage du nouveau chemin de fer Transcontinental et aussi dans les missions indiennes.

À partir de 1906, il entreprend de desservir régulièrement les populations indiennes de chasseurs-trappeurs dans le Haut-Saint-Maurice. Il importe de souligner que, déjà à cette époque, le père Guinard était rompu à la discipline des missions éloignées, particulièrement des missions indiennes. Il rencontrait bien la définition d'un missionnaire oblat oeuvrant dans le Grand-Nord canadien. Car il ne faudrait pas oublier que, en 1900, le Grand-Nord, c'était aussi l'Abitibi et le Haut-Saint-Maurice. Ce missionnaire, comme tant d'autres, parlait couramment le cri. Il s'était adapté à la solitude et aux longs voyages en forêt. Contrairement à la plupart de ses contemporains, il appréciait vivement la compagnie des Indiens.

Lorsque le père Guinard parle de la Haute-Mauricie dont il avait la responsabilité, il est nécessaire de citer une mise au point du père Gaston Carrière, historiographe bien connu de l'oeuvre des Oblats dans le Nord canadien:

> «Par missions du Saint-Maurice, on entendait un grand nombre de missions dont quelques-unes seulement étaient situées le long de la rivière Saint-Maurice; on visitait en particulier les postes suivants: Wemontachingue, Kikendache, Mekiskan, Waswanipi, Obedjwan, Kakebondang, le Grand Lac Victoria, le lac Barrière, Kipawa, Grassy Lake, le lac Dumoine, Nicomis, Majamegos, le lac Travers, le lac Doré, Manowan, Coucoucache, etc.» [6]

La région parcourue par le père Guinard est moins vaste et les postes visités sont moins nombreux, car un autre missionnaire s'occupait d'une partie du territoire, notamment au Grand Lac Victoria. Mais il reste que le père Guinard visita Waswanipi jusqu'en 1928, ce qui n'était pas exactement sur son parcours.

Même si, comme ses confrères l'ont souvent prétendu et comme lui-même l'affirmait, le père Guinard a toujours été un homme qui allait là où on le lui demandait, ce ne fut pas toujours sans un certain ressentiment. Dans ses mémoires, on notera qu'il est très malheureux, en 1900, lorsqu'il se rend compte qu'il ne remplacera pas, du moins immédiatement, le père Guéguen. Il n'apprécie guère que le père Lemoine remplisse à Maniwaki le rôle qu'il croit être le sien. Car s'il est une compétence que le père Guinard se reconnaît, c'est bien d'être un missionnaire pour les Indiens des régions éloignées.

À la fin de la guerre de 1914-1918, on envoie le père Guinard dans la région de Hearst, au nord de l'Ontario. Là-bas, il redevient le second, le père qui apporte son aide à un autre, notamment au père

(6) Carrière, Gaston, o.m.i. *L'Oeuvre des Oblats de Marie-Immaculée dans le nord canadien oriental*, Malaurie J. et Rousseau J. *Le Nouveau-Québec: contribution à l'étude de l'occupation humaine*. Paris, Mouton, p. 409.

Ovila Paquet dont le mandat se résumait à établir la mission de Hearst. Le père Guinard n'y demeurera que sept mois, mais dans l'ensemble, il s'agit pour lui d'une expérience malheureuse. En premier lieu, il ne s'entendait guère avec le père Paquet. Ensuite, il est bien certain que cette mission correspondait peu à ses intérêts puisqu'elle l'éloignait des Indiens de la Haute-Mauricie. Finalement, il se dispute par lettres avec monseigneur Latulipe au sujet de la construction d'une chapelle. Tout cela le décourage et, même s'il n'en fait aucunement mention dans ses mémoires, un examen de sa correspondance indique qu'il était profondément malheureux à cette époque. Il demande même à être envoyé au Yukon où, croit-il, il pourra s'occuper des Indiens sans qu'on lui donne d'autres assignations. Il pense alors qu'il ne reviendra pas à Maniwaki et, pour lui, le Nord-Ouest canadien est une voie d'échappement. [7]

Il revient pourtant, dès l'année suivante, pour s'occuper des missions du Haut-Saint-Maurice où, cette fois, on ne le dérangera plus avant 1940. Il est alors âgé de soixante-quinze ans et ses supérieurs décident de le remplacer. Le père Guinard est à la fois surpris et peiné de cette mise à la retraite. Il est surpris parce qu'il se croit encore capable de faire ses missions, même si la maladie l'avait cloué au lit quelques années auparavant pour de brèves périodes [8]. Il se croit bien rétabli et en bonne forme. La mise à la retraite signifie pour lui un retour définitif à Maniwaki où les Indiens sont turbulents et d'un commerce difficile. Dans le nouveau monde des années 40, le vieux missionnaire ne s'y retrouve plus, lui qui ne s'y retrouvait même pas dans sa Mauricie qui se modernisait en 1910.

En 1943, il prend une année de repos à la maison des Oblats à Richelieu. C'est à cet endroit que son supérieur, le père Eugène Guérin, lui demanda de rédiger ses mémoires. Le père Guinard s'y soumet sans trop de conviction. Ses mémoires de missionnaire, il n'y avait jamais pensé et cela lui apparaissait comme un devoir bien

---

(7) Archives provinciales des Oblats. Montréal. Correspondance du père Guinard.

(8) Même s'il mourut centenaire, le père Guinard ne jouissait pas d'une très forte santé. Après l'examen de son dossier dans les archives des Oblats, il semble bien que sa prostate lui causait de sérieux malaises. Lui-même mentionne qu'il avait des ennuis de santé au moment de ses missions à la Baie-James, alors qu'il était encore très jeune. Il ne dit jamais, toutefois, de quoi il est question précisément.

superflu. Mais ce vieil homme qui, de l'avis de plusieurs, allait mourir à brève échéance, avait une telle verve quand il parlait de ses missions passées et des longues routes parcourues, qu'il avait fini par faire croire, à son insu, que ce serait une bien grande perte s'il emportait avec lui ses souvenirs dans sa tombe. Il mit deux ans pour rédiger ses mémoires qu'il termina à Maniwaki en 1946. Il avait alors 82 ans.

En 1959, il est à l'agonie pendant quelques jours. Un communiqué est rédigé pour annoncer la mort du vieux missionnaire de 95 ans. Contre toute attente, il ne meurt pas et retrouve même une certaine vigueur.

En 1963, il demande son transfert à la maison des Pères de Sainte-Agathe-des-Monts où l'on pourra s'occuper de lui plus facilement. Il meurt à cet endroit, le 31 janvier 1965, âgé de cent ans et trois mois.

Le père Guinard et son temps

On peut dire du jeune père Guinard, de celui qui quitte Hull pour Albany sur les rives ouest de la Baie-James en 1892, qu'il appartient à une génération qui a pour ainsi dire grandi avec le clergé canadien-français. Avant 1860, le Canada français manque de prêtres et beaucoup viendront de France pour pallier à cet état de fait répondant ainsi aux demandes des évêques du Québec. C'est dans ce contexte, en 1841, que les Oblats viennent s'établir au Canada sur l'invitation de monseigneur Bourget, évêque du diocèse de Montréal à l'époque. [9]

Entre 1860 et 1900, la situation se renverse complètement et le clergé se «canadianise» rapidement. Durant ces années, il est en train de devenir «l'institution la plus musclée» du Canada français. [10] Vers 1885, dans les collèges classiques, soixante pour cent des finissants optent pour la prêtrise.[11] Or, ce nouveau clergé autochtone

(9) Carrière, Gaston. *op. cit.*, p. 395-396.
(10) Groulx, Lionel. *Histoire du Canada français depuis la découverte.* Montréal, Fides, 1960, p. 399.
(11) Savard, Pierre, *La vie du clergé québécois au dix-neuvième siècle,* dans *Recherches Sociographiques,* VIII, 3, Les Presses de l'université Laval, 1967, p. 270. C'est principalement dans cet article de Savard que j'ai puisé mes renseignements pour rédiger cette brève description du milieu clérical où Guinard a reçu sa formation.

ne vient pas grossir les rangs de l'élite francophone au Canada; on assiste avant tout à la naissance et au développement d'un clergé populaire. Dans les paroisses ouvrières des grandes villes, dans les villages des colons, dans les chantiers éloignés où des milliers d'hommes travaillent comme bûcherons, dans les missions indiennes, la majorité des prêtres sont des gens qui appartiennent au peuple. Ils n'ont pas à s'en approcher puisqu'ils en font partie. [12]

De ce bas-clergé, on n'attend rien d'autre que le simple exercice du ministère. Les prêtres talentueux, les penseurs ou les écrivains, se situent ailleurs que sur le terrain: ils enseignent ou ils publient. À l'occasion de brèves visites parmi les gens, surtout dans les régions éloignées et mal connues, ces prêtres «au talent relevé» [13] recevaient la permission, parfois le mandat, d'écrire et de publier des témoignages destinés à satisfaire la curiosité des contemporains ou les préoccupations des générations futures. C'est le cas du père Arthur Joyal qui écrivit un petit livre sur le Haut-Saint-Maurice et sur ses habitants, à l'occasion de la visite épiscopale de monseigneur Latulipe dans la région en 1913. [14] C'est aussi le cas de l'abbé V.A. Huard qui, à l'occasion d'une semblable visite sur la Côte-Nord, rédigea et publia un excellent ouvrage sur la région et sur ses habitants en 1895. [15]

Quant aux prêtres qui vivaient à l'année longue près de ces habitants, on n'attendait pas d'eux qu'ils témoignent de la vie des gens et de l'histoire de la région. On ne les avait pas orientés vers des exercices de créativité intellectuelle. Pourtant, les premiers Oblats qui avaient vécu dans les régions du Nord canadien dès 1844, avaient brillamment amorcé, parallèlement à leur ministère, le projet d'observer et de faire la chronique des pays et des gens où leur obédience les conduisait. Je pense au père Louis Babel, au père

(12) «Un prêtre canadien, commentant les conseils de Léon XIII et de Pie X, déclare à un visiteur français: Nous n'avons pas besoin d'aller au peuple, nous y sommes.» Cette citation se retrouve dans Arnould, Louis. *Les Églises séparées. L'organisation de l'Église au Canada*, dans *Le Correspondant*, p. 222-250. (Voir Savard, Pierre, *op. cit.*, p. 271.)

(13) J'emprunte l'expression à Pierre Savard.

(14) Joyal, Arthur. *Excursion sacerdotale chez les Têtes-de-Boule*. Québec, La Cie d'Imprimerie Commerciale.

(15) Huard, V.A. *Labrador et Anticosti*. Montréal, Leméac, 1972. (Réimpression.)

Charles Arnaud et surtout au père Émile Petitot, à qui nous devons les premières observations sérieuses sur le Nord-Ouest canadien. [16] Mais ces missionnaires-explorateurs étaient des européens qui n'avaient pas été formés dans les séminaires du Québec à la fin du dix-neuvième siècle. Les premiers Oblats canadiens, ceux de la génération du père Guinard, ne cherchaient pas spontanément à se poser en tant que chroniqueur de leur époque. Comme l'écrit Pierre Savard, dans son article sur le clergé québécois de 1890:

> «Les curés-colonisateurs comme le curé Labelle, ou les religieux populaires comme l'oblat Zacharie Lacasse, répondent au type de prêtre qu'attendent bien des fidèles. Lacasse, missionnaire-colonisateur, a publié une foule d'opuscules qui connurent un immense succès d'édition. Il célèbre d'une façon toute simple les beautés de la vie de colon, la joie des familles nombreuses et les dangers d'une instruction au-dessus de son état.» [17]

Ce sont là des thèmes issus de la propagande ultra-catholique du temps. Il ne s'agit pas d'écrits intellectuels, mais bien de reprises simplifiées d'idées propres à l'Église du siècle dernier. Car, pour rendre compte adéquatement du climat idéologique dans lequel se formait le jeune père Guinard, il faut introduire, outre la naissance d'un bas-clergé, une nouvelle dimension, celle des tendances ultra-traditionalistes du clergé de la seconde moitié du dix-neuvième siècle. La confrontation entre les courants libéraux et les courants ultra-traditionalistes ont été les faits saillants de l'univers idéologique de la seconde moitié du dix-neuvième siècle, dans un Canada français dont l'institution la plus solide était le clergé. Il s'agit, bien sûr, d'une querelle qui a largement retenu l'attention des historiens depuis. Soulignons particulièrement le volume de Nadia F. Eid, *Le Clergé et le pouvoir politique au Québec*, Cahiers du Québec, Hurtubise HMH, 1978, qui mérite d'être consulté non seulement pour l'analyse qui y

---

(16) Le département des Sciences Humaines de l'université du Québec à Chicoutimi vient de publier le journal du père Louis Babel.
    Quant au père Petitot, il fut un écrivain fort prolifique. Pour un très bon inventaire de ses travaux et pour un bon aperçu de l'homme, voir: Savoie, Donat. *Les Amérindiens du Nord-Ouest canadien au dix-neuvième siècle selon Émile Petitot*, dans *Travaux de recherche sur le delta du Mackenzie. Les Esquimaux Tchiglit.* Ministère des Affaires indiennes, 1971. Vol. 1.
    (17) Savard, Pierre. *op. cit.*, p. 272.

est faite de ces courants idéologiques, mais aussi pour la bibliographie sur le sujet. [18]

Sans prétendre résumer les aspects fondamentaux de cette querelle, il serait probablement utile ici d'en relever quelques-uns. Principalement dirigé par monseigneur Bourget, évêque de Montréal, et plus tard par monseigneur Laflèche, évêque de Trois-Rivières, le mouvement ultra-catholique livra, entre 1850 et 1900, une virulente bataille idéologique aux principes de la pensée libérale qui se développaient dans certains milieux élitistes de la province de Québec. Le courant libéral, qui regroupait principalement des intellectuels laïcs, mais qui intéressait aussi une partie du haut-clergé (monseigneur Taschereau à Québec), prônait la séparation de l'État et de l'Église, confinait le clergé à son rôle religieux et reconnaissait au peuple son droit souverain. À l'inverse, le courant ultra-catholique, appelé ultramontain à l'époque, défendait la légitimité des pouvoirs temporels de l'Église, prônait un État catholique et niait au peuple tout droit souverain. Le principe d'autorité, en particulier celui de l'autorité de l'Église, l'emporte sur tout droit populaire. Pour monseigneur Bourget, pour monseigneur Laflèche et pour monseigneur Taché à Saint-Boniface, tout mouvement populaire est un mouvement dirigé contre l'autorité. Or, dans un État catholique, l'autorité première est celle de l'Église qui se situe elle-même au-dessus du gouvernement élu.

Même si ce courant de pensée disparut formellement à la fin du dix-neuvième siècle avec la mort de ses plus ardents défenseurs, il reste qu'il allait continuer pendant longtemps d'exercer une influence dans la société canadienne-française par le biais de nombreux prêtres qui avaient été formés dans cet esprit. Le père

(18) Ce livre est en fait une thèse extrêmement bien documentée sur les courants idéologiques ultramontain et libéral dans le Québec du dix-neuvième siècle. J'en ai malheureusement pris connaissance après avoir rédigé cette présentation des mémoires du père Guinard. Dans le cas précis des courants idéologiques, je me suis principalement appuyé sur les trois travaux suivants: Sylvain, Philippe. *Quelques aspects de l'antagonisme libéral-ultramontain au Canada-français*, dans *Recherches sociographiques*, VIII, 3, Québec, Les Presses de l'université Laval, 1967. Parizeau, Gérard. *Monseigneur Ignace Bourget*, dans *La Société canadienne-française au XIXe siècle*. Montréal, Fides, 1975, p. 181-231. Wade, Mason. *Les Canadiens-français de 1760 à nos jours*. Ottawa, Le Cercle du livre de France, 1966. L'encyclopédie du Canada français. Voir en particulier le chapitre VII, *Douleurs de croissance* (1967-1896), p. 365-430. Vol. 1.

Guinard est de ceux-là; il appartient à l'univers ultra-catholique. Pour lui, le monde est catholique ou il n'est rien. Pourtant, même s'il est resté durant toute sa vie un homme du dix-neuvième siècle de par sa fidélité aux principes les plus traditionalistes de son temps, Guinard écrit ses mémoires sur un ton qui intrigue. En réalité, puisque c'est un prêtre de faible envergure, son rôle aurait dû être, en admettant qu'il ait eu le goût d'écrire (ce qui n'était pas le cas), de se poser en énergique propagandiste de la vie saine et heureuse dans les régions frontières, au difficile pays de la colonisation. Cela, il ne le fait pas et ses mémoires sont, au contraire, la chronique d'une catastrophe, celle du développement, certes, mais aussi celle de la colonisation.

D'un côté, il ne manquait pas d'idées sur les coûts sociaux entraînés par le développement économique et par la mise en valeur des ressources naturelles de la province. La région où il exerçait son ministère était une région cible sur ce point. Mais sur le fond, il semble bien être resté très traditionaliste, ce qui ne lui permettait guère de prendre clairement position et ce qui le plaçait souvent en contradiction avec lui-même. Par exemple, il n'est pas dupe de la connivence et de l'opportunisme des marchands de bois qui procèdent à l'exploitation désordonnée des richesses forestières de la Mauricie avec l'assentiment d'un gouvernement complaisant. Il soupçonne à bon droit des abus et des collusions sur les plans économiques et politiques dont les résultats sont tragiques pour le «monde ordinaire», notamment pour les autochtones de sa région. Plus d'une fois dans son manuscrit, il dénonce les profiteurs que sont les entrepreneurs et les financiers. Il le fait pour ce qui est de l'exploitation des ressources dans les territoires éloignés et il le fait aussi pour les conditions sociales durant la guerre de 1914-1918, conditions qui firent le malheur de la plupart pour en enrichir quelques-uns. Il désigne plus d'une fois l'inertie et l'irresponsabilité gouvernementale en matière d'exploitation des ressources naturelles. Pour lui, cette entreprise relève plus du pillage que de l'exploitation intelligente. Il va plus loin et ses propos sont étonnamment contemporains quand il se scandalise de la misère des hommes dans les chantiers, quand il constate les dommages causés à la nature et quand il déplore la mauvaise planification des grands projets de l'État (barrages, chemins de fer); une planification douteuse qui entraîne une énorme perte d'argent, de biens et d'énergies humaines.

Même les colons, dont il aurait pu, disions-nous, vanter les mérites de la vie simple mais heureuse, sont décrits comme les victimes d'un système qui sépare les familles. Ce système arrange les marchands de bois, mais il plonge dans le malheur tous ces colons qui sont obligés, pour survivre, de monter dans les chantiers à chaque hiver. [19] Pour le père Guinard, ces choses ne sont pas normales. Il sous-entend partout dans ses mémoires que le peuple, les colons, les bûcherons, les travailleurs et les Indiens sont victimes d'un progrès qui a besoin de sacrifier le peuple pour poursuivre sa course. Mais ses allusions et ses plaidoyers tournent court. Il est manifeste que le père Guinard est dans l'incapacité d'admettre que ce même peuple dont il dénonce l'exploitation puisse se prendre en charge lui-même. Il est contre toute manifestation populaire; la révolte et l'indiscipline l'effraient. C'est ici que l'héritage du dix-neuvième siècle se fait le plus sentir.

Dans cette perspective, on comprend mieux pourquoi le père Guinard dénonce la misère humaine sans pouvoir admettre que les hommes puissent y changer quoi que ce soit. Voilà comment il est en mesure de faire, au premier ministre L.A. Taschereau, une plaidoirie revendicatrice au nom des Indiens de la Mauricie, décrivant dans une remarquable synthèse tous les facteurs qui concourent à l'écrasement et à la destruction de cette population, tout en s'indignant, presque dans le même souffle, des activités des mouvements indiens de

---

(19) «Dans les années 1880, un Provincial oblat français, le père Augier, censure le père Paradis, un Canadien, qui a entrepris une campagne contre les marchands de bois qui exploitent les colons». Savard, Pierre. *op. cit.*, p. 266.

On pourrait penser que le père Guinard n'était pas le seul à protester contre ce régime d'exploitation. Sa situation de «petit missionnaire» fit qu'il ne fut jamais vraiment réprimandé, même si l'examen de sa correspondance indique que ses supérieurs trouvaient qu'il se plaignait trop souvent au gouvernement des difficultés qu'il rencontrait par le biais de nombreuses lettres de protestation.

À l'époque, ce que Guinard et d'autres dénonçaient, c'était le prolongement du règne des «lumber barons», ces écumeurs de la forêt, comme les appelle Gérard Parizeau. Sur ces capitalistes anglophones qui pillèrent les plus belles forêts du Québec au dix-neuvième siècle et au début du vingtième, voir: Hamelin, Jean, et Jean-Yves Roby. *Histoire économique du Québec, 1851-1896*. Fides, Montréal, 1971. Les «lumbers barons» jouissaient du système des redevances dérisoires à la province et profitaient de la situation des colons.

revendication, allant même jusqu'à considérer les Indiens comme des enfants gâtés par le gouvernement. Dans ce dernier cas, il s'agit d'un préjugé qui n'a rien perdu de son actualité.

En somme, le père Guinard ne peut pas s'empêcher de voir dans les grands bouleversements dont sa région est victime, un cataclysme qui a pour nom progrès et au nom duquel beaucoup d'abus sont commis au détriment du peuple. Mais en sa qualité de prêtre très traditionaliste, les seules consolations possibles se retrouvent dans la prière et la résignation.

Le Nord et les Indiens

En 1900, Maniwaki est un village à la frontière de la civilisation. La Gatineau, la Mauricie, l'Abitibi et le Témiscamingue sont aux Québécois du temps ce que la Baie-James, l'Ungava et le Labrador représentent pour nous aujourd'hui. Les projets prestigieux de l'époque se concrétisent dans les barrages, dans les chemins de fer et dans l'exploitation intensive des ressources forestières de régions demeurées jusque-là l'apanage exclusif des intérêts des marchands de fourrure. Des milliers d'hommes se déplacent pour suivre ces nouveaux développements et ils se mettent à sillonner et à habiter temporairement ces pays dits «sauvages». C'est aussi l'époque de la colonisation. Nous savons que ce mouvement a fourni une grande partie de la main-d'oeuvre dans les chantiers où se faisait la coupe du bois. Ce n'est pas d'hier que les Québécois sont à la remorque des chantiers et des grands projets pour se trouver des emplois afin de gagner leur vie.

Les mémoires racontent tout cela mais ils suggèrent plus encore. Ils fournissent des éléments qui nous aident à comprendre comment le Nord était perçu à l'époque. On y voyait un pays vierge, vide d'homme ou habité par des sauvages, ce qui revenait au même. Ce pays avait une autre caractéristique fondamentale: il était infiniment grand et infiniment hostile à l'homme civilisé. Il fallait donc le combattre, le repousser, changer son visage là où c'était possible. Cela prit la forme de la colonisation, du défrichement des terres, de la création de nouvelles campagnes.

19

Il fallait aussi le combattre sur d'autres fronts, pénétrer plus avant dans son sein afin de mettre en valeur ses richesses naturelles, réussir au prix de travaux considérables et de peines immenses à faire en sorte que ce désert rende, alors qu'il n'était bon qu'à fournir du bois et des minéraux. Il y avait donc, dès le début, une certaine euphorie, – Guinard ne manque pas de le noter, – une agressivité et un dépassement réel de l'échelle des événements tels qu'ils se déroulaient dans les villes et les campagnes de la vallée du Saint-Laurent. [20]

Quant aux Indiens, nul n'y prenait garde. S'il y eut un certain mouvement pour voir ces gens si différents, ce fut surtout pour raffermir une certaine impression d'exotisme qui, pour les Blancs, se dégageait de la grande aventure en ces pays sauvages. On voulait voir des Indiens, mais il n'était pas question de les voir exister vraiment. Tout le développement de la Haute-Mauricie s'est fait dans l'ignorance la plus complète des droits et des revendications des Indiens.

La position de Guinard sur ces droits n'est pas facile à cerner, même si ses mémoires démontrent avec précision comment les Têtes-de-Boule furent frappés de plein fouet par le développement. Le missionnaire fait partie de ces gens qui prétendent que des injustices sont commises dans les régions éloignées et que les Indiens, en particulier, paient trop cher le prix de la mise en valeur des ressources. Mais conformément à ce qui fut établi plus haut concernant les idées du père Guinard sur le plan social, celui-ci ne peut pas admettre que «ses Indiens» réclament leurs droits. C'est au nom de la morale chrétienne et en rapport avec une certaine image de la société idéale, que le missionnaire dénonce les injustices et en appelle au bon sens des gouvernants. Selon lui, les Indiens doivent être mieux traités, et ce meilleur traitement viendra nécessairement «d'en haut», de l'univers des responsables; bref, de l'autorité en poste.

Le peu de confiance que Guinard accorde aux Indiens, eu égard à la possibilité qu'ils luttent eux-mêmes pour faire valoir leurs droits,

(20) Voir Morissonneau, Christian. *La Terre promise: le mythe du Nord québécois*. Montréal, Hurtubise HMH, 1978. Coll. Ethnologie. Cahiers du Québec, n° 39.

vient du fait qu'il les considérait comme de grands enfants irresponsables. Cette idée a une double origine: d'une part, le père partageait partiellement le point de vue de son époque sur les Indiens et, d'autre part, il soutenait le caractère d'irresponsabilité des Indiens, ce qui revenait à prolonger la doctrine ultramontaine du peuple incapable de décider par lui-même et pour lui-même de ce qui est bon ou de ce qui est mauvais. Ce dernier aspect a déjà été abordé. Cependant, il vaut la peine de s'arrêter sur le premier: le point de vue de l'époque sur les Indiens.

Plusieurs passages des mémoires nous indiquent que le père Guinard considérait le passé païen des Indiens comme une époque misérable où les gens sombraient dans les pires excès, s'adonnaient à des guerres interminables, massacraient et torturaient tous les jours, vivaient en somme sans foi ni loi. Pour lui, le plus grand bienfait de la religion catholique et de l'intervention des missionnaires fut de calmer tous ces esprits, de les avoir «élevés» à un certain niveau de civilisation où, pour leur plus grand bien, ils acceptaient de respecter certaines règles morales. Là encore, ce sont bel et bien les idées véhiculées par les historiens de l'époque que, par ailleurs, Guinard doit bien avoir lus. Des auteurs comme l'abbé Casgrain ou l'abbé Ferland insistaient sur des points particuliers lorsqu'ils décrivaient les «sauvages du Canada». La cruauté, l'indiscipline, l'immoralité, la perfidie furent toutes des composantes du portrait de l'Indien que les Canadiens français se faisaient à travers leurs historiens catholiques. Dans tous les ouvrages du temps qui traitent de l'histoire, le sauvage n'est pas encore réhabilité; il reste cet être capricieux, imprévisible comme un démon, le bourreau des Jésuites. Plus que jamais, c'est un mythe, ce fameux mythe qui stigmatisera l'Iroquois et qui fera de lui l'archétype du «sauvage cruel». [21]

Le père Guinard donne l'impression qu'il prend ce mythe pour le passé réel des Indiens. Il insiste néanmoins pour se convaincre, et convaincre les autres, qu'il y eut certains païens qui furent moins dangereux que les autres dans la mesure où ils furent

(21) Voir Arcand, Bernard et Sylvie Vincent. *L'image de l'Amérindien dans les manuels scolaires du Québec, ou comment les Québécois ne sont pas des sauvages.* Montréal, Hurtubise HMH, 1979. Coll. Cultures amérindiennes. Cahiers du Québec n° 51.

historiquement les alliés des Français en Nouvelle-France. Dans la réalité, le père Guinard a affaire quotidiennement à des Indiens bien différents. Il est au milieu de gens dont il dira qu'il préfère la compagnie à celle de tous les autres. Mais pour lui, ces gens sont justement le résultat concret de l'oeuvre missionnaire. Sans la religion catholique, ces gens seraient vraiment des «sauvages». Chrétiens, ils constituent l'exemple type d'un groupe obéissant et pieux, le modèle parfait d'un embryon social qui pourrait facilement devenir une société idéale, si ce n'était de ce progrès destructeur et de la présence des Blancs capitalistes de la région.

Je pense que nous touchons là le coeur de la sympathie qu'éprouve le père pour les Indiens en même temps que de ses anxiétés vis-à-vis du progrès. Pour les Indiens, il est partisan des «missions closes», c'est-à-dire qu'il prône des villages séparés et protégés par des lois gouvernementales. En ce sens, il est d'accord avec le système des réserves indiennes du gouvernement fédéral si ce n'est qu'il voudrait, outre qu'elles soient toutes desservies par un prêtre catholique, que ces réserves soient encore plus réservées, plus protégées et plus isolées. Pour le père Guinard, les territoires de chasse des Indiens doivent être vus comme des jardins cultivés par les chasseurs: les Indiens ont besoin d'espace et les jardins méritent d'être protégés. Il est inacceptable que ces jardins soient impunément spoliés par les compagnies qui s'y voient concéder des privilèges excessifs qui briment les Indiens.

À travers les mémoires, on finit par découvrir que pour le père Guinard, une société normale est un village composé de catholiques vivant près de la nature. Cette nature est cultivée; on y récolte les fruits de son travail, que ce soit par la chasse, la «trappe», la pêche, l'élevage ou la culture des champs. La Foi, la Famille et le Foyer sont les composantes de cette communauté idéale. Le père Guinard croyait fermement que l'on devait rester près de la terre pour se suffire à soi-même. Cette auto-suffisance représentait pour lui la raison fondamentale de la vie.

On comprendra que les événements qui bouleversent la Mauricie à partir de 1905 le dépassent complètement. Il trouve misérable de sacrifier son indépendance au nom du progrès. Il lui est impossible d'avoir de la sympathie pour ceux qui ne pensent qu'au

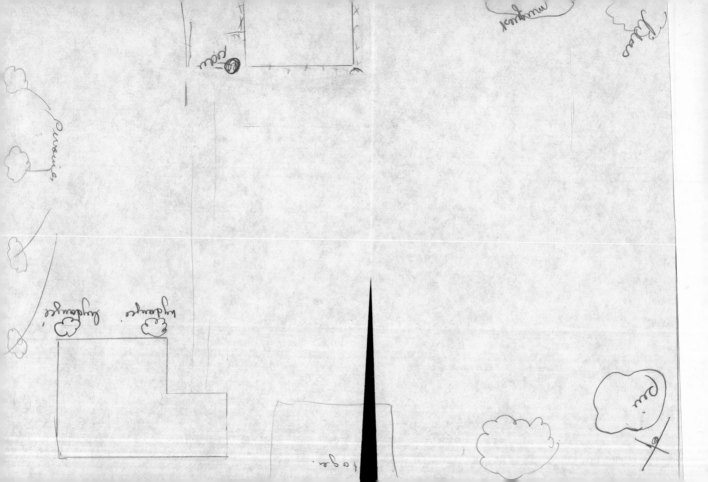

profit et à l'argent. Le progrès n'est acceptable qu'en circuit fermé, qu'à l'intérieur des «missions closes», où l'on serait idéalement en mesure d'en contrôler les effets négatifs. Le vrai progrès, c'est celui qui donne des maisons à ceux qui n'avaient que des tentes malsaines, des écoles à ceux qui n'en avaient aucune et des soins médicaux à une population gravement menacée par la tuberculose. Tout le reste n'est qu'aliénation et malheur.

Finalement, pour ce qui est des Indiens, on retrouve toujours chez lui cette contradiction qui le mène en même temps à la révolte et à la soumission. Il en arrive immanquablement là parce que, pour lui, le seul bonheur terrestre qui soit possible en est un de soumission et que cette soumission, condition première de bonheur, n'existe que dans une société «close», autarcique, imperméable aux grands changements de ce monde qui font s'agiter les masses, disloquent la structure familiale et remettent tout en cause.

Or, cette contradiction sera toujours de plus en plus évidente puisque, dans la réalité, ses «missions closes» ne seront jamais vraiment closes; son retour à Maniwaki en 1940 lui enlèvera toutes ses illusions. Ses villages autonomes de jardiniers de la nature n'existent pas. Bien au contraire, la porte est grande ouverte aux effets désastreux du progrès. Plus que jamais, le rythme s'accélère. Même la société rurale dans laquelle il a lui-même été élevé, et qui lui sert de modèle, est en train de se disloquer sous ses yeux.

Au fond, à travers les Indiens, c'est le problème de la société canadienne-française que le père Guinard aurait voulu voir régler. Les Indiens isolés nous devanceraient si on les protégeait. Ils pourraient facilement se suffire à eux-mêmes; ils pourraient jardiner en paix et ne dépendre que de la protection de gouvernants avertis. Ils pourraient accéder à l'équilibre et à la stabilité pour finalement se renfermer sur eux-mêmes, face à Dieu, imperméables aux tourbillons de l'histoire.

Les Mémoires

Le père Guinard ne fut pas très heureux lorsque le père Eugène Guérin lui demanda de rédiger ses mémoires, en 1943. Il était malade, il avait presque quatre-vingts ans et il acceptait mal d'être rendu au bout de ses courses. Le vieux missionnaire ne considérait pas qu'on lui suggérait de coucher sur papier ses souvenirs: il y vit un ordre de ses supérieurs. Il entreprit donc d'écrire ses mémoires à la manière d'un élève qui fait un devoir à l'école. Qui plus est, il le fit comme un élève qui a hâte d'en finir, qui va vite dans le but de se débarrasser de ses obligations. Il est clair qu'il ne s'était jamais préparé à faire, sur le tard, la chronique de sa vie missionnaire. Il y va sans plan rigoureux, au gré de ses souvenirs. Il sait très bien que nul ne le considère comme un intellectuel dans sa congrégation. Non seulement attache-t-il une importance secondaire à la forme, mais encore croit-il que le contenu lui-même n'a qu'une valeur relative sur le plan historique: la géographie du pays a changé à cause des barrages et, pour les originaux qui s'intéresseraient à ce qu'était ce pays en 1900, les mémoires fourniront peut-être des détails importants.

On a vu que le résultat final fut jugé sévèrement par ses confrères, par le père Nadeau notamment. Le manuscrit est impubliable. Il contient trop d'anecdotes, il est décousu, mal écrit, etc. On excuse ce mauvais travail du père Guinard en invoquant son âge et en se rappelant, de toute façon, qu'on avait peut-être trop demandé à un homme dont on savait depuis 1888 qu'il n'avait pas un grand talent. La seule vocation possible du manuscrit sera de devenir une pièce d'archives que les historiens consciencieux consulteront. C'est bien ce qui arriva: les rares copies (quatre) se retrouvèrent dans les archives des Oblats où, pendant trente ans, à peu près personne ne les consulta.

Sur la forme, le père Nadeau avait bien raison. Telles quelles, les mémoires du vieux missionnaire ne représentaient qu'un brouillon, la copie d'un élève inappliqué. Sur le fond, l'affaire est différente. À plus d'un égard, le discours du père Guinard se démarque du modèle classique des «mémoires de missionnaire». Bien sûr, il insiste souvent sur ses succès apostoliques, mais en même temps il ne cache pas ses déboires qu'il relate parfois avec humour, parfois avec nostalgie. Ce qui importe surtout, et nous retrouvons là le fond même de son originalité, c'est qu'il ne maquille jamais la réalité sociale et historique qui faisait son quotidien.

Cela, on lui en fit grief, ce qui revient à dire qu'on lui a reproché sa franchise qu'on tenait pour de la naïveté ou pour des erreurs de jugement. Comment peut-on, au vingtième siècle, s'opposer au progrès et dénoncer la misère quand on sait très bien, qu'au contraire, tout va en s'améliorant dans notre société.

> «Ajoutons que, sur le Saint-Maurice même, l'oblat eut parfois peine à comprendre l'inévitable. Peut-on lui reprocher de ne pas avoir eu le génie d'un monseigneur Taché et, faute de marcher au rythme du siècle, d'avoir, au fond, regretté l'envahissement du progrès sous la forme d'un chemin de fer Transcontinental ou d'un barrage Gouin?» (Nadeau, *Notice nécrologique du père Guinard.*)

Or, il se trouve maintenant que les anxiétés du père Guinard, que ses protestations vis-à-vis des dommages faits aux hommes et à la nature sont devenues des préoccupations tout à fait modernes. Par un curieux cheminement, les nouveaux partisans de l'équilibre naturel, de la vie saine et de la communauté autarcique redisent, sans trop le savoir, des discours qu'on qualifiait hier de radotage du dix-neuvième siècle.

Les mémoires ont donc cette grande qualité: ils ouvrent la porte à la reconstitution d'une généalogie de certaines idées fondamentales: les réserves écologiques, l'auto-suffisance, les villages protégés et au fond, le droit des gens de se défendre contre des projets dérangeant qui ne leur rapportent rien à eux.

Pour ma part, c'est dans cet esprit que j'entrepris de faire en sorte que ces mémoires soient publiables. Le vieux père Herman Plante, responsable des archives du séminaire de Trois-Rivières où j'ai lu le manuscrit pour la première fois en 1976, m'avait confié qu'il trouvait dommage que si peu de gens connaissent les «Mémoires du père Guinard» compte tenu de tous les mauvais textes qui se publient aujourd'hui sur le Nord et sur les Indiens. Je crois bien l'avoir pris au mot.

J'ai réécrit le texte entièrement, réaménagé les chapitres, amputé des redites, clarifié des passages obscurs. Quant à la forme, je ne crois pas que le père Guinard s'y reconnaîtrait beaucoup.

Néanmoins, certains passages sont demeurés intacts («Mon Calice brisé» et la plupart des descriptions de paysage) car, dans certains cas, l'auteur des mémoires s'appliquait. Mais dans l'ensemble, le travail que j'ai fait sur le manuscrit s'avérait tout à fait nécessaire. Souvent, le vieux père commençait un récit et l'abandonnait sans le terminer, pour le reprendre plus loin dans des contextes bien différents.

Pour ce qui est du contenu, tout est là. Les choses qui sont relatées sont essentiellement celles que le père Guinard a voulu voir dans ses mémoires. J'ai amputé une annexe qui se trouvait dans le manuscrit original parce que je n'avais pas la compétence pour en faire l'édition. Il s'agit de notes sur la langue et la tradition orale des Têtes-de-Boule.

Je crois qu'il faut voir dans ces mémoires le simple témoignage d'un homme ordinaire. Ces témoignages sont rares et, à mon avis, ils ont une grande valeur. L'histoire retient peu de la vie du peuple; dans ce cas précis, si on sait bien que le dix-neuvième siècle a donné naissance à un bas-clergé, on ne sait rien par contre sur ce qu'il fit vraiment au jour le jour. Il y a plus. S'il est vrai que les prêtres comme Guinard n'avaient pas à se rapprocher du peuple parce qu'ils en faisaient déjà partie, les souvenirs du père apportent un nouvel éclairage sur ce que fut le développement nordique au début du siècle; ils apportent les vues de ceux qui le vivaient «par en bas» et «par le dedans».

Or, je l'ai mentionné plus haut, ses relations nous démontrent crûment qu'il y a un parallèle à établir entre l'approche actuelle dans le développement des ressources du Grand-Nord et celle qui prévalait dans le Nord de l'époque. Pour ceux qui pensent que tout cela c'est de l'histoire ancienne et qu'aujourd'hui nous sommes mieux organisés, les mémoires contribueront peut-être à semer certains doutes dans leur esprit. Pour ceux encore qui croient que les théories pour économiser l'énergie, protéger la nature et la culture sont des idées nouvelles, ils verront que ces idées circulaient déjà dans la tête et dans les dires des gens ordinaires d'autrefois. En ce sens, les propos du père Guinard sont très modernes.

Le père Guinard confiait un jour au père Nadeau: «On peut facilement massacrer mes textes, mais on ne fera pas disparaître facilement l'image que j'ai imprimée dans l'âme de mes chers

Indiens.» [22] Je suis bien coupable de ce massacre pour avoir émondé ses écrits, reformulé ses récits et bouleversé l'ordre original de la présentation. Mais je crois l'avoir fait pour une très bonne raison: la réhabilitation d'un témoignage important qui, avec trente ans de retard, mérite encore d'être connu de ceux qui s'intéressent à l'histoire, non pas parce qu'elle pourrait être vraie, mais bien parce qu'elle a été vécue.

Serge Bouchard
Pointe-aux-Trembles
Novembre 1978

---

(22) Le père Guinard écrivait ce commentaire de dépit parce qu'un collègue avait édité son manuscrit sur les noms indiens des lieux géographiques en modifiant passablement le texte original jugé mauvais. Effectivement, outre ses mémoires aujourd'hui publiées, le père Guinard est l'auteur d'un livre sur la toponymie amérindienne (source: Archives oblates, Montréal, *dossier Guinard*).

MÉMOIRES DU R.P. JOSEPH GUINARD, O.M.I., MISSIONNAIRE DE 1892 A 1943

J'écris ces mémoires pour obéir à mes supérieurs qui me les ont expressément demandés. Je le fais aussi par souci historique puisque, dans quelques années, il y aura de nombreux lacs, rivières et missions, dont il est question tout au long de mes récits, qui seront tombés dans l'oubli ou encore que personne ne pourra plus localiser exactement en raison des activités de la Commission des eaux courantes du Québec qui, depuis trente ans, érige un peu partout dans le nord de la Province de nombreux barrages.

J'ai vu tous ces changements et, comme bien des missionnaires, j'ai commencé mes courses en canot d'écorce en 1892 pour les finir en aéroplane en 1940.

Je raconte des choses que j'ai vues, des choses auxquelles je fus mêlé. Beaucoup d'événements dont il est fait mention dans ces mémoires me furent rapportés durant mes voyages missionnaires par les Indiens eux-mêmes ou encore par d'autres missionnaires.

CHAPITRE PREMIER

MISSION À LA BAIE-JAMES (1892-1898)

De Hull à Albany

Ma première obédience me fut donnée en 1892 par le révérend père Martinet qui visitait alors les Oblats du Canada. C'est ainsi qu'en mai 1892, je partais de Hull pour me rendre à Albany, à la Baie-James, en compagnie du révérend père Lefebvre, provincial, qui s'en allait à Ville-Marie. Nous nous sommes arrêtés à Pembroke pour nous entretenir avec monseigneur Z. Lorrain, vicaire apostolique de Pontiac, dont

(1) C'est monseigneur Ignace Bourget, évêque de Montréal, qui invita les Oblats français à venir s'établir au Canada en 1841. Trois ans plus tard, les Oblats se voyaient confier l'apostolat des Indiens dans à peu près toutes les régions nordiques du Canada.

Sur l'histoire des activités oblates dans le nord du Québec, il faut consulter: Carrière, Gaston, o.m.i. *Histoire documentaire de la Congrégation des missionnaires Oblats de Marie-Immaculée dans l'est du Canada*, Ottawa, éd. de l'université d'Ottawa, 1957-1963, 5 Vol.

L'expression «Vicariat Apostolique», qui reviendra souvent dans les mémoires du père Guinard, désigne un territoire apostolique en voie de devenir un diocèse. Dans les régions nordiques, où de vastes territoires étaient sous la responsabilité des missionnaires qui ne faisaient que commencer à les desservir de façon régulière, cette appellation de «Vicariat apostolique» était d'usage courant. Quant à la «feuille de pouvoir», il s'agissait tout simplement de l'autorisation donnée par un évêque ou un vicaire apostolique à un prêtre pour que celui-ci puisse exercer son ministère dans le territoire en question.

31

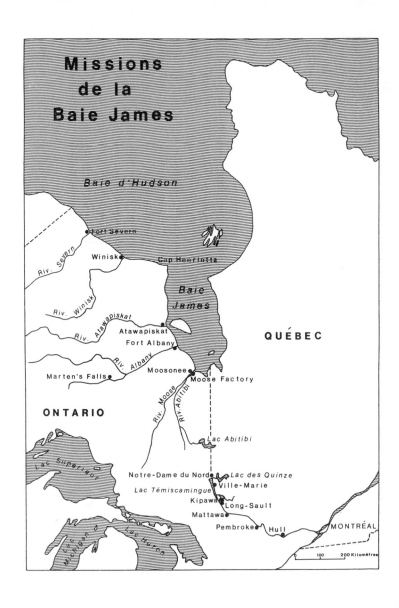

Missions
de la
Baie James

Baie d'Hudson

Fort Severn

Winisk

Cap Henrietta

Baie
James

Riv. Severn

Riv. Winisk

Riv. Attawapiskat

Attawapiskat

Fort Albany

Riv. Albany

Marten's Falls

Moosonee

Moose Factory

QUÉBEC

ONTARIO

Riv. Moose

Riv. Abitibi

Lac Abitibi

Lac Superieur

Notre-Dame du Nord

Lac des Quinze

Lac Témiscamingue

Ville-Marie

Kipawa

Long-Sault

Mattawa

Pembroke

Hull

MONTRÉAL

Lac Michigan

Lac Huron

100   200 Kilomètres

I

De Hull à Ville-Marie

J'écris ces mémoires pour obéir, et aussi pour l'histoire, car dans quelques années, il y a des rivières, des lacs et des missions dont il est parlé dans nos annales qui ne pourront être localisés à cause de l'oubli et de nombreux barrages qui ont été construits depuis 30 ans par la Commission des Eaux Courantes de Québec; puis j'ai vu tous les changements qui se sont faits dans la manière de voyager des missionnaires, depuis le frêle canot d'écorce au canot automobile et à l'aéroplane.

Ce que je vais raconter, ce sont des choses que j'ai vues, auxquelles j'ai été mêlé et aussi qui m'ont été racontées par les indiens, nos Frères et nos Pères, c'est 51 ans de missions chez les indiens, les bucherons et les colons.

Je commence avec ma première obédience qui me fut donnée en 1892 par le R.P. Martinet qui alors visitait les oblats du Canada. En mai 1892, je partis de Hull, j'accompagnais le R.P. Joseph Lefebvre, Provincial qui allait à Ville-Marie. Nous sommes arrêtés à Pembroke voir son Excellence Mgr J. Lorrain, alors Vicaire apostolique de Pontiac et duquel dépendait la mission d'Albany, Baie James. Je fis ma Profession de Foi, il me bénit et me donna une feuille de pouvoirs. Il s'entretint longtemps avec le Provincial.

De Pembroke nous sommes partis pour Mattawa. Le long du trajet je regardais par la fenêtre, je ne voyais que souches, troncs d'arbre, chicots, broussailles et partout des pierres grosses comme un homme peut embrasser. Pas une maison, pas une grange, quelques petits ruisseaux qui achevaient de couler les eaux du printemps. La locomotive semblait se hâter pour éviter l'ennui. Quand le serre-freins annonça Mattawa, nous ne fûmes pas les derniers à descendre.

La maison de nos Pères avec l'Église et l'hôpital étaient bâtis sur un plateau de graviers, rouge. Le village, à nos pieds, les monts et la rivière Ottawa

La première page du texte manuscrit. (Archives Deschâtelets, Ottawa.)

Le père Guinard, probablement vers 1890. (Archives Deschâtelets, Ottawa.)

Traverse d'un barrage par des Indiens
(Archives du séminaire de Trois-Rivières.)

Le père Guinard à Maniwaki, vers 1940.
(Archives Deschâtelets, Ottawa.)

Le 4 juillet 1932. Le père Guinard en compagnie
d'un Amérindien non-identifié.
(Archives du séminaire de Trois-Rivières.)

dépendait la mission d'Albany. Devant lui, je fis ma profession de foi. Il me bénit et me donna une «feuille de pouvoir».[1] Ensuite, le provincial et lui s'entretinrent longtemps.

De Pembroke, nous avons pris le train pour Mattawa. Le long du trajet, je regardais par la fenêtre. Je ne voyais que souches, troncs d'arbres, chicots, broussailles et partout des pierres grosses comme un homme peut embrasser. Pas une maison, pas une grange, quelques petits ruisseaux qui achevaient de couler les eaux du printemps. La locomotive semblait se hâter pour éviter l'ennui. Quand le serre-frein annonça Mattawa, nous ne fûmes pas les derniers à descendre.

Benjamin Sulte,[2] l'historien, compare Mattawa à «un dos de chameau pelé». La maison de nos pères était bâtie sur un plateau de gravier rouge. Les montagnes, les rapides de la rivière Ottawa et le village qui s'étendait à nos pieds donnaient un beau coup d'oeil. Le supérieur de la maison était le père Poitras qui me donna quelques livres pour la nouvelle mission.

J'y rencontrai aussi le père Brûlé, ainsi nommé par les bûcherons, mais dont le vrai nom était Nédélec. C'était un Breton trapu, court, la tête un peu penchée sur une épaule. C'était un vieux routier des missions dans les régions isolées. Ce père avait toute une réputation et son originalité et sa spontanéité faisaient beaucoup jaser. Ainsi, le vieux père Nédélec disait toujours à la fin de la messe, en quittant l'autel pour aller à la sacristie: «Mes frères, aimez le Bon Dieu, il faut se repentir, pensons à la mort, ne portez pas scandale.» Pourtant, on racontait qu'un jour de la fête des orangistes, le père Nédélec se vit offrir par un orangiste un ruban jaune, alors qu'il était à bord d'un bateau à vapeur. Le père l'accepta, puis fit venir à lui un petit chien et lui attacha l'insigne orangiste à la queue. Le chien se promena ainsi sur le bateau causant tout un scandale. On en vint presque aux coups.[3]

(2) Benjamin Sulte est un historien québécois qui, entre 1870 et 1880, écrivit une série de monographies sur le Canada français. Il fit la synthèse de ces monographies dans son *Histoire des Canadiens-français*, publiée en 1882. Originaire de la Mauricie, il est mort en 1929, à l'âge de 82 ans.

(3) «Le père Nédélec naquit à Berrien le 9 mai 1834. Ordonné en 1859, il entra chez les Oblats en 1861. La même année, il passa à Betsiamites puis à

À partir de Mattawa, nous avons suivi une route construite dans le roc à coup de dynamite. La rumeur voulait que les terrassiers travaillaient dans de l'argent pur. On racontait même que leurs outils, pics et pelles, étaient argentés.

Cette nouvelle route menait au pied du Long-Sault où commençait le chemin de fer de La Société de la colonisation dont le révérend père Gendreau fut presque toujours le président. [4] Cette voie de quatre ou cinq milles était vraiment primitive. Elle passait dans les abattis, sans terrassement et reposait sur des troncs d'arbres. Les voyageurs et les bagages étaient sans abri sur un wagon ouvert; la suie et les étincelles

Témiscamingue en 1867. Missionnaire à la Baie-James, il résida à Mattawa dont on peut dire qu'il fut l'un des fondateurs. (Avec le père Fafard, celui qui accompagne le père Guinard dans le présent récit. *Note de l'éditeur.*). Il est décédé à Mattawa, à la suite d'une maladie contractée dans les missions des chantiers, le 24 février 1896.» Carrière, Gaston, o.m.i. *L'Oeuvre des Oblats de Marie-Immaculée dans le Nord-Canadien oriental*, dans Malaurie, Jean et Jacques Rousseau, *Le Nouveau-Québec, contributions à l'étude de l'occupation humaine.* Paris, Mouton, 1964, p. 403.

Entre 1868 et 1893, le père Nédélec fera chaque année la mission d'Albany à partir du Témiscamingue. (Carrière, Gaston, *op. cit.*, p. 403). L'anecdote rapportée par le père Guinard à propos du père Nédélec ridiculisant les orangistes illustre bien l'antagonisme qui existait entre les catholiques et les protestants au Canada durant la seconde moitié du dix-neuvième siècle. Dans le cas spécifique des activités des Oblats dans le Nord, les missionnaires luttaient farouchement contre les pasteurs protestants qui leur disputaient la faveur des Indiens dans les postes de traite.

À l'échelle de la société canadienne-française du temps, l'Ordre du Grand Orange était perçu comme une menace anglaise contre la survivance de la foi catholique et de la langue française au Canada. Cet antagonisme avait culminé lors de l'affaire Louis Riel dans l'Ouest canadien, vers 1885. Mais il remontait loin dans le temps et il cadrait bien avec les principes ultra-catholiques de monseigneur Bourget qui établissaient la «mission catholique de la race française en Amérique». (Wade, Mason, *Les Canadiens-français de 1760 à nos jours*, Ottawa, Le Cercle du Livre de France, 1966, p. 365-487. L'encyclopédie du Canada-français. Vol. 1.

Il ne faut donc pas se surprendre de voir, tout au long de ses mémoires, le père Guinard, à l'instar de la majorité de ses contemporains canadiens-français, considérer les protestants comme des ennemis à combattre. Pour en revenir au père Nédélec, notons que le père Carrière a écrit sa biographie: Carrière, Gaston, o.m.i., *Le Voyageur du Bon Dieu: le père J.M. Nédélec, o.m.i.*, Montréal, Rayonnement, 1961, 162 p.

(4) Il s'agit du père Edmond Gendreau qui fut un missionnaire colonisateur. Né en 1840, il est mort au Cap-de-la-Madeleine en 1918.

Pour ses activités missionnaires et colonisatrices, il faut voir: Carrière, Gaston, o.m.i. *Histoire Documentaire de la Congrégation des missionnaires oblats de Marie-Immaculée dans l'est du Canada*, Ottawa, éd. de l'université d'Ottawa. 1957-1963, 5 vol.

tombaient sur nous. Il fallait constamment se surveiller pour ne pas voir brûler nos habits. Une fois au terminus, nous étions couverts de suie et de poussière. À la tête du Long-Sault, c'est-à-dire à la tête du rapide où se déversent les eaux du lac Témiscamingue, long de soixante quinze milles, nos Pères venaient de construire une petite chapelle qui, par la forme et la dimension, avait toutes les apparences de nos chapelles indiennes.

C'était une journée magnifique pour admirer le lac Témiscamingue. Un gros bateau à vapeur attendait au quai pour recevoir cargaison et passagers. Lorsque tout fut prêt, nous avons remonté le lac, aux rives rocailleuses, montagneuses, absolument inhabitées. Nous avons vu l'embouchure de la rivière Kipawa qui verse ses eaux dans le lac par un rapide écumant. Nous sommes passés devant le Vieux-Fort que nos Pères avaient bâti comme première demeure dans la région. C'était à partir du Vieux-Fort qu'ils entreprenaient leurs longs voyages chez les Indiens de Waswanipi, de Matawagama, de la Gatineau, du Haut-Saint-Maurice, de l'Abitibi et de la Baie-James. [5]

Aujourd'hui, comme je connais un peu ce que signifie d'être missionnaire dans ces conditions, les larmes me viennent aux yeux en pensant aux peines et aux souffrances de ces missionnaires. Il fut un temps où la famine menaçait nos pères et nos frères établis dans des régions isolées. Le supérieur nourrissait d'abord et surtout ceux qui étaient

(5) Le premier oblat à s'occuper de l'évangélisation des Indiens de l'Abitibi fut le père Nicolas Laverlochère à partir de 1844. On notera qu'il s'agit là de l'époque de l'arrivée des Oblats au Canada. Le père Laverlochère fit son premier voyage à la Baie-James, en 1847. Il semble qu'on fit du lac Témiscamingue et, plus tard, du village même de Témiscamingue le centre des activités missionnaires pour ce territoire qui était par ailleurs extrêmement vaste (Abitibi, Témiscamingue, Nord-Ontarien et Baie-James). Les deux autres territoires nord-québécois confiés aux Oblats, à cette époque, furent le Saint-Maurice et la Côte-Nord du fleuve Saint-Laurent. Le père Médard Bourassa, dont le père Guinard reparlera plus loin, fut le premier Oblat à s'occuper du Saint-Maurice et le père Fisette fut, de son côté, le premier sur la Côte-Nord. Ces deux derniers pères étaient canadiens. (Carrière, Gaston. *op. cit.*) Sur le Témiscamingue, voir Martineau, Donat *Le Fort Témiskaming* Rouyn, Société Saint-Jean-Baptiste de l'ouest québécois (plublication de la société historique du Témiscamingue) 1969, 76 p.

affectés aux gros travaux. Les autres se contentaient des restes quand il y en avait.

C'est au Vieux-Fort que repose le corps du père Laverlochère. [6] En 1848, il quittait Lachine en canot d'écorce pour faire ses premières missions dans ces régions. Voyant les ravages causés par le rhum chez les Indiens et constatant l'impossibilité d'en contrôler la consommation chez ces derniers, il prit le parti de s'attaquer à la source du mal. Il se rendit à Londres sur un navire de la Compagnie de la baie d'Hudson. Là-bas, il démontra aux actionnaires de cette compagnie que le commerce des fourrures serait considérablement réduit autour de la Baie-James et en Abitibi si la compagnie ne cessait pas la vente de l'alcool aux Indiens. Il fit valoir les dommages et les détériorations physiques dont il pouvait largement témoigner. Il a gagné son point car l'intérêt du profit, l'attrait de l'argent, la crainte de voir trop d'Indiens malades et dans l'incapacité de trapper les animaux à fourrure, firent que la puissante Compagnie se décida à ne plus vendre de boisson enivrante dans ses magasins.

Quant à nous, notre voyage se poursuivit jusqu'à Ville-Marie qui nous est apparue avec son église et son hôpital, tous deux de briques rouges. Le village n'avait que quelques maisons et je pouvais le voir d'un seul coup d'oeil. La maison des pères me sembla bien basse. [7] La sirène du bateau annonça notre

(6) Le père Nicolas Laverlochère est né en France, en 1812. Il fut ordonné prêtre en 1844, au Canada. Entre 1844 et 1851, il oeuvra pour établir des missions catholiques dans tout le territoire qu'on lui avait confié, le Témiscamingue, l'Abitibi et la Baie-James. Apparemment, ses relations avec le gouverneur de la Compagnie de la baie d'Hudson, Sir George Simpson, n'étaient pas mauvaises car ce dernier collaborait avec lui. Ce n'était pas le cas au Labrador où les missionnaires catholiques éprouvaient toutes les difficultés dans leurs relations avec la compagnie. Sur les Oblats et la Compagnie de la baie d'Hudson, voir: Carrière, Gaston, o.m.i., *L'Honorable Compagnie de la baie d'Hudson et les missions des Oblats dans l'est du Canada.* Ottawa. Manuscrit dactylographié mais non publié. Archives provinciales des Oblats à Montréal, 1956. Le père Laverlochère fut victime d'une maladie au cours d'un voyage à la Baie-James, en 1851. Il fut partiellement paralysé pour le reste de sa vie. Il mourut dans la maison des Oblats à Témiscamingue, en 1884. (Carrière, Gaston, l'*Oeuvre des Obats de Marie-Immaculée dans le Nord-Canadien oriental, op. cit.,* p. 397.)

(7) Sur l'histoire de la maison des pères à Ville-Marie, voir: Carrière, Gaston. *Histoire documentaire de la Congrégation des missionnaires oblats de Marie-Immaculée dans l'est du Canada, op. cit.*

36

arrivée. Le bateau s'approchait lentement et sans bruit. Un père en soutane nous attendait sur le quai. Nous étions à trois cents milles de Hull.

Vers la Baie-James

Le père F.X. Fafard et le frère Grégoire Lapointe m'attendaient à Ville-Marie pour partir avec moi en direction d'Albany. Le 16 mai 1892, après la cérémonie du départ des missionnaires, nous nous sommes embarqués dans un grand canot d'écorce à destination de la Baie-James.

Nous arrivâmes à la réserve indienne de Nord-Témiscamingue tard dans la soirée. Il y avait là de beaux métis: des Paulson, des King ainsi qu'un vieux patriarche à longue barbe, monsieur MacBride. Nous passâmes la nuit dans ce petit hameau et le lendemain, après la messe, notre voyage se poursuivit. Il fallait remonter les quinze rapides de la rivière Ottawa. Des Indiens d'Abitibi nous aidèrent à faire ce travail dangereux et épuisant.

Sur la pointe du lac des Quinze, la Compagnie de la baie d'Hudson faisait fonctionner un petit poste que l'on appelait Longue-Pointe. Je me rappelle que le commis, sûrement pour se donner de l'importance, se plaignait du travail de bureau.

Après avoir traversé le lac des Quinze et le lac Travers, nous remontions la rivière Ennuyante. Puis, par portages et eaux, nous atteignions la rivière Abitibi que nous devions descendre jusqu'au lac du même nom. [8]

(8) Le père Guinard semble considérer la rivière Kamasuta comme faisant partie de la rivière Abitibi quoiqu'elle apparaît sur les cartes à partir de 1911. La rivière Abitibi est devenue la rivière Duparquet plus récemment. (Axel Harvey, communication personnelle.) Quoiqu'il en soit, ce voyage du père Guinard remonte à 1892 et il est normal qu'il fasse des erreurs dans les noms des lacs et des rivières, si l'on considère qu'ils étaient innombrables et qu'on connaissait fort mal ces régions à la fin du dix-neuvième siècle. De plus, le père Guinard rédige son manuscrit cinquante ans après ce voyage et il est à peu près certain qu'il reconstitue ces anciens trajets de mémoire. Tout au long des récits du père, se pose le problème de la correspondance entre une ancienne toponymie et la toponymie officielle contemporaine. Il est extrêmement difficile de faire la part entre ce qui serait une confusion de l'auteur et ce

À la tête du lac Abitibi, la Compagnie de la baie d'Hudson exploitait un autre poste. Un métis, du nom de Whiteway, en avait la charge. Il parlait bien l'algonquin. L'écoutant parler si bien une langue indienne, je me suis surpris à l'envier. L'Indien à qui il s'adressait semblait tout à fait intéressé. De temps en temps, il disait: «Enh-Enh. Ché... Kah...» Un peu au hasard, je fis le tour du poste. Je rencontrai un vieux serviteur de la compagnie. Je lui ai demandé s'il parlait français. – «Oh yes» répondit-il, «I can say sacré crapaud». Cet homme s'appelait Beads. C'était un incroyant qui tenait le crucifix en horreur. Il fut finalement converti par le père Beaudry.

Tous les Indiens d'Abitibi étaient catholiques à cette époque. Le soir, à la chapelle, un Indien récita le chapelet et les prières du soir. On me raconta que ces Indiens étaient autrefois très lents à se rendre aux offices religieux. C'est ainsi qu'un soir, leur missionnaire ayant sonné la clochette et les ayant attendus en vain, il s'impatienta et ferma la chapelle. En retournant à sa tente, il rencontra quelques Indiens qui marchaient lentement vers lui. «Où allez-vous mes enfants?» demanda-t-il. Les Indiens répondirent qu'ils se rendaient à la chapelle. «Cela n'est pas bien, mes enfants, cela n'est pas bien. Hâtez-vous, demain, pour ne pas la manquer car maintenant elle est fermée.»

Nous avons poursuivi notre dangereux voyage en canot dans les nombreux rapides avec un nouvel équipage. L'un de ces nouveaux hommes s'appelait Opwan (la Fesse). Pendant qu'on chargeait le canot, plusieurs Indiens soupesaient tour à

qui a vraiment changé ou disparu depuis cette époque. Nous présentons, en annexe des «Mémoires», une tentative d'éclaircissement et de mise à jour des noms géographiques utilisés par le père Guinard. C'est Axel Harvey qui en est l'auteur.

Pour en revenir au trajet que décrit ici le père Guinard, il s'agit probablement du même trajet qui avait retenu l'attention des coureurs des bois sous le régime français alors que, vers 1680, la traite des fourrures à la Baie-James prenait une importance considérable. Or, ce trajet du lac Témiscamingue et de la rivière Abitibi fut abandonné à cause de ses trop grandes difficultés. Il s'avérait impossible d'utiliser cette route pour approvisionner des postes de traite à la Baie-James, à partir de Montréal. (Innis, Harold A., *The Fur Trade in Canada*. Toronto, University of Toronto Press, 1956, p. 48.)

tour une grosse boîte. Ils semblaient la trouver très lourde. Les voyant agir ainsi, le frère Lapointe intervint et dit: «Ils n'ont pas besoin de se préoccuper de mon coffre d'outils, je le porterai moi-même.» Et il le fit effectivement durant tout le voyage. Ce coffre pesait au moins trois cents livres.

Le lac Abitibi est rempli d'îles. À les voir, on dirait de gros voyages de foin posés ici et là sur le lac. Une longue pointe de terre barre le lac sur la largeur et plutôt que de la contourner, il fallut faire deux portages puisque sur cette longue pointe, qui était aussi très large, il y avait un petit lac.

Quelques milles après que nous nous soyions engagés sur la rivière Abitibi, un gros rocher surgit au milieu de la rivière. Avec de l'imagination, ce rocher ressemble à une vieille femme. Les Indiens l'appellent Kokomis, grand-maman. Avant leur conversion au catholicisme, en passant devant Kokomis, les Indiens offraient des présents au rocher afin que la vieille femme pétrifiée apaise les vagues du grand lac. Pour s'amuser, peut-être, ou pour se reposer, nos Indiens lui jetèrent du tabac et des allumettes.

La rivière Abitibi est dangereuse au printemps, à la crue des eaux. Il était risqué de la traverser entre deux rapides tellement le courant avait de la force. Nous fûmes souvent entraînés, ballottés par la force tumultueuse de la rivière que tous nos efforts n'arrivaient pas à contrer. A cause des chutes et des remous, il fallait portager plus souvent qu'autrement.

Au portage des Iroquois, quelqu'un raconta l'histoire d'un groupe d'Algonquins qui furent massacrés en ce lieu par des Iroquois. Ceux-ci tuèrent tous les Algonquins sauf une femme dont ils voulurent se servir comme guide sur cette rivière traîtresse. Arrivant près d'une chute cachée, la femme sauta hors du canot à la dernière minute. Le canot poursuivit sa course et tous les occupants iroquois se noyèrent.

Entre deux longs portages, la Compagnie de la baie d'Hudson exploitait un poste de traite nommé New-Post. Le commis s'appelait Jabson. Lors de notre arrêt à cet endroit, il m'enseigna à faire de la confiture avec des fruits sauvages et un peu de sucre. Ce qu'il fallait surtout éviter, c'était la fermentation des fruits bouillis dans la jarre. Selon Jabson, on devait faire bouillir les fruits à trois reprises. La troisième fois, ils ne fermentaient plus. «J'ai appris par expérience», me dit-il; «j'avais fait de la confiture aux bleuets et déposé la jarre au magasin. Quelques jours plus tard, j'entre dans mon magasin et j'aperçois mes confitures collées au plafond et le bouchon de la jarre sur une tablette.»

Quittant ce poste, je me souviens du portage de Clay Fall, ainsi nommé parce qu'à cet endroit une glaise rouge forme le bord de la rivière. À force d'avirons, aidés par un fort courant, nous achevions notre descente de la rivière Abitibi, pour nous retrouver enfin sur la rivière Moosonee. Celle-ci fait contraste avec la rivière Abitibi par son calme et son débit beaucoup plus important. Finalement nous canotions en toute quiétude.

Plus tard, les Indiens levèrent leurs avirons pour nous indiquer une direction, «Kitchi Kami», les grandes eaux, la mer. Elle était blanchâtre, agitée et semblait plus élevée que nous. Des nuages s'y noyaient dans le lointain horizon. Nous l'avons regardée en silence en nous laissant transporter par le courant jusqu'à ce que la rivière, décrivant une courbe, nous cachât cette immensité.

Enfin Moose Factory nous est apparu avec les grands hangars de la Compagnie de la baie d'Hudson et le clocher trapu de l'église protestante. Là, on ne trouvait pas un seul catholique. Là encore demeurait même un évêque anglican du nom de Harden. Il y avait aussi un médecin et un vieux capitaine de vaisseaux, monsieur Teller, qui faisaient des rudesses. Le commis du poste se nommait monsieur Fortescue, un vrai gentleman.

À cette époque, Moose Factory était un centre important d'activités liées à la traite des fourrures autour de toute la Baie-James. Un transatlantique déchargeait la totalité de sa cargaison que l'on devait ensuite répartir dans les postes de la Baie-James, Fort-George inclus.

Monsieur Fortescue nous prêta un petit bateau à voile. Le père Fafard renvoya notre équipage au lac Abitibi. Il reprit six nouveaux hommes à Moose Factory. Ils devaient nous conduire à Albany et ramener le bateau. Nous quittions donc Moose Factory, chargés de planches, de tôles, de clous, de provisions achetées sur place. À la cargaison, il fallait ajouter toute la charge de notre grand canot.

On nous avait avertis que la saison était trop avancée pour s'aventurer sur la baie. C'était risqué jusqu'au 20 juin, disait-on. Nous partîmes quand même. Un vent du sud gonflait les voiles. À une vingtaine de milles d'Albany, nous nous sommes retrouvés dans un champ de glaces flottantes. Lentement, nous voyagions à travers les banquises aux cris répétés: «Iakwa Maskumi» – prends garde à la glace.

Après avoir navigué ainsi pendant quelques heures, la marée baissa et tout s'immobilisa, glaces et bateau reposant sur la glaise. Les Indiens nous quittèrent pour chasser le canard et le loup-marin. La glace était si épaisse que nous pouvions à peine voir la tête des chasseurs. Pendant la nuit, il fit tempête. Quand la marée monta, glaces et bateau se remirent à flotter. Nous fûmes en danger d'être broyés par les glaces qu'agitaient les vagues. À la lueur des éclairs, nous étions en mesure de voir les glaces lutter les unes contre les autres. Il nous fallut des efforts surhumains, surtout de la part du frère Lapointe, pour sauver le bateau. Le jour vint enfin. Débarrassés des glaces qui allèrent s'abîmer vers le nord, nous entrâmes dans la rivière Albany par un beau soleil. Très vite, nous aperçûmes la chapelle catholique à côté de laquelle se trouvait une petite maison. Quelques arpents plus haut, nous pouvions voir les bâtiments de la Compagnie de la baie d'Hudson, une maison et un magasin. En remontant toujours la rivière, il y avait la maison et la chapelle du pasteur anglican, un métis nommé Thomas Vincent. Le chef du poste était son frère, James.

41

C'était le 15 juin 1892 et nous arrivions au terme d'un voyage de vingt-neuf jours en canot, qui nous avait conduit de Ville-Marie à Albany, une distance de cinq cents milles.

Premier hiver à Albany

Les bâtiments de la mission se résumaient à une chapelle et une annexe de huit pieds sur six, dont les murs extérieurs étaient blanchis à la chaux. À l'arrière de la chapelle s'étendait un terrain marécageux couvert d'aulnes, de saules et d'eaux stagnantes. Les cris de milliers de grenouilles nous empêchaient de dormir. Le père Fafard couchait dans l'annexe, le frère Lapointe et moi-même dans une tente qui servait aussi, par surcroît, de coin à tout mettre. Les maringouins nous importunaient, surtout le soir. Nous ne réussissions jamais à nous en défendre convenablement. Finalement, le frère Lapointe creusa un fossé à l'arrière de la chapelle pour assécher le terrain.

Ensuite, le frère et moi-même, nous défrichâmes un terrain de l'autre côté de la rivière, au Fishing Creek, pour y semer des pommes de terre. Nous les semions à la butte. Nous en avons semé un sac pour en récolter seize. Alors que nous défrichions, le supérieur gardait la maison. Sans le savoir, notre terrain se trouvait exactement à l'endroit où d'Iberville avait hiverné après avoir chassé les Anglais de la baie d'Hudson. De gros peupliers s'étaient emparés paisiblement de la place du fameux guerrier.

Venant du nord, les Indiens arrivaient en guenilles à Albany. Ils arrivaient d'un voyage qui les avaient éloignés dans certains cas de plus de cinq cents milles du poste. Quelques-uns étaient vêtus de peaux de lièvre noircies par l'usage. Les canots étant trop petits pour pouvoir embarquer tous les gens, certains avaient marché la totalité du trajet en suivant le bord de la mer.

Le supérieur «donnait la mission». Le frère Lapointe et deux Indiens coupaient le bois qui devait servir à bâtir la résidence. Les Indiens se comportaient de façon édifiante. Ils passaient des heures nombreuses à l'intérieur de la chapelle. Ils priaient. Des jeunes gens récitaient le catéchisme à haute voix. D'autres préparaient leur confession et leur communion en lisant les sermons de monseigneur Baraga.[9] De leur côté, les enfants s'amusaient, riaient, criaient et se frottaient les pieds sur le plancher. Rien de tout cela ne troublait les parents recueillis. Les grands enfants des bois entourés de leurs propres enfants se retrouvaient dans la maison de leur Père du ciel. Chacun le priait avec sa voix et son coeur et lui disait le peu qu'il savait de prières et de religion.

Une fois la mission donnée, le père supérieur entreprit avec les hommes de «sortir le bois» de notre future maison. Un soir que j'étais seul, je résolus de me coucher dans l'annexe de la chapelle pour passer une bonne nuit, et dormir à mon goût. Or, voilà qu'au beau milieu de la nuit, je m'éveille en sursaut. Je ressentais comme des brûlures sur tout le corps et je croyais bien être atteint d'une étrange maladie. À l'aube, je pus diagnostiquer clairement ce qui m'arrivait. J'étais la victime d'une attaque de poux. Ayant étendu mon lit sur le plancher, j'avais été la cible de tous les poux tombés des Indiens venus visiter le père supérieur les jours précédents. Sur ma couverture blanche, il y avait au moins une centaine de poux. Sans pitié aucune, je les ai détruits en déversant sur eux une grande chaudière d'eau bouillante. Je me suis rappelé, à ce moment-là une boutade du père Nédélec dont j'ai déjà parlé. Il disait que «c'était avec les poux que ses Indiens lui payaient la dîme».

(9) Il s'agit des travaux de Mgr Frederic Baraga qui fut Vicaire apostolique de Sault-Sainte-Marie pour le territoire du Michigan, dans les environs de 1850. Ce dont il est spécifiquement question ici: *Sermons de Mgr Baraga, traduits de «l'otcipwe» (ojibway) en «maskgon» (cri) pour l'usage des sauvages d'Albany, Severn, Marten's Falls (Baie d'Hudson)*. Montréal, Louis Perrault, 1858, In-16, iii, 120 p.
Sur Mgr Frederic Baraga, voir Carrière, Gaston. *Histoire documentaire de la Congrégation des missionnaires Oblats de Marie-Immaculée dans l'est du Canada*, *op. cit.*

Pendant que le frère équarrissait lambourdes, pièces et poutres, moi je creusais la cave. Cela fut ainsi jusqu'aux premières gelées. J'étais cuisinier, commissionnaire et sacristain.

À la mi-août, le père Fafard partit avec des sacs de plombs, des boîtes de caps et un baril de poudre. Il distribua ce matériel de chasse aux Indiens du nord afin qu'ils tuent des oies blanches pour eux, mais aussi pour nous. Le père revint quinze jours plus tard, allégé de sa poudre, de ses plombs mais ne rapportant par contre aucune oie blanche. Le temps avait été défavorable.

Au retour du père, je partis à mon tour à la chasse aux oies avec deux Indiens. J'avais un fusil à deux coups. Malgré nos appels insistants, les oies nous fuyaient systématiquement. Finalement, quelques outardes consentirent à passer au-dessus de nos têtes. Bien malgré moi, je tirai mes deux coups en même temps. Les Indiens tirèrent aussi. J'étais convaincu que nous avions tous raté nos cibles. Pourtant les Indiens m'assuraient que j'avais tué une outarde. Je suis demeuré perplexe jusqu'à ce qu'un des Indiens me ramène l'outarde abattue.

Vers la fin de septembre, renonçant à effrayer les oies blanches, jour après jour, nous laissâmes nos bâtiments fermés à clef et, profitant de la marée montante, nous sommes partis dans le but de scier de la planche à quelques milles de la mission. Dans une épinettière, nous fîmes une fosse de scieur de long. Tout fonctionnait mal. Aucun de nous ne savait affûter la scie. À cause de la gomme d'épinette, le bois collait à la scie. Plutôt que de commencer à scier les billots par l'extrémité la plus petite, nous commencions par l'autre extrémité. Cela allait si mal qu'un jour, un billot tomba sur la tête du frère Lapointe. Il en fut drôlement étourdi. Pourtant ce ne fut pas lui qui, le premier, toucha aux limites de l'épuisement et du découragement. Ce fut bien plutôt le père Fafard et moi-même. Je faisais la cuisine, sans le cordon bleu. La «scie de long» et de gros appétits nous faisaient tout avaler.

Un après-midi, je descendis à la rivière pour y chercher de l'eau. J'aperçus un canot en amont. D'instinct, je me mis à siffler et à chantonner. Ce fut chose excellente puisque j'appris plus tard que ces gens me prenaient pour un ours dévalant la pente. Méprise normale si l'on tient compte de la distance, de ma soutane noire et de ma souplesse. Mes chansons me sauvèrent probablement la vie.

Le froid étant venu, nous chargeons planches, scie, tente et couvertures dans le bateau. En descendant un petit rapide, nous échouons sur une roche. Le frère Lapointe se glissa dans l'eau glacée et rangea le bateau d'un coup d'épaule. Deux jours plus tard, la rivière Albany était gelée.

Le lendemain de la Toussaint, nous entreprîmes de mener une vie plus régulière et plus religieuse aussi. Nous avions des périodes de silence, nous lisions le bréviaire en commun et nous faisions même la lecture aux repas. Celui qui finissait de manger avant les autres devenait le lecteur jusqu'à la fin du repas des autres.

Cet automne-là, le supérieur me dit: «Dorénavant, je serai le cuisinier. Vous, vous allez vous mettre à l'étude de l'idiome cri. Au printemps, vous ferez les missions chez les Indiens du bord de la mer.» Je me mis donc à l'étude du cri. Je n'avais pas tous les avantages puisque je ne disposais que du dictionnaire du père Lacombe, excellent pour les Cris de l'Ouest mais pas forcément utile pour les Cris de la Baie-James, et de la grammaire de l'évêque Harden qui est en réalité un vrai fouillis. J'étudiais sans professeur. Le père Fafard parlait bien l'algonquin mais non le cri. [10] De plus, dans la maison, le frère

(10) Le parler algonkien se compose d'un certain nombre de dialectes apparentés, mais assez spécifiques les uns par rapport aux autres pour réduire considérablement le niveau de compréhension mutuelle dans la plupart des cas. Voici la liste des dialectes algonkiens dans l'est du Canada: Cris, Montagnais, Naskapi, Attikamek (Tête-de-Boule), Algonquin, Ojibway, Mic-Mac, Malécite et Abénaki. Selon les *Mémoires*, il semble bien que le père Guinard ait d'abord développé une compétence en cri, plus spécifiquement encore en cri de l'ouest de la Baie-James. C'est ce qui explique qu'il pourra, plus tard, facilement converser avec les gens de Waswanipi qui sont des Cris. Pour s'ajuster au dialecte Attikamek (Tête-de-Boule), il ne semble pas avoir éprouvé trop de difficultés. Le dialecte algonquin, toutefois, semble être plus éloigné des deux derniers et le père Guinard avait plus de problèmes.

Lapointe sciait, bûchait, varlopait. Les clous qu'il frappait entraient mieux dans le bois que le cri dans ma tête. J'étudiais tout de même de toutes mes forces et il m'arrivait souvent d'en rêver la nuit. J'apprenais des mots durant mon sommeil.

À minuit au Jour de l'An, de la musique, des airs de danse se firent entendre à notre porte. Puis retentit la détonation d'une dizaine de fusils. Le bruit fit tomber le bousillage du mur. Les tireurs au fusil et les violoneux entrèrent un instant et nous annoncèrent qu'ils allaient revenir dans la journée. Ils nous quittèrent en nous souhaitant «Happy New Year!» Ils revinrent, en effet, en grand nombre et mangèrent tous nos «beignes». Le supérieur offrit une bouteille d'essence de liqueur. Il en versa quelques gouttes dans des verres remplis d'eau. Les gens disaient: «That's a good stuff.» Moi, j'étais au thé sucré; le frère passait les beignes. Lorsqu'il présenta le plat de beignes au plus notable de nos visiteurs, celui-ci crut que tout le plat était pour lui. Malgré la joie du Jour de l'An et malgré toutes les choses amusantes qui se passèrent, le supérieur, le frère et moi-même avions le coeur triste. Il n'y avait pas un seul catholique parmi nos visiteurs.

Un jour d'hiver, le frère Lapointe partit à la recherche de bois sans noeud. En revenant à la maison, il s'égara dans la forêt. Au lieu de descendre la rivière du sud, il prit celle du nord et déboucha sur la baie. Il passa la nuit dehors et dut manger les appâts pris aux hameçons des pêcheurs qui avaient laissé là leurs lignes. Tous les serviteurs de la Compagnie de la baie d'Hudson collaborèrent aux recherches et il fut retrouvé le lendemain.

Cet hiver-là, des Indiens moururent de faim. Cela arriva tous les hivers où je fus à Albany. Je rencontrais des individus faméliques n'ayant pratiquement plus de chair aux bras et aux jambes. Les mains allongées par la maigreur, les épaules trop larges pour le corps aminci, livides, presque muets, leurs lèvres collées au visage faisaient ressortir leurs dents. Il me semble les voir encore, assis sur le plancher près de la porte, le dos appuyé au mur, fouillant dans une chaudière pour y prendre les épluchures de pommes de terre qu'ils rapportaient dans leur wig-wam afin de manger un peu. Il fallait avoir un coeur de mauvais riche pour ne pas en avoir pitié.

Une veuve et ses enfants hivernaient en haut de la rivière Albany. Deux hommes de Marten's Falls, descendant chercher le courrier, aperçurent des branches sur la rivière à l'endroit où la veuve hivernait. C'était un signe de détresse. Les hommes ne s'en préoccupèrent pas préférant garder leurs provisions pour eux. En remontant cependant, ils décidèrent d'aller voir ce qui se passait dans la tente de la veuve. Il n'y avait pas de piste autour de la tente envahie par la neige. Ils y trouvèrent un enfant mort. Poursuivant leurs recherches sous la neige, ils trouvèrent une fillette de huit ans encore vivante. Sa tête reposait sur le cadavre d'un autre de ses petits frères. Elle s'était recouvert le visage avec des pages déchirées dans «les Évangiles». Les hommes trouvèrent la mère à l'extérieur de la tente, complètement enfouie sous la glace et la neige. La fillette était là, toute seule, aux grands froids de l'hiver, depuis plusieurs jours. Elle survécut à ce drame et lorsque je la revis à Albany, cette petite fille aux yeux noirs et vifs était absolument bien portante.

Pendant l'hiver, très peu de catholiques vinrent à la mission. L'un deux, Samuel Scott, marcha soixante milles en raquette en une journée. Il ne semblait guère fatigué et il ne s'était arrêté qu'une seule fois pour boire à un ruisseau.

Au printemps, la rivière déborda lors de la débâcle. Tous les gens d'Albany craignent les inondations du printemps. Lorsqu'on s'attend à la débâcle, tous quittent les maisons et vont se réfugier sur des monceaux de branches de huit à dix pieds de hauteur. En cas de danger, canots et avirons sont prêts. À cause des marées, la glace d'Albany atteint parfois cinq pieds d'épaisseur. La débâcle se produit à des moments différents sur le cours de la rivière. La glace mobile du haut vient se fracasser contre la glace solide du bas comme en hiver. Des barrages de trente à quarante pieds de haut se forment et disparaissent pour se reformer à nouveau. L'eau et les glaces se faufilent où elles peuvent. Ce phénomène s'accompagne d'une épaisse brume. La glace frappa notre maison et la chapelle. L'autel fut renversé.

Le niveau de l'eau variait rapidement selon les obstacles et les barrages qui se faisaient et s'effondraient. On aurait dit que la rivière avait un souffle violent et irrégulier. Lorsque la lutte entre l'eau et la glace fut terminée, il ne resta que boue, détritus et petits poissons morts. Pour se rendre à la rivière, il fallait se tailler un chemin à travers les glaces empilées. Sur la rivière même, on avait l'impression de se trouver entre deux murs de glace. Cette débâcle provoqua le déménagement de la mission d'Albany au lac Sainte-Anne, cinq milles plus haut.

La mission de Winisk

Avant nous, les courses apostoliques des Oblats n'avaient jamais dépassé Albany, si ce n'est le voyage du père Jean Pian [11] qui s'était rendu avec son compagnon soixante milles plus au nord, précisément à Képockaw. Le père Pian hiverna à Albany et recopia les Évangiles en caractères syllabiques. Son manuscrit se trouve aujourd'hui à Maniwaki.

J'étais ainsi le premier Oblat à remonter plus au nord du côté ouest de la Baie-James. Je quittais Albany le 22 juin en canot d'écorce en direction de l'embouchure de la rivière Winisk, quatre cents milles au nord d'Albany, sur la Baie-d'Hudson. Deux Indiens, Peter Kiakocic et son beau-frère Georges Nakotci, m'accompagnaient. Nous avions un petit canot et je ne pouvais pas apporter plus, en guise de provisions, qu'un seul sac de farine et quarante livres de lard.

Les voyages en canot sur les bords de la mer ne sont pas de tout repos. Il faut prendre garde aux vents et aux marées. La marée qui baisse vous entraîne vers le large jusqu'à ce que le canot vienne à sec. Il faut alors attendre, pieds nus dans la boue,

(11) Le père Pian naquit dans le diocèse de Rennes et fut ordonné prêtre le 8 septembre 1858. Missionnaire à Maniwaki, à Témiscamingue et à la Baie-James, il est décédé à Maniwaki, le 15 février 1915. (Carrière, Gaston. *L'Oeuvre des Oblats de Marie-Immaculée dans le Nord-Canadien oriental, op. cit.* p. 403.

que la mer revienne. Il s'y passe des heures «ennuyantes». Avec de la chance, de l'eau douce et du bois sec, nous pouvions boire du thé durant ces haltes obligatoires. La marée montante vous permet de continuer le voyage.

Pour ce qui est de ma mission, j'allais à l'aventure. N'ayant pas de points précis où rencontrer les Indiens, je les prenais là ou ils se trouvaient. Quand je voyais de la fumée et des tentes sur la rive, je m'arrêtais.

Les campements se trouvaient toujours près des cours d'eau, dans les herbages. Je catéchisais dans l'herbe, dans le foin, assis sur le sol humide. Je prêchais dans la fumée qui nous protégeait des maringouins, car ceux-ci nous en voulaient particulièrement. Aujourd'hui, je pense que je devais ressembler à Notre-Seigneur prêchant aux foules assises sur les bords du lac Tibériade.

J'expliquais les sept péchés capitaux. Je demandais si tous comprenaient bien mes explications. Je demandais cela souvent puisque nous étions un peu comme en famille. Les Indiens disaient oui et reprenaient les sept péchés en comptant sur leurs doigts: «l'orgueil fait naître des péchés, la colère fait naître des péchés, etc.»

En parlant du mariage et de la femme, je disais que pour créer Ève, Dieu fit dormir Adam et lui prit une côte pour en faire une femme. Je soulignais que Dieu n'avait pas pris la femme dans la tête d'Adam, de telle sorte que l'homme est le maître du foyer. Il n'a pas pris non plus le pied de l'homme pour faire la femme, de telle sorte que la femme n'est pas une esclave de l'homme. Je concluais que, dans le mariage, l'homme devait aimer sa femme et la protéger. Un Indien comprit la leçon autrement et il en conclut pour sa part que si Dieu n'avait pas sorti la femme de la tête de l'homme, cela expliquait pourquoi les femmes étaient folles.

Je ne restais jamais plus d'une semaine à un campement. J'étais moi-même au bout de mon rouleau et les Indiens manquaient de nourriture. Pendant le catéchisme, les enfants pleuraient et des jeunes gens s'évanouissaient à cause de la faim. Le pays de la Baie-James n'engraisse personne. En face de tous ces affamés, le missionnaire se prive de nourriture. À l'heure des repas, les Indiens se précipitent à la tente du prêtre.

Un jour, le père Fafard expliquait aux Indiens comment jeûner. L'un deux intervint et dit: «Tu prétends que pour bien jeûner, il faut manger à sa faim une seule fois par jour. Comment le ferions-nous, nous les Indiens? Nous ne mangeons jamais à notre faim.» Devant une telle objection, le père Fafard déchira le texte de son sermon sur le jeûne. C'est un événement pour un Indien que de manger trois repas par jour.

Pour nous rendre à Winisk, il était avantageux de ne pas contourner par la mer le cap Henrietta qui sépare la baie James de la baie d'Hudson. Mieux valait couper par l'intérieur des terres. Nous remontâmes ainsi la rivière Ekwan, la rivière Sesématawa pour rejoindre, par un portage, la rivière Minwenindamowi qui se jette dans la rivière Winisk. À partir de là, nous sommes redescendus à la baie d'Hudson où m'attendaient une quarantaine d'Indiens. Plusieurs étaient partis pensant que je ne viendrais pas.

Il y avait parmi eux quelques protestants qui se convertirent durant mon séjour et ma mission. Tous assistaient à la messe et au catéchisme. La nourriture devenait rare et la faim se faisait sentir pour le missionnaire comme pour les Indiens. De plus, bien que c'était en juillet, il faisait froid. Le vent du nord poussait vers nous de longues banquises blanches que nous apercevions au large. Nous gelions en été. Comble de misère, les chiens affamés mangèrent ma réserve de lard, deux jours avant mon départ. Le magasin le plus proche se trouvait à deux cents milles de Winisk. Nous sommes ainsi partis complètement démunis, avec seulement vingt livres de farine, sans fusil, sans filet, sans hameçon. Deux Indiens de Winisk nous guidèrent durant notre première journée de voyage. La faim ne tarda pas à rendre notre course encore plus difficile. Mes guides mangeaient des herbages qui poussaient dans l'eau. Je les goûtai mais cela ne s'avéra guère nourrissant. La Providence mit sur notre route quelques jeunes outardes qui ne volaient pas encore. Puis, mes guides fabriquèrent un attrape-poisson au pied des rapides. Ils utilisaient des pieux et disposaient les pièces de telle sorte que les poissons s'engageaient dans une voie sans issue.

Une nuit, nous campions sur un rocher couvert de mousse sèche. Notre feu du soir, probablement mal éteint, se communiqua à la mousse et enflamma la tente où je dormais paisiblement. Je me réveillai en sursaut, entouré par les flammes. Me précipitant à l'extérieur, je criais de toutes mes forces pour avertir mes deux guides qui ne tardèrent pas à me rejoindre. Plutôt que de s'occuper de ma tente, ils repartirent en courant. Je croyais bien qu'ils fuyaient les lieux du sinistre. Bien au contraire, ils avaient pensé à la seule chose importante dans une pareille situation. Ils allèrent au canot pour le mettre en lieu sûr. Sans canot, plus rien n'est possible dans ces contrées. Le feu nous occupa jusqu'à l'aube. Le lendemain, lors d'un portage, ma chapelle portative glissa dans l'eau tumultueuse de la rivière. Il me fallut la récupérer et l'assécher. Ajoutons à tous ces malheurs les difficultés propres à un tel voyage, les portages, les petites rivières trop basses qu'il fallait remonter avec des perches ou à force de bras. Il y avait pourtant des compensations.

Au terme d'un long portage, nous arrivions au lac des Épinettes qui se dit en cri, Minahikosakaigan. Le soleil se couchait droit devant nous et il nous faisait, sur les eaux frissonnantes, un beau chemin d'or d'une brasse de largeur. Des pierres, grosses comme des brebis couchées, bordaient le rivage. On aurait dit qu'elles retenaient les eaux du lac. Débarqué sur les rives, installé sur une butte, je contemplai ce spectacle de la nature et je pensai que Dieu avait créé de bien belles choses. Ému, tenant la courroie de mon sac de cuir pendu à mon épaule, debout et immobile, je croyais que c'était là ce que Dieu faisait pour un petit missionnaire solitaire qui commençait ses courses en son nom et qui ne parlait pas encore très bien la langue indienne. Je me trouvais à la ligne de partage des eaux. À partir de là, nous allions redescendre jusqu'à la mer.

Un jour, le vent nous cloua sur le rivage d'un grand lac. Je me couchai dans ma tente, attendant le calme qui nous permettrait de repartir. Sous mon corps, quelque chose remuait. Je crus à la présence d'un serpent ou de quelque animal répugnant. Ce n'était rien de tout cela. Le sol lui-même remuait sous l'action des grosses vagues du lac qui frappaient le rivage à trente pieds de ma tente.

Un soir, nous soupions près de nos tentes. Souper est un bien grand mot; nous mangions des galettes et buvions du thé. Soudain, voilà que mes deux guides s'excitent, courent au rivage et avec bien des cris et bien des gestes, semblent se montrer mutuellement quelque point sur la rivière. Intrigué, je leur demande ce qu'ils examinent ainsi. À ma grande surprise, ils me répondirent qu'un canot passait sur la rivière. J'étais, en effet, très surpris puisque de canot sur la rivière, il n'y en avait point, pas plus que de serpent sous mon dos dans ma tente l'autre jour. Les Indiens sont ainsi faits. Il leur arrive fréquemment d'avoir des hallucinations. La faim, la solitude et la fatigue en sont souvent la cause. Mais il y a plus. Je crois bien que ces comportements sont le propre de ces chasseurs indiens. Dans la forêt, l'Indien ne cesse d'observer et d'écouter. À forcer ainsi ses sens, il finit toujours par s'imaginer des choses irréelles.

Finalement, n'ayant rencontré qu'un homme depuis Winisk, après mille misères et désagréments, nous arrivions à Albany, ma chapelle portative brûlée, mes ornements détériorés, la «cordelle» et une hache perdues. J'avais eu mon baptême de missionnaire.

À l'honneur de mes guides, je dois dire qu'ils ne se plaignirent jamais et qu'ils furent d'humeur égale durant tout le voyage. Malgré la difficulté d'une telle entreprise, ils firent en sorte que je ne connus pas vraiment la famine. En un mot, ils furent consciencieux et respectueux.

Ma mission de Winisk était connue et approuvée par monseigneur Alexandre Taché, o.m.i., à qui appartenait cette lointaine contrée de mission. Il m'écrivit même une gracieuse lettre pour me transmettre son approbation et ses encouragements. Le grand évêque missionnaire mourut quelques mois plus tard, le 22 juin 1894, à Saint-Boniface. [12]

Peu de temps après mon retour à Albany, des troubles éclatèrent entre les protestants du poste de la Compagnie de la baie d'Hudson et nous, à propos d'un mariage. La belle-soeur du commis, un protestant, voulait épouser un Indien catholique du nom de Peter Sakami Kyakocic. Victime de menaces répétées, la fille s'était réfugiée à l'orée des bois. Les protestants menaçaient de faire couler le sang si la fille épousait un catholique. Nous, les prêtres, étions tenus responsables de cette situation. Le père Fafard, avec l'appui du commis, convoqua une assemblée publique. Là, il fit valoir plusieurs points importants. Il invoqua d'abord le «fair play» britannique, écartant la violence comme solution. Il souligna ensuite la liberté de tous, indiquant que c'est Dieu qui jugera de la conduite de chacun en définitive. Les prêtres viennent à Albany depuis longtemps et jamais rien de fâcheux ne s'était produit jusqu'à maintenant. Les prêtres ne forçaient personne, mais il était de leur devoir d'instruire les volontaires et de baptiser ceux qui étaient prêts à l'être. Puis, à propos du mariage lui-même, il parla fermement contre une union non consacrée religieusement et finit par conclure qu'il valait

(12) Mgr Alexandre Taché est une figure religieuse fort connue de la seconde moitié du dix-neuvième siècle. Évêque de Saint-Boniface, il partageait les vues conservatrices de Mgr Laflèche de Trois-Rivières, avec lequel, d'ailleurs, il s'était lié d'amitié lors du séjour de ce dernier à Saint-Boniface. Mgr Taché fut directement mêlé à l'affaire Louis Riel. Néanmoins, son oeuvre principale demeure l'organisation des activités missionnaires oblates dans l'Ouest et le Nord-Ouest canadien. Ardent promoteur de la propagation de la foi catholique et de la culture française dans tout l'Ouest du Canada, c'est lui «qui ouvrit et maintint une nouvelle route d'accès au district Athabasca-McKenzie par la rivière Nord-Saskatchewan à travers le lac La Biche jusqu'à la rivière Athabasca en 1868.» (Fumeleau, René, o.m.i., *As long as this land shall last,* Toronto, McClelland and Stewart, 1977, p. 324). Il fut donc à l'origine, en quelque sorte, de l'énergique présence des Oblats dans l'ouest. En 1902, deux nouveaux diocèses se formaient, Saint-Albert d'Edmonton dont le père Breynat, o.m.i., devenait le premier évêque et le diocèse d'Athabasca dirigé par le père Grouard. (Fumeleau, René, *op. cit.,* p. 329.)

mieux célébrer un mariage catholique que de provoquer une union illicite. Les protestants se calmèrent, la fille devint catholique et le mariage fut célébré sans problème.

La chapelle d'Atawapiskat

Le père Fafard résolut de construire une chapelle à Fort-Hope. En 1893, il avait converti plusieurs Indiens à Marten's Falls et Fort-Hope. Sa résolution était ainsi bien justifiée. Pour mener à bien son projet, il fit construire une chaloupe semblable à celles dont se servent les flotteurs de billots. De son côté, le frère Lapointe construisait durant l'hiver les portes et les châssis de la future chapelle.

Après la débâcle de 1894, on entreprit de charger la chaloupe de provisions et de matériaux. Le père Fafard et le frère Lapointe quittèrent Albany avec quelques Indiens qui devaient tirer la cordelle sur une distance de quatre cents milles.

Surchargée, la chaloupe coula à quelques milles d'Albany. Tout ce qui pouvait flotter disparut vers le large. Le père Fafard, voyant sa chapelle portative s'éloigner et se perdre, implora les saints anges gardiens, patrons de notre mission d'Albany, de lui remettre sa petite chapelle absolument nécessaire à ses missions. Chose étrange, alors que tout s'éloignait du bord, seule revint la petite chapelle. Le père put la reprendre sans se mouiller et elle ne subit pas la moindre détérioration.

Revenu à Albany, le père Fafard ne se découragea pas pour autant. Plutôt que de bâtir à Fort-Hope, il décida d'installer la nouvelle chapelle à Atawapiskat. Il me confia la responsabilité de choisir un endroit favorable et de le défricher. Quant au frère Lapointe, il devait préparer la planche et ériger la charpente. Là-dessus, le père Fafard repartit en canot pour faire ses missions.

Il était trop tôt pour voyager sur la mer. Avec le frère, j'allai semer les pommes de terre en attendant que nous puissions partir. Dans la soirée, en retraversant la rivière, j'attrapai l'onglée. [13]

Le vent tourna au nord et il tomba soudainement deux pieds de neige. Au poste, on craignait pour la vie des outardes. C'était le printemps avancé et les outardes couvaient à soixante milles du poste. Le commis du poste me confiait qu'il se rappelait une année où la majorité des outardes étaient mortes de froid parce qu'elles étaient encore au nid à cette période de l'année. Au sol, la chaleur de l'oie est humide et, si un fort gel survient, les plumes de l'oiseau gèlent. Ne pouvant plus voler, les oies se débattent jusqu'à l'épuisement et la mort.

Avec le beau temps de l'été, je retournai catéchiser dans les foins au bord de la mer. Un jour, je remarquai un homme dans mon auditoire. Il était remarquablement laid, le corps difforme surmonté d'une tête grosse comme une meule épaisse, gonflée au centre, le nez renfoncé, le visage déformé, un oeil qui laissait voir le rouge de la paupière; cet homme respirait avec difficulté et marchait avec peine. Il ne se défendait pas contre les nuées de maringouins qui le dévoraient. Pour le ridiculiser, peut-être, quelqu'un l'avait vêtu d'un manteau à queue. On le prétendait fou. Je sus très vite qu'il ne l'était pas et j'entrepris de l'instruire. Tout alla très bien. Notre-Seigneur se donna à lui de façon très particulière. Il fit sa première communion avant son départ. Je ne revis jamais ce monstre intelligent car il mourut l'hiver suivant.

Quelque part, d'un seul coup, je baptisai dix-sept personnes. Parmi ces personnes se trouvait un meurtrier qui avait tué pour survivre durant une dure famine. Il vivait dans la crainte et le remord, banni de son groupe, toujours présent mais toujours seul et à l'écart. Pendant la cérémonie du baptême, il suait à grosses gouttes. Il faisait pitié et je priai très fort pour ce malheureux qui n'osait même plus visiter les magasins de la Compagnie de la baie d'Hudson.

Tout en m'occupant de mes missions, j'aidais le frère Lapointe à la construction de la chapelle sise à cinq milles de la

(13) Il s'agit ici d'un engourdissement des doigts lorsque ceux-ci sont exposés à un trop grand froid.

mer. Occupé à ce travail, on vint un jour me chercher pour assister une malade à l'embouchure de la rivière Atawapiskat. Quelques Indiens m'accompagnaient. Sur le chemin du retour, nous aperçûmes un mirage sur la rivière. D'un côté la lune, de l'autre le soleil qui éclairait un boisé de sapins et d'épinettes. Il était dix heures du soir. La rivière nous semblait asséchée complètement. Nous sommes entrés dans ce mirage et tout redevint ténèbres.

La chapelle d'Atawapiskat n'était pas encore complétée qu'elle ne suffisait déjà plus à contenir le nombre grandissant d'Indiens qui la fréquentaient. Le supérieur refusait de croire qu'une chapelle de quarante pieds sur vingt-cinq n'était pas assez grande pour les fidèles de la région. Les Indiens arrivaient de partout: de la rivière Atawapiskat proprement dite, de la rivière à la Truite, de Kipockaw, de Nawashi, de Ekwan et de la grande île Akamaski. Il y avait parmi eux un concubin qui chantait admirablement bien. Je dois dire qu'il dépassait en talent tout ce que j'avais entendu avant et depuis, y compris les meilleurs chantres de la radio. Il demeurait à quatre cents milles d'Atawapiskat. Il lui fallait un courage extraordinaire pour avironner avec force sur une pareille distance.

Je laissai le frère Lapointe à Atawapiskat pour parachever les travaux de la chapelle. Lui et le frère Charles Tremblay la terminèrent durant l'hiver de 1897. De retour à Albany, je trouvai le père Fafard soucieux. Une lettre l'avertit que nous devions payer la taxe provinciale. D'ailleurs, on l'avait déjà prélevée sur notre allocation annuelle. Or, pour toutes nos opérations, nous comptions sur une allocation de 450 $ par année. C'était peu, si l'on considère le coût de la vie dans ces régions. Comme revenu d'appoint, chacune de nos messes rapportait vingt-cinq sous. Après nous être consultés sur ce sujet, il fut décidé que le père Fafard irait à Montréal pour quêter. Sur la rivière Abitibi, il ferait en passant la mission pour les Indiens de New-Post.

Nous étions trois à travailler fort dans ce pays mais voilà que, pendant une longue période, les nécessités nous séparaient. Le père Fafard quêtait à Montréal; le frère Lapointe travaillait à Atawapiskat et moi je restais à Albany seul, pour l'hiver. De cette façon, il m'est arrivé trois fois de passer en solitaire l'hiver à Albany. Le soir, je composais des cantiques à la lueur du feu de poêle. Celui-ci projetait une faible lumière sur les murs de la cuisine. Chaque semaine, la nécessité de chauffer par grands froids et les forts vents de la baie «faisaient flamber mon tuyau». Je craignais que la maison et la chapelle ne soient incendiées.

Une seule famille catholique assistait à ma messe quotidienne. Quelquefois, les gens se présentaient tard à la chapelle et bien des matins furent passés à les attendre. Il arriva que le Précieux-Sang se congela. Je pris entre mes deux mains la coupe du calice et Dieu voulut que le Sang se liquéfie rapidement. Benjamin Linklaster, un vieux serviteur de la Compagnie de la baie d'Hudson mourut pendant l'hiver. Je l'assistai durant ses derniers instants. Il était protestant et je l'invitai à faire un acte d'amour de Dieu. Il rendit l'âme en fixant le ciel et en répétant que Dieu est miséricordieux. «Oui, aimez-Le parce qu'Il est miséricordieux et parce qu'Il est Dieu.»

Le Frère revint à Albany à la fin d'avril. Il traînait un lourd toboggan chargé de tous ses outils et de plusieurs autres objets. Il arriva à dix heures du soir atteint du «mal des neiges». Il fut aveugle pendant deux jours. Il ne supportait pas la lumière de la chandelle. Toute lumière est une souffrance terrible pour les yeux de celui qui est atteint du mal des neiges. Pour se préserver de ce mal, les Indiens fabriquent une légère pièce de bois ajustée au nez, percée à la hauteur des yeux. Ils voient par une toute petite fente. Ces lunettes tiennent par un cordon autour de la tête.

En 1895, le frère Lapointe construisit la chapelle de Fort-Hope avec l'aide d'un ouvrier. Sa construction achevée, il retourna à Montréal pour quelque temps. À cette époque, nous comptions sur deux courriers annuellement: celui de l'hiver et celui de l'été. Le courrier de l'hiver n'apportait que les lettres. C'est ainsi que je reçus une lettre du père Fafard qui m'écrivait de Montréal, par le courrier de l'hiver de 1895. Il me demandait de faire la mission de New-Post sur la rivière Abitibi. Tous les Algonquins de cette région sont catholiques.

L'été de 1895 se passa donc ainsi. Je partis d'abord pour Winisk vers le nord. Là, une autre fois, je catéchisai dans les foins. Je revins ensuite à Atawapiskat pour y donner la mission dans la nouvelle chapelle qui avait un joli petit clocher en forme de flèche surmonté d'une croix. De là, j'entrepris avec deux guides indiens le voyage pour Moosonee et New-Post. Un de mes guides tomba malade aussitôt. Il ne pouvait plus avironner. Je pris sa place et bien que souffrant moi-même, victime d'hémorragies, je me débrouillais assez bien. Nous affrontâmes une température tout à fait hostile à notre course. Il y eut tempête, froid, vent et pluie sur la baie. Une tempête nous immobilisa trois jours et un grand vent déchira ma tente en deux. Le vent du nord, repoussant l'eau avec force vers le fond de la baie nous fit décamper et nous dûmes aller vers l'intérieur des terres. C'était d'autant plus sinistre que nous nous trouvions dans un «no man's land», un de ces endroits inhabités. Nous perdîmes le rythme des marées et nous en manquèrent trois de suite. En tout, nous avons mis huit jours pour franchir la distance entre Atawapiskat et Moosonee, ce qui prend deux jours dans des circonstances normales.

À Moosonee, je changeai de guides. Deux Indiens protestants m'accompagnèrent jusqu'à New-Post. Ils s'étonnaient beaucoup de pouvoir converser en cri avec moi. «Tu ne parlais pas le cri quand tu es passé à Moosonee la dernière fois. Tu apprends bien, là-bas, à Albany. Nous, nos rois de la prière (les pasteurs protestants) n'apprennent rien et ne parlent pas le cri.» – «Je ne sais pas ce que font vos rois de la prière, mais moi, je crois qu'il faut parler indien pour pouvoir parler de religion aux Indiens.» Amusés, mes guides acquiescèrent.

À New-Post, je donnai la mission dans la maison du commis en raison du petit nombre de fidèles indiens. Tous se confessèrent et communièrent. Ils repartirent pour leur territoire de chasse et moi je retournai à Albany. En sautant un rapide, notre canot échoua sur une grosse pierre que je sentis sous mes pieds. Notre embarcation se mit à pivoter sur les bords d'un gouffre tumultueux. Les Indiens étaient effrayés. Il fallait voir la panique dans leurs yeux, mais aussi leur grande dextérité dans le maniement des perches. Ils réussirent à garder le canot à flot jusqu'à ce qu'une forte poussée d'eau nous libère.

La Compagnie de la baie d'Hudson collaborait presque toujours avec les missionnaires. Il faut comprendre que ces derniers transportaient les lettres d'un poste à l'autre. En contrepartie, la Compagnie de la baie d'Hudson fournissait gratuitement les provisions nécessaires aux courses des missionnaires. La collaboration allait cependant plus ou moins bien à Albany. Tous les matins, la compagnie nous donnait du lait pour notre gruau et pour préparer la bouillie du jour. En hiver, la compagnie diminuait notre ration de lait. Puisqu'elle nous donnait moins de lait, j'avais décidé d'y ajouter un peu d'eau afin d'en avoir une quantité suffisante. Ce que j'ignorais, c'était que la compagnie faisait la même chose. Ma belle bouillie blanche rendit mon supérieur malade, fortement constipé. Je dus lui expliquer que, sans le savoir, parce que j'ignorais les tactiques de la compagnie, j'avais cuisiné une bouillie immangeable avec un lait qui avait plus les propriétés de l'eau que celles auxquelles on aurait pu s'attendre. Mon supérieur hurla à l'empoisonneur et me tint personnellement responsable de ce scandale. Il disait à qui voulait l'entendre que j'avais voulu le faire mourir, ne se rendant nullement compte qu'en faisant cela, il portait irrémédiablement atteinte à ma réputation de cuisinier. D'un autre côté, il n'avait pas complètement tort: cette bouillie, c'était véritablement de la colle.

À mon retour de New-Post, je repris possession de notre maison à Albany. Certains s'imagineront, peut-être, un chaleureux retour au foyer. Les choses se passèrent différemment. Je me battais à grands coups d'épaule pour ouvrir les portes récalcitrantes. Je me cassais les ongles en essayant d'ouvrir des tiroirs coincés. Quelqu'un s'était servi en bois de chauffage, si bien que la réserve était épuisée. Finalement, bien des objets avaient disparu mystérieusement.

À l'automne, je retournai à Atawapiskat. J'y rencontrai le père Fafard, de retour d'un voyage missionnaire entrepris dès son arrivée de Montréal. Avec deux Indiens, il avait remonté la rivière Winisk puis redescendu la rivière Severn jusqu'à la baie d'Hudson. Là, il avait vu le pasteur protestant Fories, celui qui baptisait avec du bouillon d'esturgeon. Il rencontra aussi une vieille femme catholique qui, solitaire depuis plusieurs années parmi des protestants, n'avait rien perdu de sa religion. Je me confessai au père Fafard. Pour la première fois depuis onze mois, je recevais l'absolution. Je vous assure qu'un homme surveille sa conduite quand il sait que le plus proche confesseur se trouve à cinq cents milles. Dans les difficultés de ce saint ministère, je disais souvent à Dieu: «Seigneur, je suis seul devant vous et vous êtes le seul que je puisse consulter. Éclairez ma conduite.»

De retour à Albany, le père Fafard m'annonça le rappel du frère Lapointe. Nous étions tristes tous les deux. Avec la permission de mon supérieur, j'écrivis au révérend père provincial pour lui faire part de l'absolue nécessité d'avoir un frère avec nous. Ma lettre fut agréée et quelle ne fut pas notre joie, à l'été, de voir revenir le frère Lapointe accompagné du frère Charles Tremblay, un artiste celui-là.

À l'automne de 1897, le père Fafard, le frère Lapointe et le joyeux frère Tremblay partirent pour Atawapiskat. Là-bas, les deux frères finirent les travaux de la chapelle. Après le Jour de l'An, je remplaçai le frère Fafard à Atawapiskat et celui-ci vint prendre mon poste à Albany.

Les Indiens d'Albany vivent de chasse et de pêche. Souvent, c'est grande pitié de les voir travailler. J'ai vu des familles entières pêcher à la ligne en plein hiver. Le père, la mère et les enfants se tenaient à une cinquantaine de pas les uns des autres, exposés aux plus grands froids. Accroupis sur quelques branches et abrités du vent par une ou deux branches d'épinette, ils tenaient frileusement le manche de leur ligne. Ils s'obstinaient ainsi pendant des heures pour n'obtenir à la fin que deux ou trois poissons. Il fallait voir les femmes inspecter et relever les filets disposés sous la glace. Je me souviens d'une femme en particulier. Elle s'occupait justement de cette tâche, assise sur ses talons au bord d'un grand trou creusé dans la glace. Elle tirait lentement sur le filet, les deux mains nues dans l'eau glacée du mois de février. «C'est froid» lui dis-je. «Oui, c'est froid,» me répondit-elle et elle ajouta en souriant «mais seulement quand je sors mes mains de l'eau.» Je pensai que l'habitude de la misère l'avait ainsi endurcie.

La fourrure aurait pu faire vivre décemment ces pauvres gens mais la compagnie les payait trop peu. Le commis du poste me confiait qu'une peau de renard argenté se vendait plusieurs centaines de dollars en Angleterre alors que lui la payait 18,25 $ aux Indiens. La compagnie ne payait pas les Indiens avec de l'argent. Elle ne donnait que de la marchandise. La loutre équivalait à 3 $ de marchandise. Pendant les six années que je passai à Albany, jamais je ne vis d'argent circuler dans les échanges entre la compagnie et les Indiens. [14] Si un Indien payait toute sa dette et enregistrait un surplus, le commis lui donnait des bouts de bois. Plus tard, lorsque l'Indien présentait ses bouts de bois de cèdre, le commis lui donnait l'équivalent en marchandise. Fait cocasse, la compagnie n'enveloppait jamais la marchandise qu'elle payait en échange des fourrures. Ainsi, au magasin, les hommes

(14) 1914 «Lord Strathcona died, Hudson Bay Company became gradually more interested in general retail stores than in trading post. Made beaver disappeared as a medium of exchange and was replaced by cash.» (Fumeleau, René, *op. cit.*, p. 331.)

étendaient leur mouchoir sur le comptoir et les femmes faisaient de même avec tous les tissus dont elles disposaient. Le commis versait dessus le tné, la farine, la poudre, le plomb et l'acheteur attachait lui-même son matériel avec un bout de corde, une guenille ou une frange de sa ceinture.

Les femmes sont très fortes pour porter, marcher et avironner. Elles sont debout deux ou trois jours après l'accouchement. Je me rappelle même d'une femme qui ayant accouché durant la nuit, se retrouvait sur ses pieds au matin. Non contente de récupérer si rapidement, elle insistait pour accompagner son mari la journée même. Malgré le fait que je le lui déconseillai fortement, elle marcha sept milles dans la neige en suivant lentement son mari. Au bout du trajet, assise sur un sac de linge, elle observait son mari enlever la neige jusqu'à la terre, disposer des branches d'épinette sur le sol et préparer la tente. Lorsque tout fut prêt, elle entra dans la tente et s'allongea sur une peau d'ours sans manifester le moindre signe de malaise.

Pour savoir si une famille élève de jeunes enfants, il suffit de regarder autour du campement. S'il y a de la mousse de marécage mise à sécher un peu partout, dans les buissons, sur des souches ou sur des perches, c'est qu'il y a des bébés dans les environs. Les Indiens ramassent cette mousse en été sur les roches où elle pousse en abondance partout dans la région. Ils emmaillottent leurs enfants dans cette mousse rude. Le maillot tient avec des chevilles de bois. Ces chevilles de bois servent souvent de boutons et de points de couture pour ces pauvres démunis.

Les allumettes sont pour eux très précieuses. En réalité, ils en manquent souvent. Ils les gardent dans des vieilles chaudières qu'ils transportent avec eux. Lorsqu'ils manquent d'allumettes, les fumeurs invétérés se font du feu avec un peu de poudre et de l'amadou. J'ai vu des Indiens déchirer un morceau de leur gilet ou le bas de leur pantalon pour se faire un bout de tissu dans lequel ils plaçaient la poudre et l'amadou. Frottant le tout, ils obtenaient du feu. Ils faisaient cela autant pour allumer une pipe que pour commencer un feu.

Chez les Cris, personne ne s'abandonne à la paresse. Les hommes chassent au loin. Les femmes et les enfants tendent des collets pour prendre le lièvre et la perdrix. Ce sont les femmes qui s'occupent de transporter le bois de chauffage, de tanner les peaux dont on fait les mocassins, de lacer les raquettes. Elles sont toujours affairées. Quant aux hommes, la situation n'est guère plus enviable. La chasse n'est pas un sport pour eux.

Il faut avoir vu des Indiens faire la chasse aux animaux à fourrure pour comprendre toutes les fatigues, les peines et tous les dangers qu'ils courent dans la forêt, surtout aux temps des glaces, l'automne ou le printemps. L'Indien place ses pièges un peu partout et, ce faisant, il parcourt de très grandes distances. S'il ne veut pas perdre ses prises et gaspiller ses fourrures, il doit visiter ses pièges très souvent. Il doit s'ouvrir des chemins. En été, il transporte son canot à travers bois et marécages. Ces hommes marchent tellement en hiver qu'ils sont parfois victimes du «mal des raquettes». Leurs mollets enflent et rougissent. Ils sont alors incapables de marcher pendant plusieurs jours. Le mal est excessivement douloureux selon eux. Pour se prémunir contre ce mal, ils se serrent les mollets à l'aide d'une corde, lors de leurs interminables randonnées.

Les Indiens ne manquent pas toujours de nourriture. Il y a des périodes d'abondance. Mais, habitués de vivre au jour le jour, leur imprévoyance les fait souvent jeûner. Il y a aussi les années difficiles où la perdrix et le lièvre sont introuvables. Ces années-là, le renard meurt aussi puisqu'il dépend de ces animaux pour survivre. C'est alors la famine et la misère.

Pour le chasseur cri, la farine n'est pas une vraie nourriture. Il lui faut de la viande, du poisson et de la graisse. Il croit cela, peut-être, parce qu'il sait très bien par ailleurs qu'il sera toujours trop pauvre pour s'acheter suffisamment de farine en guise de nourriture.

Les Indiens s'écrivent souvent. Ils utilisent les caractères syllabiques. Ils écrivent avec du charbon de bois sur des morceaux d'écorce. Quand le message est inscrit, ils fendent le bout d'un bâton dans le sens de la longueur et y placent l'écorce. Ensuite, ils plantent le bâton dans le sol à un endroit bien visible. On retrouve ces messages à l'entrée des portages, au bout d'une pointe de terre, sur les rives d'une rivière, là où elle se rétrécit. N'importe qui peut les lire. Pour les missionnaires, les messages étaient souvent difficiles à déchiffrer. Il faut dire que les auteurs ne s'appliquaient pas particulièrement. Néanmoins, on pouvait reconnaître le message d'un Indien catholique de celui d'un protestant. Partout où les catholiques prononçaient N, les protestants prononçaient L. [15]

Il n'était pas question pour un missionnaire de faire ses missions durant l'hiver. À cause de la rareté des ressources, les Indiens ne se regroupaient jamais en cette saison. Ils chassaient dispersés par petits groupes. Ils se trouvaient fort éloignés les uns des autres et voyageaient constamment. Le caribou était rare et les Indiens ne connaissaient pas l'orignal. On racontait qu'autrefois un orignal s'aventura dans les parages. Le chasseur qui le tua eut si peur de cette bête étrange qu'il n'osa jamais aller le chercher ou s'en approcher. [16]

Les Indiens sont sociables, doux et patients. Habitués à la souffrance, ils endurent sans maugréer. Ils ne blasphèment pas comme nos bûcherons dans les bois. Les cadeaux leur font grand plaisir et, réciproquement, ils sont pleins d'attentions pour le visiteur étranger. J'aimais chasser la perdrix blanche avec eux. Ils me donnaient toutes les chances d'en tuer, se

(15) Ce passage n'est pas clair, mais il soulève des problèmes classiques du point de vue de la transcription des dialectes amérindiens, par les missionnaires. Il peut toujours s'agir de bandes – et partant, peut-être, de dialectes – différentes qui se retrouvaient occasionnellement sur un même territoire tout en étant en contact avec soit des pasteurs protestants, soit des prêtres catholiques. Le plus souvent toutefois, les missionnaires transcrivaient les dialectes en se référant à un modèle standard qui était, la plupart du temps, le modèle des sons du premier dialecte que la congrégation avait transcrit. Ils appliquaient ce modèle à tous les autres dialectes, si bien que des sons qui n'apparaissent pas dans un dialecte s'y retrouvaient quand même dans la transcription.

(16) La présence permanente de l'orignal dans des régions plus nordiques que ce qui semble être sa zone naturelle d'occupation est très récente selon des informateurs montagnais. Il était tout à fait exceptionnel, avant 1960, de rencontrer des orignaux dans l'arrière-pays de la Côte-Nord du fleuve Saint-Laurent. La situation semble être la même à la Baie-James et l'anecdote du père Guinard, à ce sujet, était et demeure une anecdote courante.

privant eux-mêmes de le faire. Ces perdrix sont de beaux oiseaux blancs comme neige avec les pattes rouges comme du sang. Elles ont des plumes aux pattes et laissent de larges pistes visibles sur la neige. Elles sont pratiquement invisibles, seuls leurs petits yeux rouges les trahissent. La chair de l'oiseau est maigre et sèche. Elle fait cependant un bouillon agréablement épicé.

Lors de ces chasses, j'allais voir la mer. En réalité, j'allais voir une immense bordure de glaces de quatre milles de large. On n'apercevait pas l'eau. On la devinait aux confins du champ de glaces. C'était une brume épaisse, montante et sauvage. Cette brume faisait comme un bruit, le bruit de la mer se frappant à la glace. J'avais l'impression, qu'au bout là-bas, l'eau bouillait par ces très grands froids. Il arrivait que la brume se rabatte sur tout le champ de glaces. Alors la neige se durcissait d'un coup, rendant possible la marche sans raquette, hors des bois, dans des espaces tout à fait libres.

La compagnie gardait à Albany des animaux de boucherie de crainte que le bateau d'approvisionnement en provenance d'Angleterre ne fasse naufrage. Les serviteurs coupaient le foin en été à l'embouchure de la rivière et le faisaient sécher plus haut dans une clairière. Ils prenaient le foin à marée basse et le remontaient avec la marée montante. Ces serviteurs de la compagnie ne chômaient pas. En plus des boeufs, ils avaient à nourrir leurs nombreux chiens de traîneaux. Pour ce faire, ils devaient prendre de grandes quantités de poissons. Ils faisaient, en outre, du bois de chauffage, sciaient à la «scie de long» et transportaient du matériel sur des grandes distances, en hiver, avec les chiens et les traîneaux. [17]

(17) Cette politique d'auto-suffisance des postes de traite remonte loin dans le temps. Dans à peu près tous les cas où cela s'avérait possible, la Compagnie de la baie d'Hudson faisait en sorte que ses postes soient indépendants eu égard à l'approvisionnement. Les postes de traite de la Baie-James étaient très anciens: leur fondation datait des années 1690. Déjà, à cette époque, on insistait sur l'autosuffisance des postes. En plus du coût élevé d'un approvisionnement complet à partir de l'Angleterre, c'était la sécurité même des employés des postes de traite qui était en jeu. Comme le signale le père Guinard, ces derniers ne pouvaient pas se fier aux bateaux de

Pour conclure, je raconterai une petite anecdote. En plein hiver, des Indiennes vinrent me voir pour m'avertir qu'il y avait eu dans le bois, à quelques milles d'Albany, une tempête sans précédent. Selon elles, des blocs de glace étaient tombés du ciel dans un grand fracas. Il y avait des arbres renversés, des oiseaux écrasés. Si la tempête avait frappé le poste, tout aurait été détruit et des hommes seraient morts. Je crois bien que ce fut une trombe qui aspira la glace de la baie et la rejeta tout près du poste. La chose m'intrigue encore aujourd'hui.

La baie James: observations générales

La baie James a trois cents milles de longueur sur cent milles de largeur. Elle compte plusieurs îles dont l'une d'elles, l'île Akamaski, a cinquante milles de longueur. L'est de la baie est boisé, ondulé et montagneux, tandis que la côte ouest est désertique et marécageuse. Les boisés de peupliers et d'épinettes se rencontrent surtout à l'embouchure des rivières. Pour ce qui est du reste, les basses terres qui s'étendent vers le Manitoba, sont pratiquement un «no man's land» selon les dires des commis de la compagnie. Il doit bien exister d'éventuels gisements miniers, surtout à l'est de la baie, si l'on considère que la Compagnie de la baie d'Hudson donnait des rations complètes à certains Indiens afin que ceux-ci aillent par les monts briser avec leur hachette les métaux adhérant aux roches et qu'ils rapportent leurs trouvailles aux postes. Ces choses se passaient un peu avant notre arrivée à la baie.

Entre 1892 et 1898, nos pommes de terre n'ont jamais gelé. À partir du 20 juin, on ne voyait plus de glaces flottantes sur la baie, en face d'Albany. La rivière a toujours gelé durant la première semaine de novembre. La baie elle-même est peu profonde. À Moosonee, le bateau de la Compagnie de la baie d'Hudson ne s'approchait pas à moins de quinze milles du

la compagnie car ils accusaient souvent de longs retards et parfois rebroussaient chemin faute de pouvoir atteindre leur destination. (Innis, Harold A., *The Fur Trade in Canada.*, *op. cit.*, p. 119-145.)

rivage, à un endroit de la baie nommé «ship hole». Sur la côte ouest, la baie n'est pas poissonneuse bien qu'à chaque automne, les poissons blancs remontent les rivières juste avant le gel. Les loups-marins et quelques marsouins fréquentent la baie mais ils ne représentent pas des ressources importantes pour les Cris. En somme, dans le pays désertique et difficile qui est le leur, les Indiens ne comptent réellement que sur le renard qui est bien le seul animal ayant une quelconque valeur économique.

Dans l'arrière-pays, la fourrure du renard est très belle. Cela ne surprend personne si l'on tient compte du climat froid, mais surtout si l'on considère que le renard d'ici évolue sur un terrain où les arbres sont rares. Il y a ainsi moins de risques que sa fourrure ne s'écorche comme c'est le cas pour les renards vivant dans les forêts denses.

C'est un pays venteux. L'automne, on entend le rugissement de la mer et le bruit des vagues venant du large. Pour moi, la baie James fut avant tout cette mer tumultueuse, grandiose. Ce furent des tempêtes, des hautes vagues raccourcissant l'horizon, des éclairs tracés perpendiculairement et les rugissements des vagues s'alliant aux éclats du tonnerre. Devant tant de puissance et de force, je ne pouvais que m'incliner devant le Créateur de tout cela en lui demandant d'avoir pitié de nous.

La baie James m'est restée vivante dans la mémoire. Comment oublier le spectacle grandiose du passage de nombreuses espèces d'oiseaux aquatiques migrateurs, celui des oies blanches en particulier? Durant leurs migrations, au-dessus d'Albany, le ciel s'obscurcissait. Ces oies sont des oiseaux magnifiques qui voyagent par milliers. Quand elles s'envolent toutes ensembles à partir d'un marécage, le bruit de leurs ailes se conjugue avec leurs cris et il en résulte un étonnant concert. Comment oublier les magnifiques aurores boréales, ces immenses rideaux colorés qui persistent toute la nuit à jouer, à danser et à occuper la totalité du ciel?

CHAPITRE II

LA GATINEAU AU TOURNANT DU SIÈCLE

Maniwaki

Je revins à Montréal en 1898 après avoir passé six années à la Baie-James. Le frère Lapointe m'accompagna pour ce voyage de retour. Il était malade et devait subir une opération. Je demeurai une année entière dans la paroisse Saint-Pierre-Apôtre à Montréal, principalement occupé à éditer et à faire imprimer en cri le Catéchisme de persévérance du père Fafard et le livre des Prières et Cantiques que j'avais composés. Je passai ainsi l'hiver à Montréal. Au printemps, on m'informa qu'on me relevait de mon ministère à la Baie-James et que le père Hector Brassard prenait la relève à Albany. Quant à moi, on m'affectait aux missions de Maniwaki et du Haut-Saint-Maurice afin d'assister le père Jean-Pierre Guéguen, épuisé par de nombreuses années de missions difficiles dans ces régions.

Je reçus donc l'obédience de Maniwaki en remplacement du père Guéguen trop malade pour poursuivre ses activités. À cette époque, on se rendait à Maniwaki par le chemin de fer de la Gatineau qui s'arrêtait à Gracefield, aussi appelé Victory. Le voyage se poursuivait à bord de la voiture de la poste qui complétait le trajet jusqu'à Maniwaki.

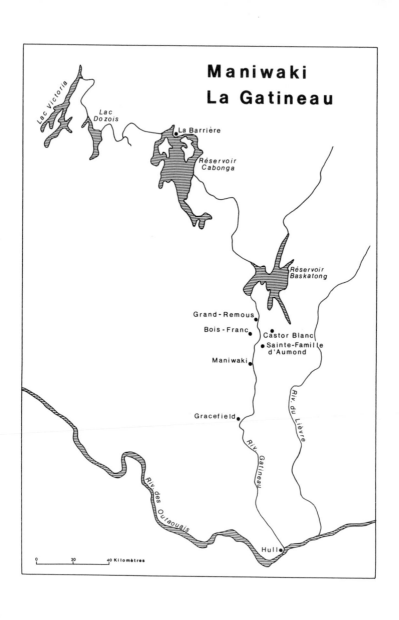

Maniwaki
La Gatineau

Lac Victoria

Lac Dozois

La Barrière

Réservoir Cabonga

Réservoir Baskatong

Grand-Remous

Bois-Franc

Castor Blanc

Sainte-Famille d'Aumond

Maniwaki

Gracefield

Riv. du Lièvre

Riv. Gatineau

Riv. des Outaouais

Hull

0   20   40 Kilomètres

Le supérieur de Maniwaki, le révérend père Camille Laporte, était un homme extrêmement entreprenant. L'église, la maison des pères et les dépendances avaient toutes fières allures. Ces années-là, le défrichement se poursuivait. Pour arracher les souches, les pères possédaient une paire de boeufs remarquables pour leurs longues cornes. Jos Dumont, qui les conduisait, se faisait entendre à un mille de distance quand il commandait ses boeufs.

À l'église, les célébrations étaient en français, en anglais et en algonquin. Les Blancs chantaient en latin et les Indiens en algonquin. Parmi ces derniers, il y avait deux célèbres chantres: Mathias Bernard et Katénin Mekaténini. La rangée de bancs longeant le mur du côté de l'évangile était réservée aux Indiens. La réserve indienne elle-même se trouvait en retrait du village de Maniwaki et c'était difficile de l'apercevoir du chemin puisqu'elle comprenait peu de constructions. Les enfants algonquins fréquentaient l'une des deux écoles anglaises dont les institutrices étaient payées par le ministère des Affaires indiennes. Un agent des Affaires indiennes résidait d'ailleurs à Maniwaki. La plupart de ces Indiens vivaient de chasse et de pêche. L'un d'eux, Amable Watagan, explorait la forêt pour la compagnie John Gilmore. Dans l'ensemble cependant, tous chassaient.

À l'embouchure de la rivière Désert, sur la pointe nord, se dressait un magasin désaffecté de la Compagnie de la baie d'Hudson. Quelques familles indiennes avaient gardé l'habitude de camper sur la pointe sud, en face du vieux poste abandonné. Je revois leurs canots renversés sur le rivage, leurs tentes de toile montées sous les gros ormes, aujourd'hui abattus, leurs chaudières bouillant au-dessus du feu, accrochées au bout d'un bâton planté en terre, leurs couvertures de laine et du linge aux couleurs vives jetés sur des perches. Au milieu de ce décor, des enfants jouaient et des hommes tranquilles fumaient leur pipe. En écrivant ces lignes, la nostalgie des missions me reprend. Comment ne pas être heureux au contact de ces gens simples et pauvres, sans ambitions ni préoccupations ruineuses? Ils étaient pieux comme des saints et croyaient sur parole nos enseignements.

Dans le village de Maniwaki comme dans ses alentours, le bétail errait en pleine liberté. Les chiens des Indiens profitaient de cette absence de clôture pour s'attaquer aux veaux, aux vaches et aux cochons. Les colons repéraient leurs bêtes par le son des clochettes qu'elles portaient suspendues au cou. Ce bruit de clochettes s'agitant çà et là, le jour et la nuit, partout dans le village, était remarquable. C'est ainsi qu'une religieuse, fraîchement arrivée au couvent de Maniwaki et ignorant tout de l'affaire du bétail, pria Dieu et renouvela ses adorations une nuit entière, croyant entendre les clochettes que l'on agitait devant le prêtre quand il porte le Saint-Sacrement aux malades, comme c'était l'usage dans sa paroisse d'origine.

Il fallait absolument que le village devienne une municipalité afin qu'une réglementation locale soit mise en place. À cette époque, Maniwaki était une petite ville ouverte qui comptait six hôtels pour cinquante maisons. Deux magasins vendaient du gin et du whisky au gallon. Les compagnies John Gilmore et W.C. Edwards ayant leurs bureaux d'embauche à Maniwaki, des milliers de bûcherons passaient et s'arrêtaient au village. Or, ces bûcherons buvaient beaucoup d'alcool, vivaient et parlaient selon tous les principes contraires à la morale chrétienne. Ils exerçaient une triste influence sur nos Indiens qui, eux-aussi, s'enivraient à leur tour. La situation était telle qu'il est arrivé que les Indiens se présentent en état d'ébriété à l'église. Le village vivait sans loi, dans le désordre le plus complet. Dans ce contexte, nous avons résolu de combattre pour rétablir l'ordre et la morale.

La première étape de notre lutte consistait à faire donner à Maniwaki un statut de municipalité. Malgré la violente opposition des «gros bonnets» du village, la première manche se termina à notre avantage. Les adversaires n'abandonnèrent pas pour autant. Les gens du village élirent un ivrogne comme maire, si bien que, la municipalité étant contrôlée par les commerçants, rien ne changea. Nous nous mîmes donc à intenter des poursuites contre les commerçants qui encourageaient la débauche publique. Malgré les parjures, les achats de témoins, le juge Talbot imposait des sentences exemplaires. Mais les gens le harcelèrent tellement qu'il dut se réfugier dans notre communauté pour ne plus être importuné par la population. Un nouveau juge présida aux procès et quelle ne fut pas notre déception quand nous nous rendîmes compte qu'il favorisait les marchands. Ce juge considérait qu'on ne devait pas inutilement faire du tort aux marchands du village qui gagnaient leur vie comme tout le monde. Notre avocat refusa de continuer ses plaidoiries dans de telles conditions. Malgré la présence d'un policier de service, les hôteliers achetaient littéralement les témoins.

Quant aux villageois, ils ne s'entendaient pas sur la question. Celui qui refusait de boire perdait ses amis et tous ridiculisaient l'abstinence. Ainsi, ceux qui n'étaient pas portés sur l'alcool dans des circonstances normales se mettaient à boire par obligation. Nous luttâmes avec acharnement contre cet état de fait. Notre obstination fut telle qu'une loi fut votée interdisant toute boisson alcoolique sur le territoire de la municipalité. Nous n'étions pas au bout de nos peines cependant, puisque le journal *Le Droit* fit campagne contre notre loi sur l'abstinence totale et celle-ci fut aussitôt retirée. [1] Nous luttions sur plusieurs fronts afin de relever le niveau de la morale dans le village. De fortes amendes frappaient les blasphémateurs publics.

Les protestants maintenaient une église anglicane et une église presbytérienne au village. Bien que peu nombreux, les protestants se recrutaient parmi les riches de Maniwaki. Leurs pasteurs ne résidaient pas toujours au village, mais c'était mieux ainsi. L'un deux fit un enfant illégitime à une fille protestante de Grande-Pointe et l'autre «aimait la bouteille». Nos catholiques appelaient les églises des protestants des «mitaines», mot dérivé de l'anglais «meeting», par moquerie.

(1) L'anecdote est d'autant plus surprenante que le journal *Le Droit* était la propriété des Oblats qui l'avaient d'ailleurs fondé.

Notre communauté construisit l'hôpital Saint-Joseph, en 1902. Encore là, il fallut se défendre contre l'influence des protestants. La femme de lord Minto, gouverneur général du Canada, construisait, un peu partout dans les régions pauvres du pays, des petits cottages dirigés par des infirmières dispensant les soins aux malades. Nous étions menacés d'avoir chez nous l'un de ces cottages. Le docteur Mulligan, quoique catholique, favorisait le projet. Monseigneur Thomas Duhamel eut vent de la chose et recommanda immédiatement à notre supérieur de s'occuper de la fondation d'un hôpital catholique sur les terrains de la communauté. Les Soeurs Grises de la Croix d'Ottawa acceptèrent de fonder l'hôpital. Les Oblats versèrent mille dollars comme mise de fond et les travaux commencèrent. Le frère Landry s'occupa de la construction du futur hôpital. Alors qu'il dynamitait la roche-mère qu'il croyait bien dure mais qui était en réalité friable et pourrie, il faillit provoquer une catastrophe en plaçant une charge trop forte. L'explosion projeta de grosses pierres par-dessus l'église qui endommagèrent le clocher, avant de retomber dans la rue et de fracasser la clôture d'une dame Noël, laquelle fit une colère dont on parla longtemps.

La construction achevée, un incendie se déclara dans le tuyau de la cheminée. Heureusement, l'hôpital fut sauvé tout de même. Cela nous indiquait, par ailleurs, qu'une cheminée de briques s'avérait nécessaire. Les Soeurs achetaient l'eau dans des tonnes puisqu'il n'y avait pas d'eau courante à l'hôpital. Dans ces circonstances, combattre l'incendie et sauver la nouvelle construction ne furent pas choses faciles. À quelque chose malheur est bon: les autorités virent à faire construire une belle cheminée de briques. Cette dernière fume encore aujourd'hui, témoignant des petits événements qui marquaient la vie de ce temps-là.

Une des principales préoccupations de cette époque de colonisation portait sur l'état des chemins. Bien que Maniwaki était la dernière communauté à bénéficier de la ligne télégraphique, le gouvernement ne s'occupait pas de l'entretien des chemins. Tant bien que mal, les colons le faisaient en même temps que les compagnies forestières qui, elles, déblayaient et rechaussaient selon les besoins de leurs chantiers. En toute logique, les colons savaient très bien que nul ne pouvait se fier aux compagnies pour l'entretien des chemins. Les compagnies investissaient le minimum d'argent dans ces opérations et ne faisaient que le nécessaire. Les résultats étaient pitoyables. À l'automne et au printemps, la plupart des chemins étaient impraticables. On pontait les marécages et les trous de boue avec des troncs d'arbres que les nouvelles gelées faisaient ressortir de terre, si bien qu'avec les voitures, on avait le choix entre s'embourber jusqu'aux essieux ou encore fracasser ces mêmes essieux contre des troncs durs qui dépassaient et faisaient saillie. Mal égouttés, sans ensoleillement suffisant puisqu'ils passaient en pleine forêt, ces chemins étaient boueux à longueur d'année. Lorsque ce n'était pas la boue, c'était les pierres. Les chemins pierreux provoquaient des accidents malheureux et plus d'une voiture se renversait à cause des pierres cachées. Ces chemins résultaient des pluies du printemps qui entraînaient la terre meuble dans les fossés, laissant les pierres à découvert. Le progrès et l'amélioration ou l'abandon de ces chemins de misères firent grand bien aux voitures et soulagèrent certainement de nombreux chevaux. Je crois aussi que les meilleurs chemins réduisirent considérablement la quantité déjà énorme de blasphèmes proférés par les colons qui passaient de longs moments à se donner beaucoup de peine pour sortir chevaux et voitures de ces chemins de malheur.

L'arpentage du Transcontinental

Je remplaçais le père Guéguen depuis deux ans lorsque le révérend père Provincial, Joseph-Marie Jodoin, me demanda de céder les missions indiennes au père Georges Lemoine. Ce dernier se plaignait du peu de travail occasionné par ses missions de La Barrière et du lac Victoria et il en demandait plus. On lui céda donc les missions de la Haute-Mauricie. J'acceptai avec regret la volonté des autorités. Je considérais mes missions indiennes comme ma première tâche et déjà, je trouvais les hivers trop longs à Maniwaki. L'idée d'y passer maintenant des années complètes m'attristait beaucoup.

L'arpentage du Transcontinental débuta l'année suivante. Il s'agit du chemin de fer qui traverse l'Abitibi en provenance de La Tuque. En réalité, ce chemin de fer devait traverser tout le Canada, jusqu'à Prince-Rupert, sur les bords du Pacifique.

De nombreux Indiens travaillaient sur le traçé, en pleine forêt. Ces nouveaux travailleurs demandaient un prêtre parlant leur langue. Le gouvernement accéda à leur demande et un jour, un fonctionnaire, chargé de l'approvisionnement des groupes d'hommes travaillant à l'arpentage un peu partout dans les bois, vint à Maniwaki pour demander un missionnaire parlant indien.

J'acceptai avec joie cette mission d'un style assez particulier et je partis sur le champ avec le fonctionnaire. Ce dernier se croyait malin. Le poste d'arpentage n° 1 se trouvait à cent dix milles au nord de Maniwaki, à la fourche de la Gatineau. Pour nous y rendre, il fallait marcher beaucoup et les sentiers n'étaient pas faciles. Le fonctionnaire ne me connaissait pas et ignorait tout de mes expériences de mission. Il pensait, peut-être, que j'avais appris l'algonquin à la chaleur de la maison des pères à Maniwaki. Quoiqu'il en soit, voilà qu'il se mit à jouer les durs, marchant rapidement, ne s'arrêtant jamais, grossissant les difficultés de la vie en forêt. Il essaya même de m'égarer pour me faire peur. Moins essoufflé que lui après toute cette mise en scène et toujours sur ses talons, je lui fis comprendre que je connaissais le chemin mieux que lui et que rien de ce qu'il disait ou faisait ne m'impressionnait un tant soit peu. J'allai même jusqu'à lui faire entendre que la seule chose qui puisse arriver, c'était que je m'impatiente devant de telles fanfaronnades, spécifiant que lorsque je me mettais en colère, il m'arrivait de lancer les importuns dans les eaux de la Gatineau. Cette mise au point fit grand bien.

Comme je l'ai indiqué plus haut, le poste d'approvisionnement n° 1 se trouvait aux fourches de la Gatineau. Le poste n° 2 se situait à trente milles plus au nord, au confluent de la rivière Echohom et de la branche ouest de la rivière Gatineau. En hiver, on acheminait les provisions jusqu'au poste n° 1 en utilisant des chevaux. Entre ces deux postes, le transport se faisait au moyen d'attelages de chiens. À partir de ce dernier point, toujours avec des chiens, des voyageurs indiens ravitaillaient les différents campements disséminés un peu partout le long du tracé du futur chemin de fer. Tous ces campements étaient très isolés, en pleine forêt, dans des régions fort mal connues des Blancs. Un jour, la nouvelle parvint que le campement de White Bear Lake manquait de provisions et combattait la famine. Les contremaîtres dépêchèrent donc d'urgence des voyageurs indiens qui devaient ravitailler le campement. Or, aucun Blanc et par le fait même aucun contremaître ne savait exactement où se trouvait ce lac. On savait qu'il s'agissait du campement le plus éloigné vers l'ouest mais tous différaient d'avis quant à la localisation exacte du White Bear Lake qui, bien sûr, n'était pas indiqué sur les cartes. Le contremaître donna des instructions compliquées aux Indiens qui devaient faire le ravitaillement et ces derniers partirent à la recherche du fameux lac. Selon le récit qu'ils me firent de leur voyage, ils cherchèrent désespérément ce White Bear Lake, se conformant tant bien que mal aux indices fournis par le contremaître-arpenteur. Découragés, ils rencontrèrent par hasard un trappeur indien qui, lui, connaissait l'emplacement du campement recherché. Les voyageurs apprirent avec étonnement que ce campement se situait sur les rives du lac Manitobégan, un lac connu de tous les Indiens de ces régions. Le White Bear Lake n'était nul autre que le lac Manitobégan que même un jeune Indien aurait retrouvé les yeux fermés. Avec ces renseignements, les Indiens ravitaillèrent rapidement le campement. Cependant, ils restèrent longtemps perplexes devant une telle confusion de la part des arpenteurs.

Les choses se passaient bien ainsi. Les arpenteurs, ignorant probablement que les Indiens avaient déjà donné des noms à tous les lacs, toutes les rivières et tous les ruisseaux, donnaient des nouveaux noms à des lacs connus par ailleurs et s'attendaient bêtement à ce que les Indiens se démêlent avec cela. Comme le disaient les Indiens, il fallait être magicien ou prophète pour retrouver les lacs des Blancs. [2]

Bien que les travaux d'arpentage ne faisaient que s'amorcer, on retrouvait déjà au poste n° 1 une activité fébrile agitant une drôle de foule. Une syrienne [3] vendait des rubans, des cravates, des mouchoirs et des bagues; ses malles regorgeaient de tout un matériel multicolore. Un métis brassait des affaires d'or en faisant la traite des fourrures avec les Indiens. Je revis une dizaine de Têtes-de-Boule que j'avais connus à Wemontaching. [4] Ils venaient ici parce que la Compagnie de la baie d'Hudson de Wemontaching suspendait temporairement sa politique de crédit aux Indiens. Il semble que cette suspension de crédit était reliée au fait que l'Angleterre faisait la guerre aux Boers.

(2) Entre 1912 et 1920, il y eut au Québec une campagne pour éliminer les noms indiens donnés aux lacs et aux rivières. C'est Eugène Rouillard (1851-1926) qui avait lancé cette campagne de francisation des noms de lieux géographiques lors d'une réunion de «La Société du parler français au Canada», en 1908. Rouillard était le secrétaire de la Société de géographie du Québec. Il fut fortement appuyé dans sa campagne par l'abbé Lionel Groulx. C'est ainsi que la majorité des termes amérindiens pour désigner les lieux géographiques furent rayés des cartes. Pour un exposé succinct de ces questions, voir Smith, Donald B., *Le Sauvage, the Native People in Quebec Historical writing on the Heroic Period (1534-1663) of New-France*. Musées Nationaux du Canada, Division de l'histoire, dossier n° 6, Ottawa, p. 57-59.

(3) Le père Guinard reparlera un peu plus loin de cette syrienne. Ces commerçants et commerçantes syriens semblent avoir voyagé dans tous les coins de la province à cette époque. Vendeurs itinérants, ils allaient là où les gens se trouvaient. Ils vendaient principalement des choses difficiles à trouver sur le marché. Les prix de leurs produits étaient généralement très bas.

(4) Cela remonte à son premier voyage en Haute-Mauricie avec le père Guéguen, en 1899. Dans le manuscrit original du père Guinard, celui-ci avait placé la description de ce voyage avant celle de la Gatineau au tournant du siècle. Il situait chronologiquement les événements tels qu'il les avait vécus. Mais puisqu'il revient en détail sur le sujet au chapitre suivant, j'ai cru bon de replacer son voyage de 1899 au début de ce chapitre qui traite précisément de la Haute-Mauricie.

Le poste n° 1 disposait d'un hôpital rudimentaire dirigé par un jeune médecin incompétent, tout juste bon à prescrire une purgation. Je me rappelle des tortures qu'il infligea à un jeune homme coupé profondément au genou. Il avait enroulé une grosse corde dans la chair vive au dessus du genou et tous les matins il tirait la corde sur la gauche et sur la droite en la maintenant très serrée sur la jambe. Le jeune homme souffrait le martyre et ce furent ses compagnons qui insistèrent pour qu'il soit évacué à Ottawa où il pouvait espérer se faire soigner adéquatement. Le médecin du poste ne lui donnait même pas les quelques verres de brandy qui sont nécessaires dans ces cas-là pour chasser la douleur. Un dentiste formait avec le médecin tout le personnel de notre hôpital. C'était un ivrogne incurable dont le frère était député à Ottawa.

En fait, la plupart des problèmes de ces travaux d'arpentage prenaient leur source dans l'incompétence générale liée à un vaste système de patronage. Les gens qui se retrouvaient au poste n° 1, par exemple, se distinguaient par leur inaptitude à faire le travail demandé. D'un côté, proliféraient les fils à papa, les garçons de bonne famille dont les relations et l'influence des parents suffisaient à leur procurer un emploi provisoire en pleine nature. D'un autre côté, on retrouvait le rebut de la société, les ivrognes, les incompétents, les irresponsables qui n'avaient plus d'autres choix que de travailler en retrait du monde civilisé, là où personne ne s'offusquait de leur conduite répréhensible. Les «fils à papa» ne savaient rien faire et s'amusaient de tout. Les vieux ivrognes ne voulaient plus rien faire et ne respectait rien. Il en résulta un gaspillage de provisions et d'argent sans précédent. Je fus ainsi le témoin de ce triste spectacle: le gaspillage de grandes quantités de nourritures abandonnées et mal entreposées dans des hangars de fortune. Les responsables ne s'occupaient pas de leurs affaires, l'anarchie régnait. Tout était permis; on se permettait de gaspiller et de ne pas travailler, dans la mesure où tous se vantaient de connaître quelqu'un de puissant au gouvernement qui les protégeait.

Parlons maintenant des chiens de traîneaux. Ils venaient d'on ne sait où et ils n'étaient pas de fameux chiens de traîneaux. Nous savions cependant qu'ils coûtaient très cher et que quelqu'un se «graissait la patte» en vendant à un prix exhorbitant ces chiens bien ordinaires. À ma connaissance, ils avaient tous quatre pattes et deux oreilles, comme tous les autres chiens. Ils trimaient dur l'hiver et se reposaient l'été, puis les hommes ne s'en souciaient plus avant l'hiver suivant. Sans nourriture et surtout sans corde pour les retenir solidement attachés, les chiens se transformaient en une meute d'animaux enragés. Ils n'attaquaient pas les habitués du camp mais ils se précipitaient sur tous les étrangers. Les hommes du camp s'amusaient de la chose et ne faisaient rien pour y remédier. Durant l'hiver, les attelages de chiens allaient parfois jusqu'à dévier de leur course pour s'attaquer à un étranger rencontré par hasard.

L'été, les lettres arrivaient au poste n° 1 à tous les deux jours. Deux Indiens de Maniwaki transportaient le courrier en canot à partir de la ferme de l'Esturgeon jusqu'aux fourches de la Gatineau. Ces deux hommes forçaient l'admiration de tous tant ils étaient forts, habiles, courageux et persévérants. Il faut dire que leurs performances sont dignes de mention. En une seule journée, ils remontaient en canot un fort courant sur une distance de cinquante milles. La moitié du parcours se passait à franchir les rapides et cinq longs portages couronnaient les difficultés du trajet. Les deux Indiens répétaient cet exploit tous les deux jours. L'un des deux se nommait Michen Whiteduck.

Un jour, visitant les chantiers d'hiver de la Gatineau, je me rendais au poste n° 1 en raquettes, à travers les bois. Le métis traiteur de fourrure m'accompagnait et m'informait qu'une trentaine de trappeurs indiens l'attendaient au poste. Nous décidâmes de jouer un bon tour à ces gens. Nous entrâmes dans son magasin dans la soirée à la lueur des lampes. J'avais relevé ma soutane sous mon manteau, baissé mon casque sur les yeux et je parlais anglais. Le métis m'introduisit comme son nouveau commis. Les Indiens m'examinaient, perplexes. La femme du traiteur cependant ne se laissa pas prendre. Elle déclara sans hésitation que je faisais un drôle de commis car, bien au contraire, j'avais toutes les allures d'un missionnaire catholique. La remarque de l'Indienne me démasqua et tous s'esclaffèrent en me reconnaissant.

Cette nuit-là, il fit un grand froid. Les arbres se fendaient et les branches craquaient. Ces bruits secs dans la nuit glacée sont caractéristiques. Les bûcherons, dans ces circonstances, disent que «Jack Frost a bûché toute la nuit». Ces froids extrêmes interdisent aux voyageurs de poursuivre leur course. Il faut se mettre à l'abri, rester au chaud et attendre que le temps se radoucisse un peu.

À Maniwaki, surtout l'hiver quand je n'étais pas dans les chantiers du Transcontinental ou dans mes missions indiennes, je m'occupais de desservir un certain nombre de communautés blanches non encore érigées en paroisse. Je dirai quelques mots sur chacune d'elles.

Le Moulin des Pères

Le Moulin des Pères se situait à huit milles au nord de Maniwaki. Les Pères y avaient effectivement construit un «moulin à farine» et un «moulin à scie», tout près d'une des chutes de la rivière Joseph. Les Pères possédaient une petite «limite à bois» sur les bords du lac Murray. Autour des moulins s'aggloméraient quatre-vingts familles catholiques. À l'exception de quatre familles irlandaises, tout le village se composait de Canadiens-français.Le maire et le secrétaire des écoles étaient irlandais. Le village comptait trois écoles, la première sur les rives de la Gatineau, la seconde sur le chemin du lac Murray et la dernière dans le village. La mission existait depuis 1861 et elle devint, en 1907, la paroisse de Sainte-Famille-d'Aumond. Avant cette date, l'agglomération du Moulin des Pères était aussi connue sous le nom de Rivière-Joseph. J'y faisais la mission tous les quinze jours, les dimanches. Je partais tôt de Maniwaki le dimanche matin. À dix heures, je disais une grand-messe, entendais les confessions, donnais la communion, faisais le sermon, baptisais les nouveaux-nés et réglais les affaires courantes. Entre Maniwaki et le Moulin des Pères, je voyageais seul à bord d'une voiture tirée par un cheval. Malgré la courte distance, certains trajets étaient périlleux. Les côtes glacées et les chevaux nerveux ne font pas bon ménage, surtout que j'étais moi-même prompt à sauter en bas de la voiture au moindre danger. Dans ces cas-là, je continuais mon chemin à pied, ramassant çà et là les débris de ma voiture au fur et à mesure que j'avançais, retrouvant toujours mon cheval arrêté plus loin.

Au Moulin des Pères, j'affrontai une grève du choeur de chant, ce qui me contraignit à dire des messes basses plutôt que des grand-messes. Sans rien savoir de leurs griefs, que je supposais importants par ailleurs, je réussis à les faire céder et à les remettre au chant en leur soulignant que je préférais les messes chantées aux messes basses et que le dimanche les fidèles avaient droit à une messe chantée. Dieu, les fidèles et moi-même préférions la grand-messe du dimanche, ce qui devait faire fléchir les grévistes. De plus, sans grand-messe, je menaçais d'allonger mon sermon car nous savions tous que l'office du dimanche devait durer au moins une heure et demie. Au fond, c'est peut-être ce dernier argument qui fut le plus décisif.

Je livrai un combat plus sérieux lorsque je m'opposai à l'ouverture d'un second hôtel au Moulin des Pères. À cette occasion, je fis un de mes bons sermons et mes paroles, dites sans passion, sans emportement inutile, portèrent. «Pourquoi deux hôtels au Moulin des Pères? Quelqu'un couche-t-il dehors? Avons-nous besoin de ces chambres? Pourquoi deux hôtels? Nous voulons multiplier par deux les bagarres, les scandales, les blasphèmes? Deux hôtels pour boire deux fois plus? L'alcool se vendra-t-il moins cher? Le brandy à quatre sous le verre peut-être? Le gin à trois sous? Et la bière à deux sous? Les prix ne baisseront pas, même si nous avions dix hôtels. Les prix sont fixes. Pourquoi deux hôtels? Faites-vous la queue dans celui qui existe déjà? Vous trouvez vite une bouteille quand vous voulez «prendre un coup». Alors pourquoi deux hôtels? Ah mes frères! ce sera encore plus de misères, de pauvreté et d'ivrognerie. Je vois deux fois plus de larmes versés par les familles malheureuses. Je ne vois aucun avantage à l'établissement d'un second hôtel ici, sinon celui du commerçant qui l'ouvrira. Réfléchissez.» Cette simple exhortation m'assura la victoire.

Ma dernière contribution au Moulin des Pères fut de dresser les plans d'une nouvelle église qui allait devenir l'église paroissiale de Sainte-Famille-d'Aumond dont M. Frank Légaré fut le premier curé. L'ancienne église, où moi-même je prêchais, menaçait de s'effondrer sur nous. Elle était bâtie en pièce sur pièce, non lambrissée à l'extérieur. Le crépi de l'intérieur s'effritait, crevassé de partout. Les soles de l'avant et de l'arrière pourrissaient tandis que les colonnes du centre résistaient, arrondissant le toit. On y gelait et j'y confessais avec mon «capot» sur le dos.

Castor-Blanc

À Castor-Blanc, à huit milles au nord du Moulin des Pères, sur l'ancien chemin qui menait à Baskatong, vivaient une vingtaine de familles. Tous les trois mois, nous y donnions mission dans une petite chapelle misérable. Au fond, c'était une maison ordinaire. Seule une croix de deux pieds montée sur le dessus de la façade indiquait sa qualité de lieu saint. Malgré sa simplicité, son extérieur non lambrissé, sa construction en pièce sur pièce et son intérieur blanchi à la chaux, il faut reconnaître que nous avions là un bâtiment proprement tenu par les femmes du petit village.

Nous vendions les bancs. Je me souviens d'un nommé Auguste Bélair, un vieux célibataire, qui avait acheté trois bancs pour lui seul, dans le but de faire monter les prix. Un autre vieux, responsable d'une famille nombreuse, mais débrouillard et ingénieux comme dix, se querellait avec les pères supérieurs de Maniwaki. Il s'appelait Sévigny. Pour la chapelle, il avait fait beaucoup puisqu'en plus de donner le terrain, il l'avait construite. Mais par la suite, les choses se gâtèrent. Sévigny gardait un baril d'alcool à la maison et les pères supérieurs incitèrent, avec succès, quelques Indiennes à défoncer ce baril à coups de hache afin de s'assurer que leurs maris n'y touchent jamais. De plus, un jour qu'il était absent, on vendit son banc à quelqu'un d'autre. Ces tracasseries provoquèrent la colère de Sévigny qui, bien qu'ayant une solide foi en Dieu, se mit à parler contre les pères et à faire scandale en refusant de pratiquer sa religion. Cela dura vingt ans. Je fus celui qui le ramena à l'Église. Un incendie de forêt faillit détruire sa maison et ses bâtiments. Au plus fort du sinistre, il s'en remit à Dieu, l'implorant de sauver ses biens. Selon toute évidence, Dieu l'entendit puisque ses biens furent épargnés. Comme je pensionnais toujours chez lui durant mes séjours à Castor-Blanc et aussi parce qu'il m'aimait bien, tout en détestant mes supérieurs, il fut assez facile à ce moment-là et avec l'aide de sa femme, de le convaincre qu'un homme ne pouvait pas s'en aller comme cela en se faisant entendre de Dieu sans en même temps fréquenter la chapelle, communier et se confesser. À la grande joie de tous, il revint à l'Église après une longue absence que Dieu lui pardonnait sûrement.

À Castor-Blanc vivait Vital Potvin, un homme d'une force herculéenne comme on en rencontre un peu partout dans les petits villages de la province de Québec. Il ignorait sa force, ne s'en servait guère et, comme c'est souvent le cas, il donnait surtout l'impression d'être doux, calme et bon. Un jour d'hiver, il descendait à Ottawa dans une traîne à bâtons, accompagné d'un petit garçon. Sur son chemin, dans un «stopping place», il rencontre des orangistes qui, eux, montaient de grosses charges de foin dans les chantiers. En anglais, ils lui demandèrent de leur laisser le chemin. Vital ne comprenait pas l'anglais et en conséquence, il ne réagissait pas. Alors, les orangistes se mirent à l'insulter et à le ridiculiser. Vital, étant très pauvre, ne portait pas un vrai «capot» mais bien une couverture de laine jetée sur les épaules. Les Anglais se moquaient de ce drôle de bougre, de ce colon mal vêtu. Vital voyait bien qu'on l'insultait, mais sa réaction se fit attendre jusqu'à ce qu'un Anglais le traite, en français, de «maudit français de catholique». Les chevaux étaient nez à nez à ce moment-là. Vital descendit de la traîne, laissant les guides au petit garçon, et se mit calmement à renverser les voyages de foin hors du chemin. Après en avoir culbuté deux ou trois, les orangistes comprirent et entreprirent de se frayer un nouveau chemin dans la neige épaisse. En revenant d'Ottawa, la même scène se reproduisit. Cette fois-là, cependant, Vital s'attaqua avec ses poings à tout le groupe des orangistes. Il les faucha tous. Ces événements le rendirent fort populaire dans la région.

Lorsqu'on construisit une nouvelle route pour Baskatong, Castor-Blanc disparut. Les familles déménagèrent à Sainte-Famille-d'Aumond. Toutefois, le vieux cimetière est encore visible aujourd'hui. À l'époque où j'ai connu les gens de Castor-Blanc, beaucoup s'adonnaient au trappage des animaux à fourrure dans les forêts environnantes. Je me souviens particulièrement de Jean-Baptiste Potvin et de son père Olivier qui, tous les hivers, pratiquaient cette activité avec succès. Mais la vie de trappeur est très dure pour le colon et il fallait une très grande protection de la Sainte Vierge pour les sauver des multiples dangers de la forêt hostile. Elle intervint quelquefois avec succès. Tous le reconnaissaient humblement.

Bois-Franc

Quarante-deux familles vivaient à Bois-Franc, village fondé en 1879. À cette époque, la mission ne possédait pas d'église ni de cimetière et personne ne s'occupait des registres. Située à neuf milles de Maniwaki, la mission devint plus tard la paroisse de Saint-Boniface dans le canton Egan.

Parmi les enfants qui fréquentaient l'unique école de la mission, se trouvaient de grands talents. Je me souviens d'un petit garçon de six ans qui dessinait admirablement bien. Une jeune fille, Clara Brancheau, devint la première religieuse de la mission. À Bois-Franc vivait Joseph David, personnage bien connu à ce moment-là dans la région. Il était serviable, bon et extrêmement fort. Toute sa vie il a été fermier à Baskatong; il a fini ses jours à Bois-Franc. Il était aveugle. Ce fut le premier aveugle que je préparai à la mort et je peux témoigner encore aujourd'hui de la très grande bonté de cet homme.

Baskatong

Plus au nord, on retrouvait un petit village à Baskatong. Avant la construction du barrage Mercier, le lac Baskatong avait quatre milles de longueur. Chaque hiver la glace se crevassait dans le centre du lac d'où son appellation indienne de Baskatong qui signifie «crevasse». Une centaine d'adultes résidaient en permanence à cet endroit. Il y avait des Français, des Anglais et des Algonquins. La rivière Baskatong ne gelait jamais plus que quatre ou cinq jours dans les moments les plus froids de l'année. C'était un endroit de prédilection pour les oies sauvages. Un vieux pont de bois tout branlant enjambait la rivière. Cette dernière allait se jeter dans la Gatineau. Toutes les activités de Baskatong tournaient autour de la coupe du bois. Deux compagnies s'y trouvaient, la John Gilmore et la W.C. Edwards. À l'exception des Indiens, tous étaient bûcherons, mesureurs de bois, commis ou contremaîtres.

Nous, les prêtres catholiques, nous nous entendions très bien avec le contremaître, monsieur Donnelley, qui nous hébergeait à chacun de nos voyages même s'il était protestant. Les mesureurs, les commis et le contremaître mangeaient ensemble tandis que les bûcherons avaient leurs quartiers dans les «sleeping houses». C'est le même Donnelley qui me donna la permission de couper tout le bois nécessaire à l'érection d'une chapelle qui fut d'ailleurs construite en 1903 par le frère Lapointe, à la base d'une colline boisée de pins. Donnelley était en réalité l'agent du dépôt de la John Gilmore à Baskatong.

Malgré sa religion, son hospitalité envers nous dépassait celle qu'il déployait pour les pasteurs protestants.

Il faut dire que Baskatong avait grand besoin de religion. Tous les bûcherons et les draveurs des chantiers de la région se réunissaient dans les deux hôtels de cet endroit sinistre. Un agent disait souvent: «This is the worst spot in the world». Blasphèmes, bagarres, ivrognerie faisaient la vie quotidienne. Les bûcherons refusaient de payer un sou pour la construction de la chapelle prétextant qu'ils étaient trop pauvres. Néanmoins, ils m'invitaient à «prendre un coup» avec eux. La bouteille passait avant l'église. L'endroit était si triste que lorsqu'il fut question de choisir un patron pour la mission, je fis savoir à monseigneur Duhamel que, en guise de sainte patronne de Baskatong, Notre-Dame-de-la-Pitié serait toute désignée. Même les femmes de Baskatong considéraient qu'un homme véritable se devait de blasphémer et de boire.

Une fois la chapelle terminée, on construisit une école car la plupart des gens de Baskatong ne savaient ni lire ni écrire. Marie Lévasseur, de Maniwaki, fut la première institutrice de cette école. Elle enseignait la lecture, l'écriture, le calcul et les bonnes manières. Elle donnait même des cours de chant. Au lieu des histoires obscènes des adultes, les enfants apprenaient des cantiques religieux.

Le village Baskatong disparut en 1929 avec la construction du barrage Mercier sur la rivière Gatineau. Aujourd'hui, il se trouve à trente pieds sous les eaux du réservoir. Le père Stanislas Beaudry s'occupa de faire déménager les corps de l'ancien cimetière. Ils furent transportés sur les rives du réservoir actuel où on les inhuma en un nouveau lieu. Le même Père s'occupa en outre de faire démanteler la chapelle qui fut descendue en «cageux» jusqu'à Grand-Remous où l'on utilisa le bois pour la construction de la nouvelle église de Grand-Remous, l'église de la paroisse Saint-Jean-Marie-Vianney.

Grand-Remous

Avant la disparition de Baskatong, Grand-Remous était une toute petite mission où vivait une dizaine de familles dont trois d'origine irlandaise. À Grand-Remous, il y a effectivement un immense remous dans la rivière Gatineau. Lorsque les billots s'y engouffrent, ils disparaissent un bon moment avant de ressortir, propulsés dans les airs en tournoyant comme s'il s'agissait de simples allumettes.

Je disais la messe chez un cultivateur, Amable Savoyard. Gai luron, il imitait à perfection le parler des gens qu'il rencontrait. Sans instruction mais ingénieux à l'extrême, il roulait régulièrement les agents réputés futés des compagnies.

Grand-Remous devint la petite paroisse de Saint-Jean-Vianney en 1929. Dans les années 20, l'érosion des eaux sur les rives déterra le squelette d'un homme. Cette découverte fit beaucoup jaser puisque personne ne savait exactement d'où venait ce mort. Parmi les ossements, on trouva des boutons d'or, ce qui fit supposer qu'il s'agissait d'un soldat tué à cet endroit voilà longtemps, bien avant l'arrivée des colons.

Grande-Pointe

Située à quinze milles de Maniwaki, à la source de la rivière Joseph, Grande-Pointe n'a guère changée depuis 1900. Le petit «moulin à scie» est toujours là et la population ne varie pas, se maintenant autour d'une douzaine de familles. Ces gens fréquentaient régulièrement Maniwaki. Dans une large mesure on les considérait comme des paroissiens de Maniwaki. J'y donnais donc la mission le moins souvent possible afin qu'ils ne perdent pas l'habitude de venir à Maniwaki.

Je prêchais dans la maison d'un colon. La femme de la maison vendait, sans permis, de la boisson aux passants. Durant mes sermons, j'entendais le cliquetis des verres et les «glouglous» des bouteilles dans la pièce voisine. J'entendais même ces bruits durant les confessions. J'ai toujours pensé que dans une pareille atmosphère les fidèles avaient une meilleure contrition puisqu'ils se confessaient en ayant tout près d'eux la source de bien des péchés.

Les chantiers sur la Gatineau [5]

Avant 1903, les bûcherons de la Gatineau vivaient dans des cambuses, type d'abri caractéristique des bûcherons du siècle dernier. Au total, j'ai visité un petit nombre de ces cambuses qui à l'époque de mes missions, tendaient à disparaître un peu partout pour être remplacées par des habitations plus modernes et plus adéquates. Toutefois, j'ai gardé un bon souvenir de ces cabanes rudimentaires et des bûcherons qui les habitaient. Construites en bois rond et calfeutrées de mousse ou d'herbe, bousillées en glaise, elles se distinguaient par le toit fait de deux rangées d'auges reposant sur les murs de côtés et sur deux grosses poutres. Les auges de la rangée supérieure étaient à l'envers et elles s'emboîtaient exactement dans celles de la rangée inférieure. Ce toit ne dégouttait jamais. Les

(5) Les pages qui suivent sont parmi les bonnes pages écrites par le père Guinard eu égard au contenu. Elles illustrent bien les conditions de travail très difficiles que les compagnies imposaient aux bûcherons. Son texte se préoccupe peu de nous donner des détails sur les compagnies elles-mêmes. Il vise d'abord la description des conditions de travail des bûcherons. Même si sa présentation est courte, elle est révélatrice à bien des égards du laisser-aller gouvernemental en matière d'exploitation forestière, de la toute puissance des compagnies et de la marginalité des colons devenus bûcherons, faute de pouvoir vivre sur de mauvaises terres. En ce début du vingtième siècle, le «nord» en était encore, sur le plan de son développement, dans le prolongement du règne des «lumber barons» dont la main-d'oeuvre asservie était formée des colons qui, en réalité, étaient des bûcherons, c'est-à-dire des hommes prisonniers des chantiers. Sur le plan social et humain, les résultats sont tragiques, mais l'histoire des historiens s'en est toujours bien peu préoccupée, même si la tradition populaire en a gardé un souvenir qui reste très vivant aujourd'hui.

Le père Guinard revient constamment dans ses mémoires sur l'anarchie qui régnait dans la région où il vivait. Les projets gouvernementaux (chemin de fer, barrages), l'exploitation de la forêt, toutes ces activités de développement dans le nord sont, à son avis, la source des plus grandes misères humaines pour le travailleur, pour le colon et pour l'indien.

Notons finalement que c'est ce type de description qui finit par se transformer en charge contre le progrès, qui fit que les supérieurs du père Guinard jugèrent durement ses idées en matière sociale.

pentures et les clenches de la porte étaient en bois. Un foyer de sable de huit pieds de longueur sur quatre pieds de largeur occupait le centre de la cambuse. Un trou dans le toit, de la même dimension que le foyer et pratiqué directement au-dessus, laissait s'échapper la fumée. Il faut bien dire que cette technique avait ses inconvénients. L'ouverture de la porte provoquait un courant d'air qui refoulait la fumée vers l'intérieur et cela faisait venir les larmes aux yeux. C'était bien là une des seules occasions de voir les bûcherons pleurer.

Le soir, avant de pénétrer dans la chambre, quelques hommes plantaient leur hache dans quatre ou cinq grosses billes de bois qu'ils traînaient à l'intérieur pour les placer debout, en forme conique, sur l'emplacement du foyer. Ils allumaient le feu avec des écorces de bouleau et du bois sec, commençant ainsi l'attisée du soir et de la nuit.

L'ameublement reflétait la rudesse et la simplicité de la vie des chantiers. De longs bancs équarris entouraient le foyer. Derrière ces bancs, on retrouvait les lits; il serait plus juste de parler de grabats, recouverts de matelas de foin. À côté de chacun des lits, une planche reposant sur des chevilles, servait de petite table à tout mettre: pipe, tabac, vêtements et mitaines. Les musiciens accrochaient les violons au mur. Dans toutes les cambuses, un petit espace bien nettoyé sur le plancher, partout ailleurs fort rude, indiquait à l'étranger que ces robustes bûcherons étaient aussi de bons danseurs. Il y avait toujours un «violonneux» dans le groupe, c'était souvent le meilleur gigueur, et la plupart des bûcherons aimaient bien «cogner» de la semelle et du talon.

Comme tout le reste, la nourriture était simple: du pain cuit sur la braise, des fèves et du lard, rarement du boeuf, de la soupe aux pois, de la mélasse «Black Strap» et du thé très fort. Les matinées du dimanche, les hommes mangeaient souvent du «Sea Pie» (cipaille), une recette de chantier très populaire qui se préparait de la façon suivante: une rangée de lard, une rangée de pâte, une rangée de boeuf, le tout cuit à l'étouffée, dans un immense chaudron, pendant toute une nuit.

Tout en préparant le repas, le cuisinier plaçait, sur une table étroite, des piles d'assiettes et d'écuelles en fer blanc, des cuillères, des couteaux et des fourchettes. Il ajoutait à ce service primitif, disposé pêle-mêle sur la table, une montagne de grosses tranches de pain. Quant le tout était prêt, il criait très fort. Alors les bûcherons empoignaient les instruments et les ustensiles et allaient aux chaudrons pour se servir eux-mêmes au moyen de louches et de larges cuillères. Pour avoir du thé, on enfonçait directement l'écuelle dans la chaudière. Ces préparatifs provoquaient tout un remue-ménage dans la cambuse jusqu'à ce que tous soient servis et assis à table. Les bûcherons mangeaient énormément. Ils retournaient aux marmites plutôt deux fois qu'une et, trop occupés à dévorer, ils parlaient peu durant le repas, ce qui ne veut pas dire, loin de là, qu'ils mangeaient en silence. Ils faisaient beaucoup de bruit en mangeant et plus particulièrement en buvant du thé. Là, ils battaient tous les records.

À la période agitée du souper succédaient les instants sacrés et tranquilles de la bonne pipe du soir. Puis, on tournait la meule, on fabriquait des leviers et des manches de hache; bref on s'occupait des outils de travail. Autour du foyer qui pétillait, des perches accrochées au toit supportaient les mitaines, les vêtements, les bas, les chaussons, les bottes. Toutes ces choses fumaient et répandaient dans la cambuse une forte odeur.

Au matin, il faisait extrêmement froid dans les cambuses. Les hommes se réveillaient avec du givre sur les moustaches et dans les cheveux. Dans ces conditions, on comprendra que personne n'avait le coeur à se laver. L'eau glacée donnait des crampes aux mains des braves qui s'obstinaient à se faire quelques ablutions matinales. Toute cette misère rapportait quatorze dollars par mois au bûcheron. Malgré tout, le moral des bûcherons était bon dans les circonstances. Je me souviens d'eux comme d'une bande d'hommes généreux, ingénieux et rieurs.

Comme je l'ai indiqué plus haut, les cambuses disparurent dès 1903 sur la rivière Gatineau. Par la suite, les conditions de vie des bûcherons s'améliorèrent en ce qui concerne la nourriture et l'habitation. Par contre, les chantiers demeurèrent les mêmes de façon générale. Dans les pages qui suivent, je tenterai d'en faire une description détaillée, eu égard à la vie qu'on y menait et aux habitudes qui les caractérisaient.

Chaque chantier regroupait, selon les cas, de soixante-dix à cent bûcherons. On s'y retrouvait dans le paradis des hommes forts dont les exploits, véridiques ou imaginaires, étaient racontés par tous et chacun. La force physique phénoménale primait sur tout et faisait l'objet de beaucoup de discussions, de palabres et de paris. Les bottes de foin s'attachaient avec du fil de fer. Or, voilà que Jack Lanagan, d'une seule main, casse les attaches de fer d'une botte. Cela ne surprendra personne puisque ce même Jack Lanagan, quelques temps auparavant, avait tué un ours avec ses deux poings. Ces récits et ces événements se racontaient à tout propos, en tous lieux, créant de l'étonnement et des plaisirs sans cesse renouvelés chez les bûcherons.

Je ne partais jamais pour aller aux chantiers sans une certaine appréhension. Je dirai sans honte que ces rudes travailleurs m'intimidaient quelque peu. Quoique respectueux du prêtre et profondément religieux, ils ne manquaient jamais de souligner ma petitesse physique. Ils affublaient tous les missionnaires d'un sobriquet et ils les interpellaient sans gêne par ce surnom familier. Je ne fis pas exception à la règle, me faisant régulièrement appeler «le petit père Guinard».

Généralement, dans mes missions de chantiers, je me faisais accompagner par un frère. Nous n'étions pas trop de deux pour nous promener dans les bois ou dans les chemins des chantiers. Ce n'était pas toujours facile de trouver les habitations, d'abord parce que l'état des chemins laissait à désirer, ensuite parce qu'on se souciait peu de donner des indications aux croisées de chemin. Je me souviens particulièrement du frère Landry, d'origine gaspésienne, qui m'accompagna souvent dans mes courses. Cet homme ne s'intéressait qu'à l'eau et aux poissons. Il amusait les bûcherons en discourant constamment sur la richesse des lacs, sur la multitude et la variété des poissons, s'étonnant que les gens d'ici en mangent si peu. Il ne pouvait voir de l'eau, ne fut-ce qu'un baril d'eau au puits, sans entreprendre son éternel discours.

Les missions se faisaient le soir puisque, le jour, les hommes travaillaient dans la forêt. Notre tâche consistait principalement à passer la soirée avec les hommes dans leurs quartiers afin de les encourager, de les consoler au besoin, d'animer des discussions ou de faire des petites fêtes avec gigues et violon. La vie sur les chantiers était très dure. Certains s'ennuyaient à mourir, d'autres se décourageaient complètement. Quelques-uns manquaient de force et d'endurance et n'en soufflaient mot à personne. D'autres finalement, enduraient des maladies et s'obstinaient à demeurer dans les chantiers. Les bûcherons ne parlaient de leurs difficultés à personne, sauf aux missionnaires. Il nous revenait donc de maintenir le moral, de consoler et d'aider dans la mesure du possible.

Dans certains chantiers, les contremaîtres interdisaient aux bûcherons de faire de la musique et de danser le soir. On prétendait que ces petites fêtes ralentissaient le travail le lendemain. Le contremaître orangiste Bob Arwin croyait cela dur comme fer et il ne permettait jamais à ses bûcherons de chanter. Lorsque j'arrivais dans un chantier, je ne m'informais pas de ces règlements et je faisais à ma guise pour l'organisation de la soirée avec les hommes. Toutefois, sans le savoir, je reconnaissais toujours un chantier frappé de cette interdiction car dans ces chantiers-là, les hommes, sous ma direction, chantaient plus fort et plus volontiers qu'ailleurs. En un mot, on s'amusait ferme et on riait encore plus en raison de cette interdiction tacite.

Une des habitudes typiques des bûcherons consistait à raconter des «histoires sales». J'ai toujours combattu ce comportement ainsi que l'habitude bien ancrée du blasphème. Il y avait plus cependant: les bûcherons ignoraient tout du monde extérieur. Pour pallier à cet état de choses, je m'improvisai conférencier et j'occupai leurs soirées en leur expliquant les nouvelles découvertes: l'électricité, le téléphone, le gramophone et les différents progrès de la science. Ils ne savaient rien non plus de la politique. J'abordais donc des sujets comme le gouvernement du Québec, les événements mondiaux, les élections et la création de lois nouvelles. Mes conférences donnaient de bons résultats et je les croyais nécessaires et utiles. Il ne faut pas oublier que ces hommes vivaient dans un monde isolé où toute information nouvelle ne pouvait que faire du bien. Sans cela, ils se voyaient réduits à jouer du violon et à chanter toujours les mêmes chansons anglaises, ennuyeuses comme tout.

Bien sûr, outre mes conférences, je prêchais. Afin de ne pas me laisser éclipser par les exploits des hommes forts, je parlais beaucoup des exploits miraculeux des grands saints. J'étais prêtre, mais j'étais juge aussi. Les hommes me demandaient de trancher une foule de litiges, très farfelus parfois. La vie en commun causait toutes ces difficultés. Un jour, un homme se leva et me dit: «Mon père, tous les gens d'ici m'appellent mon oncle. Cela je ne peux plus le supporter. Je voudrais bien que l'on m'appelle par mon nom. De plus, je voudrais mourir si j'étais vraiment l'oncle de tous ces voyous qui blasphèment plus qu'ils ne parlent. Voyez ces visages! Je frémis à l'idée d'être leur oncle.» Je lui répondis à peu près ceci: «Je suis bien triste de te voir ainsi déblatérer contre tes neveux. Quant à moi, ma responsabilité est bien plus grande puisque je suis leur père à tous et je n'en frémis pas.» Ma réponse provoqua un rire général et le pauvre homme en fut quitte pour se faire taquiner plus que jamais.

Chaque soir, le commis venait voir les bûcherons et s'informait, pour fins de compilation et d'enregistrement, du nombre de billots coupés par chacun d'eux. Les bûcherons devaient couper un minimum de billots chaque jour. Lorsqu'ils en coupaient plus, selon leur expression, ils «se faisaient de la banque,» c'est-à-dire qu'ils accumulaient un surplus qui leur permettait, de prendre une journée de repos afin de refaire leurs forces. Cette façon de procéder était nouvelle puisque jusqu'à cette époque, les compagnies s'étaient toujours appuyées sur une émulation entre les bûcherons pour obtenir un bon rendement. La chose allait de soi quand on considère l'importance que les bûcherons attachaient à la force physique, à la résistance et aux exploits. On a vu des bûcherons travailler torse nu lors des grands froids de l'hiver. Cette course à celui qui ferait le plus d'ouvrage rendait les hommes malades, près de l'épuisement total. Là-dessus, les compagnies déclinaient toute responsabilité. Elles donnaient le salaire, rien de plus. Lorsqu'un homme ne pouvait plus physiquement poursuivre le travail, elles le renvoyaient brutalement. Faut-il se surprendre du proverbe qui dit que «Les compagnies n'ont pas de coeur.»

Dans tous les chantiers, je confessais ces pauvres hommes. Je les revois encore, agenouillés, les gros bras croisés, priant Dieu de leur pardonner leurs nombreux péchés de travailleurs isolés. Je confessais jusqu'à onze heures du soir. Le confessionnal se résumait à deux longues couvertures grises formant un carré. Je m'assoyais sur n'importe quoi, souvent sur une moitié de baril dont on avait laissé quelques douelles en guise de dossier. Dans le confessionnal, je me sentais tout petit et le coeur me battait très fort. Les hommes attachaient une grande importance à ces rares moments de prière. Tous se confessaient.

Le lendemain, les hommes se levaient à quatre heures pour assister à la messe. Ils communiaient et écoutaient attentivement mes sermons: «Mes frères, Dieu est content de vous. Vous avez profité de la venue du prêtre pour purifier vos âmes. Maintenant, il s'agit de persévérer. Écrivez à vos parents, à vos pères, à vos mères, à vos femmes. Elles s'ennuient et s'inquiètent de vous. Ils prient sûrement beaucoup afin de vous aider à supporter vos peines. Faites la même chose. Eux aussi ont besoin de vos prières car il n'est plus grande misère que de voir ces foyers nombreux où les hommes sont constamment partis dans les chantiers.» Après la messe, je distribuais chapelets et scapulaires. Puis, à la toute fin, avant que je ne reprenne mon voyage et les hommes leurs travaux, tous venaient me serrer la main et me remercier.

J'allais ainsi de chantier en chantier durant tout l'hiver. Partout, le même scénario se reproduisait. Dans les chantiers, je rencontrais certains hommes qui se trouvaient là un peu comme s'ils purgeaient une peine. Il semblait que ceux-là fuyaient la vie des villes afin de retrouver un équilibre perdu. C'était surtout le cas des alcooliques qui, par ces grands moyens, tentaient désespérément de corriger leur penchant. En général cependant, les hommes se retrouvaient là en raison de la simple obligation de gagner de l'argent. Pour la plupart des colons, il n'y avait pas de choix possible.

J'ai déjà dit que la misère des bûcherons était grande dans ces temps-là. Aucune loi ne les protégeait et, mises à part la nourriture et l'habitation, bien que cela aussi laissait à désirer, personne ne se préoccupait d'eux. Certains bûcherons ne sortaient du bois qu'à tous les deux ou trois ans. La chose se comprend puisque la plupart des bûcherons voyageaient à pied dans les mauvais chemins des compagnies. Ces dernières n'assuraient le transport de personne. À la fin de l'automne, on voyait ainsi, dans les villages, les bûcherons se diriger à pied vers les chantiers, leur sac de linge sur le dos. Ils allaient rejoindre les charettes des compagnies qui, à partir des fermes, montaient du matériel aux chantiers. Les bûcherons suivaient à pied et ce triste cortège annonçait le début d'un long hiver durant lequel, une fois de plus, la plupart des foyers dans les villages de colons allaient s'ennuyer de leur homme.

Pour diminuer les dépenses et à cause de la difficulté du transport, les compagnies forestières exploitaient des fermes qui produisaient la nourriture nécessaire aux chantiers durant l'hiver. Des «engagés», souvent des bûcherons, travaillaient sur ces fermes le printemps, l'été et l'automne. On y cultivait des «patates», des navets et toutes sortes de légumes. On y coupait aussi le foin pour nourrir les chevaux l'hiver suivant dans le bois. Les chemins étaient impraticables durant l'été. On montait donc le produit de ces fermes dans les chantiers au moment des premières neiges. Les compagnies exploitaient les fermes suivantes: la ferme des Six, de Maniwaki, de l'Aigle, de la Tomacine, de l'Ignace, de la Perdrix Blanche, de Castor-Blanc, de Baskatong, de l'Isle, de l'Esturgeon, de la Lépine, de la Pivagan, du lac des Rapides et de Bois-Franc. Les compagnies cessèrent de les exploiter dans les années trente, à cause de la grande modernisation des routes et du transport.

Somme toute, avant la construction de routes carossables et l'avènement des camions, ces fermes de compagnie, défrichées en pleine forêt dans des endroits isolés, produisaient toute la nourriture nécessaire aux chantiers: foin et avoine pour les chevaux, légumes et viande pour les hommes. De plus, elles occupaient les hommes durant l'été alors qu'il ne se faisait pas de coupe de bois. Malgré tout, la plupart des compagnies tenaient à commencer les activités dans les chantiers dès le mois d'août. Pour pratiquer cette coupe du mois d'août, on s'appuyait sur les réserves de provisions, que, l'hiver précédent, on avait accumulées dans des «caches» appelées «keep over». Des vieillards gardaient ces caches. Il n'était pas rare de retrouver un de ces vieillards solitaires mort en poste et par la suite à demi dévoré par les chiens ou par les animaux sauvages. Dans les activités des compagnies, la misère des hommes et même leur mort comptait pour peu.

Certes aujourd'hui, les choses ne sont plus comme avant. Les bûcherons se sont organisés et des lois existent qui obligent les compagnies à prendre un meilleur soin de leurs travailleurs. D'abord, les camps ne sont plus isolés comme autrefois. Les bulldozers ouvrent de larges chemins et les camions font régulièrement la navette entre les chantiers et le monde civilisé. Ensuite, les bûcherons ne sont plus entassés dans des camps infects. Aujourd'hui, chaque homme dort dans un vrai lit et c'est la compagnie qui se charge de faire laver le linge. Finalement, il serait inconcevable de voir aujourd'hui, ce qui était chose courante dans mon temps, un bûcheron quitter le chantier à pied, sans nourriture, avec son baluchon sur le dos et des distances inhumaines à parcourir pour revenir parmi les siens.

Les compagnies forestières

Je parle beaucoup des compagnies forestières sans jamais vraiment les identifier. J'en profiterai donc pour faire un bref historique de la coupe du bois dans la région de Maniwaki. C'est un vieillard, William Snoddie, qui m'informa de ces événements dont il fut témoin. La coupe du bois débuta autour de Maniwaki, sur la rivière Gatineau, en 1860. À cette époque, le premier arrivé se servait et défendait son territoire par la force. Dans les «limites à bois», il y eut des chicanes et des assassinats. Le vieux Snoddie me raconta l'histoire d'un dénommé Laymay qui tua un homme à coup de manche de hache parce que celui-ci avait coupé du bois sur son territoire. La femme de Laymay l'encourageait à se battre. Ce meurtrier fut lui-même assassiné par des gens qui cherchaient à se venger de lui. Dans cette région isolée, nulle justice ne régnait.

La première véritable concession gouvernementale fut donnée à la Blanzelle Square Timber Co., en 1860. Cette compagnie produisait uniquement du «bois carré». La même année, la Atkinson Lumber Co. vint s'établir sur une concession le long de la rivière. L'agent de cette compagnie se nommait Jim Nault. En 1868, le vieux Lépine de Bouchette défricha la ferme qui porte son nom et ouvrit des chantiers sur les terres de la Couronne. Deux ans plus tard, la compagnie Gouin de Trois-Rivières s'établit à Bark Lake et y construisit un barrage sur l'emplacement actuel du barrage du gouvernement. Les «boats» de drave de cette compagnie avaient l'avant relevé afin de mieux sauter les rapides. Les Gouin construisirent l'hôtel de Théophile Rochon à Maniwaki. La compagnie avait ses bureaux près du village Bouchette et Jack Boyle s'occupait des activités. La compagnie Gouin fit faillite et fut remplacée par la compagnie Knight qui fit faillite à son tour.

C'est la John Gilmore qui racheta les concessions forestières considérables de la Knight. La John Gilmore construisit son «moulin à papier» à Chelsea, puis à Hull. Horace Donnely et Jeremiah Quail s'occupaient des affaires de la compagnie. En 1874, la compagnie Stuble faisait chantier de «bois carré» près de la ferme de l'Esturgeon, à cinquante milles au nord de Maniwaki, sur la Gatineau. Les Hamilton Brothers achetèrent la Stuble et firent chantier à Pivagan, à la ferme de l'Ignace, au lac Croche et à la tête de la rivière Désert. La compagnie J.B. Hall Lumber vint s'établir dans la région en 1875 et fit chantier sur la rivière de l'Aigle et sur le lac Kakamaw. On racontait que J.B. Hall produisait les plus gros et les plus beaux billots de toute la Gatineau. James McLaren acheta J.B. Hall en 1887, fit chantier au lac Désert et au lac Trente et établit ses bureaux à Gracefield, autrefois nommé La Victory. Les moulins de McLaren se trouvaient à Ottawa et à Buckingham. W.C. Edwards reprit la concession des Hamilton Brothers. Toute petite à l'origine, appelée par les gens «la conserve d'indiennes», cette compagnie devint très puissante. Ses moulins se situaient à Rockland sur la rivière Ottawa. La Riordon acheta John Gilmore et W.C. Edwards en 1919. Finalement, en 1921, l'International Paper achetait la Riordon. Aujourd'hui, son moulin de Gatineau Mill fabrique sept cents tonnes de papier par jour. Les puants «moulins à papier» ont remplacé les bruyants «moulins à scie».

À l'origine, les compagnies ne s'intéressaient qu'au plus beau bois de pin de la Gatineau. Par la suite, on s'est mis à couper tout le bois que les moulins pouvaient prendre. Cela faisait beaucoup quand on pense à l'amélioration des techniques de sciage. Il en résultait des quantités incroyables de planches empilées dans les cours des moulins. [6]

---

(6) Le père Guinard fait référence à la transformation de l'industrie du bois à la fin du dix-neuvième siècle. Effectivement, les premières grandes coupes de bois servaient d'abord à alimenter l'industrie de la construction. Au dix-neuvième siècle, on coupa à peu près toutes les grandes forêts de pins blancs dans les bassins des grands affluents du Saint-Laurent (Saguenay, Saint-Maurice et Outaouais). À l'époque du père Guinard, le bois de pulpe est de plus en plus en demande. Les grands arbres pour la construction se font d'ailleurs rares. On est moins sélectif dans le choix des essences d'arbres et les territoires de coupe gagnent en étendue.

L'industrie du bois est certes une des activités économiques dominantes dans le Québec du dix-neuvième et du début du vingtième siècle. Elle sera au centre du développement de la Gatineau et de la Mauricie.

CHAPITRE III

LES MISSIONS DU HAUT-SAINT-MAURICE
PREMIER VOYAGE EN 1899

Le dernier voyage du père Guéguen

En 1899, j'entreprenais, avec le père Guéguen, mon premier voyage chez les Indiens Têtes-de-Boule du Saint-Maurice et chez les Indiens de Waswanipi. [1] Nous quittâmes Maniwaki le 23 mai de cette année pour nous rendre d'abord au Grand-Remous. Le but principal de notre voyage consistait, bien sûr, à donner les missions chez les Indiens, mais en cours de route, nous nous occupions aussi des bûcherons, des colons et des commerçants. C'est ainsi que nous nous sommes arrêtés au Grand-Remous, à la ferme du Castor et à Baskatong où nous avons donné la mission dans l'hôtel d'Eusèbe Nault.

Le voyage en canot commençait à Baskatong. Il fallut y attendre le canot du père Guéguen. Un Indien l'avait emprunté

---

(1) Waswanipi est le seul village cri que le père Guinard aura à desservir. Maniwaki regroupe des Algonquins tandis que tous les autres (Manowane, Wemontachingue et Obedjwan) sont habités par des Têtes-de-Boule. Comme je l'ai déjà mentionné à propos des dialectes amérindiens, il importe de rappeler qu'il s'agit tous de groupes culturels apparentés: des chasseurs-trappeurs de la grande famille algonkienne. Les Cris de Waswanipi évoluaient dans un milieu plus nordique (à la limite sud du subarctique québécois) que les deux autres groupes. Ils se situaient, d'ailleurs, beaucoup plus dans le rayon d'influence des pasteurs protestants et anglophones comme la suite des mémoires le démontrera.

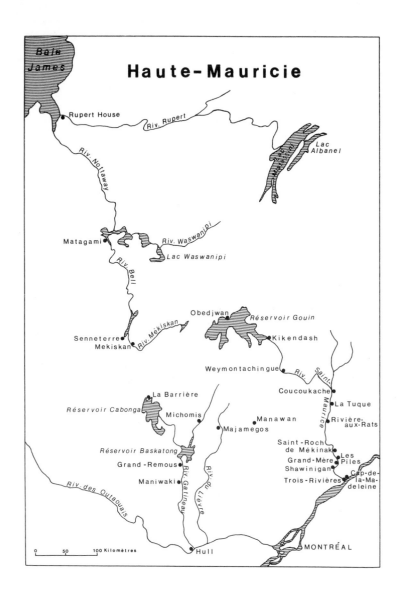

pour reconduire une vendeuse syrienne [2] du poste de traite de La Barrière. À son retour, quelle ne fut pas notre déception de constater que ce petit canot n'avait pas les dimensions requises pour nous mener à nos missions! Heureusement, David Gagnon, quoique protestant, s'empressa de nous prêter l'un de ses gros canots. Nous gagnâmes la ferme de l'Esturgeon pour arriver le premier juin à Méchomis, où résidait Pierre Chaussé, un acheteur de fourrure. Il nous confia que les Indiens étaient encore dans les bois et son petit poste était désert. Nous fûmes forcés d'attendre le retour des Indiens puisque, de toute manière, nous n'avions personne pour nous mener plus loin dans notre voyage en canot. Notre attente dura peu. Trois Indiens arrivèrent en quête de provisions. Ils acceptèrent de nous prendre avec eux. Devant nous, la rivière Gatineau coulait en dangereux rapides sur une distance de trente milles. Nous laissâmes donc cette rivière pour nous rendre, à travers vingt-huit portages, à Majemegos sur la rivière du Lièvre. Nous donnâmes la mission à quelques familles d'Indiens qui campaient là. Ces Indiens nous conduisirent à Manowan. Il y avait d'autres Indiens sur les rives du lac Metabeskega. Tous voyageaient en direction du poste de Wemontaching où nous devions passer trois semaines parmi eux. Le poste de Wemontaching se trouvait de l'autre côté de ce grand lac Metabeskega. La traversée du lac fut très orageuse. Il fit froid, il fit chaud, il y eut du vent et de la pluie. Le père Guéguen, déjà affaibli par ses difficultés passées, fut malade durant toute la traversée. Une fois à Wemontaching, il eut peine à se traîner du poste à la chapelle. Néanmoins, il se remit sur pied. Il fit son sermon tous les matins après la sainte messe et tous les soirs après le chapelet et la bénédiction du Saint-Sacrement. De mon côté, je disais la messe, j'enseignais le catéchisme aux enfants et je présidais à deux exercices de chant par jour. Le père Guéguen s'informait des difficultés du poste et des familles. Il lui fallait quand même se reposer beaucoup.

(2) C'est la deuxième fois que le père Guinard mentionne la présence d'une vendeuse syrienne dans les parages. Il le fait sur un ton qui nous porte à croire que ces commerçantes itinérantes fréquentaient régulièrement ces régions.

Durant notre séjour, l'inspecteur des travaux des arpenteurs arriva avec son équipe. Il se nommait H. O'Sullivan. Un arpenteur, Charbonner, l'accompagnait ainsi que huit Indiens de la Pointe-Bleue. Il y avait aussi son fils, Owen O'Sullivan. Cet inspecteur avait épousé une des filles du chef huron de la Petite-Lorette, près de Québec. Dès son arrivée, il nous demanda de chanter la grand-messe. Ce fut un spectacle édifiant de piété. Tous communièrent. Même Charles McKenzie, commis du poste de la Compagnie de la baie d'Hudson à Wemontaching, de descendance protestante, en fut ému. Il devint un excellent catholique par la suite. Charles McKenzie était un jeune homme plein de vie. Fils de monsieur Peter McKenzie, le grand patron des bureaux de la Compagnie de la baie d'Hudson à Montréal, il en savait déjà beaucoup malgré son jeune âge. Il avait visité la Baie-d'Ungava en compagnie de ce grand humoriste que fut le père Zacharie Lacasse. [3] Son penchant pour le catholicisme remontait à cette époque. De plus il ne manquait pas d'instruction, ayant étudié à l'université d'Ottawa.

Le 14 juillet, nous quittâmes Wemontaching pour nous rendre à Kikendash. Ce dernier poste est aujourd'hui bien au-dessous des eaux du réservoir Gouin. Il ne nous fallut pas plus de trois jours pour y donner mission puisque tous ces Indiens étaient venus à Wemontaching pour nous rencontrer. Ces gens souffraient tous d'une forte grippe. Le 18 juillet, après avoir béni les tombes des Indiens décédés durant l'année, munis d'un nouvel équipage, nous partions de Kikendash pour nous rendre à Waswanipi, ce qui n'est pas un voyage facile.

Nous remontâmes le Saint-Maurice jusqu'à sa source. Ayant fait un long portage dans une région marécageuse, nous

(3) Le père Zacharie Lacasse est un personnage connu à l'époque. Missionnaire, explorateur, propagandiste des valeurs «positives» de la colonisation, il avait la réputation d'être un homme simple et énergique.

«Le père Zacharie Lacasse était né à Saint-Jacques-de-Montcalm (Québec) le 9 mars 1845. Ordonné prêtre le 28 avril 1873, il travailla successivement à Betsiamites, au Labrador et à la colonisation dans les régions de Témiscamingue, du lac Saint-Jean et à Saint-Zacharie de Beauce. Il partit pour l'Ouest canadien en 1896 et est décédé à Gravelbourg (Saskatchewan) le 28 février 1921.» Carrière, Gaston, o.m.i., *L'Oeuvre des Oblats de Marie-Immaculée dans le Nord-Canadien oriental. op. cit.*, p. 419.

Chantier, au début du siècle. Probablement en Gatineau.
(Archives Deschâtelets, Ottawa.)

Le père Guinard en compagnie du père Jean-Pierre Guéguen,
vers 1900. (Archives Deschâtelets, Ottawa.)

Weymontachingue en 1913. Photographie prise lors de la visite épiscopale de monseigneur Latulipe. (Archives du séminaire de Trois-Rivières.)

Weymontachingue. La chapelle. Sans date. (Archives du séminaire de Trois-Rivières.)

nous retrouvions sur des rivières et des eaux coulant, non plus vers le fleuve Saint-Laurent, mais vers la baie James. Nous passâmes ainsi par le lac Megiskanic, la rivière Megiskan, la rivière Wagistikweia et finalement la rivière Waswanipi, le tout entrecoupé de multiples portages. Il nous fallut douze jours pour parcourir la distance en canot entre Kikendash et la décharge des eaux du lac Waswanipi où le poste de la Compagnie de la baie d'Hudson est construit.

Je laisse au père Guéguen le soin de décrire cette mission de Waswanipi.

«Nous arrivâmes à Waswanipi le 30 juillet au milieu d'une tempête et d'une pluie qui auraient normalement interdit tout voyage. Nous abordâmes au nord avant la nuit et quelle fut notre joie de retrouver là monsieur O'Sullivan et son équipe. On se fit sécher auprès de leur feu et on s'informa sur Waswanipi. Il n'y avait au poste que les femmes et les enfants. Même le commis de la compagnie se trouvait à Rupert's House avec sa dame. Tous les Indiens se trouvaient là-bas mais on attendait incessamment leur retour à Waswanipi. Le commis ne revint que le 16 août et les Indiens, à bord de leurs longs canots, le 19. Durant cette longue attente, le père Guinard s'occupa des femmes et des enfants. Il parle très bien le cri qu'il a appris durant son séjour à Albany. Moi, je maîtrise bien l'algonquin mais les Indiens de Waswanipi ne me comprenaient pas suffisamment. Profitant de l'absence du commis et de tous les hommes du poste, le père Guinard réussit à convertir trois Indiennes à notre Sainte Religion.

Ce fut une grande consolation pour le père Guinard. Ce dernier prit des arrangements avec le commis, monsieur Baxter, afin que la planche soit sciée durant l'hiver en vue de l'érection, l'année suivante, d'une chapelle catholique à Waswanipi. Le 16 août, nous quittions le poste pour revenir vers Michomis. Plutôt que de repasser par Kikendash, Wemontaching et Manowan, nous prîmes la branche ouest de la Gatineau pour remonter la rivière Dukokou. En traversant une chaîne de cinq lacs, on rejoignait les fourches de la Gatineau, à trente milles plus haut que Michomis où nous sommes arrivés le 26 août. Soixante sauvages nous attendaient. Le 6 septembre, le père Guinard repartait pour Montréal afin de s'occuper de son catéchisme.»

Le père Jean-Pierre Guéguen [4]

Le père Guéguen était breton. En guise de boutade, il répétait souvent qu'en Bretagne, on cognait la tête des enfants sur les baptistaires. Tout jeune prêtre, dès son arrivée au Canada, il fut missionnaire chez les Algonquins du Canada, de 1865 à 1899. Il avait oublié sa langue maternelle complètement quand il retourna en Bretagne.

Il fut malade toute sa vie. Victime d'une hernie de naissance, sa maladie se développait avec les années. À la fin de sa vie, lorsqu'il voulut se faire traiter dans une clinique de Paris, les chirurgiens refusèrent de l'opérer et s'étonnaient fort que cet homme puisse vivre dans un tel état.

Il parlait l'algonquin comme un Algonquin. «C'est un plaisir de l'entendre parler sauvage», me confiait un métis qui le connaissait bien. Il assista le père Lemoine dans la rédaction de son dictionnaire français-algonquin. Il composa lui-même un catéchisme en Tête-de-Boule et publia, en outre, un catéchisme en idiome cri, aidé par un métis de ses amis. Ces travaux sont remarquablement bien faits.

Le père Guéguen défendait toujours les Indiens contre leurs détracteurs. Il adorait la compagnie de ses fidèles et ses départs pour les missions se faisaient toujours dans la joie. «Nous partons pour la gloire», disait-il. Lui-même avait une physionomie qui s'apparentait à celle des Indiens. En tout cas, il avait certainement adopté leurs manières et leur pauvreté. Il n'était pas très propre et se comportait comme un homme des bois. Hors de son milieu de mission, il passait pour un misérable. Un jour, à Montréal, un policier le prit pour un faux prêtre qui parcourait la ville en recueillant des honoraires au

---

(4) Le père Carrière vient de faire paraître la biographie du père Jean-Pierre Guéguen. Carrière, Gaston. *Le père Jean-Pierre Guéguen, un grand voltigeur*. Rouyn, Centre d'études universitaires dans l'ouest québécois, 1978. 190 p.

détriment de la religion. Une autre fois, à Trois-Rivières, les prêtres du collège n'en revenaient pas de voir leur supérieur, monsieur Louis Richard, attacher tant d'importance à ce prêtre loqueteux, mal vêtu. Lorsqu'ils apprirent que cet homme passait sa vie parmi les Indiens et qu'il se trouvait à Trois-Rivières au terme d'un voyage de plus de 1 000 milles en canot, ils en furent remarquablement édifiés.

Le père Guégen fut traité de façon indigne par quelques commis de la Compagnie de la baie d'Hudson. Il éprouva bien des difficultés avec un nommé Reynolds, à Waswanipi. Il est arrivé que des Indiens, là-bas, l'insultèrent et le ridiculisèrent. Ces Indiens moururent les jours suivants d'un empoisonnement alimentaire. On retrouva leurs corps en putréfaction à l'automne. Ils étaient allongés dans leur tente dont la toile battait à tous les vents.

Dans ses longues courses, le père Guéguen connut de nombreuses malchances. Un jour, il attendait avec ses deux guides indiens que les eaux d'un grand lac se calment afin de le traverser. Ils attendirent huit jours. Au matin du huitième jour, un des hommes se leva avant les autres. Constatant que le vent s'était calmé, il se mit en frais de faire du feu. Dans la tente, le Père entendait l'homme couper du bois avec sa hache. Le bruit de son travail s'arrêta tout à coup. L'homme revint dans la tente sans rien dire. Il s'était fendu le pied avec sa hache. Il fallait entendre le père Guéguen raconter l'aventure:

«Nous nous trouvions à 500 milles de notre point d'arrivée. J'étais moi-même très malade. Voilà qu'il ne restait plus qu'un Indien pour transporter canot et bagages. Nos provisions s'épuisaient. L'Indien blessé avironnait tout de même et guidait le canot dans les rapides tandis que l'autre utilisait les perches pour le monter. Mais il ne pouvait pas portager. Le blessé faisait les portages à quatre pattes. Imaginez la scène: un homme qui se traîne sur les mains et les genoux, le pied blessé relevé, passant par dessus les roches, sous les troncs d'arbres renversés, s'enfonçant dans les marécages. J'étais si mal en point moi-même que je suivais avec peine le blessé rampant.»

Le père acceptait toutes les contrariétés sans maugréer. Il était d'une patience inouïe. Il poussait la charité envers autrui à un tel point que cela devenait énervant quelquefois. Il est arrivé que sa charité soit mal reçue. Tous l'estimaient quand même beaucoup. Je le revois encore, un pied dans le canot, prêt à partir pour ses voyages. Immanquablement, un Indien accourait et lui demandait un chapelet. Avec une infinie patience, le père déficelait ses boîtes et répondait toujours à la demande. Le père Isidore Landry, fidèle compagnon de Guéguen lors de nombreuses tournées missionnaires, le considérait comme un saint et il pensait que le père pouvait faire des miracles.

Le père Guéguen mena une vie de misère. Compte tenu de son infirmité, on a peine à croire aujourd'hui que cet homme ait réussi à vivre une vie aussi dure, qui aurait abattu des hommes en pleine force. Je sais ce dont je parle car je fus son humble successeur. J'ai suivi ses sentiers et, comme lui, j'ai marché dans les bois infestés de mouches, j'ai sauté des chutes traîtresses et, plus d'une fois, j'ai franchi les terres marécageuses qui mènent à Waswanipi au-delà de la ligne de partage des eaux.

Lorsque je l'accompagnais dans son dernier voyage, en 1899, il faisait pitié. Pourtant, il affichait une bonne humeur désarmante. À chaque portage, il fallait l'attendre, même si les Indiens faisaient quatre voyages pour transporter les bagages. Il était bon dernier chaque fois. Un jour, au sortir d'un portage long et boueux, nous l'attendîmes une heure. La chaleur étouffante et les nuées de mouches voraces l'avaient achevé. On dut le porter au canot. En s'allongeant, il dit en riant et en anglais: «Poor me!» Il répétait souvent cela lorsqu'il souffrait, mi-comique, mi-sérieux. C'était sa plainte.

On m'a raconté que quelquefois, les Indiens qui le guidaient dans ses voyages, devaient le transporter sur une civière qu'ils fabriquaient dans les bois, tant le père était souffrant. Les Indiens le vénéraient et celui-ci insistait pour poursuivre ses courses chaque année. Mis au courant de ses souffrances, ses supérieurs lui donnèrent des compagnons de voyage à l'occasion. C'est ainsi que le père Pierre-Marie Drouet l'accompagnait en 1870, le père Médéric Prévost en 1873-1874-

1877-1878, le père Fafard en 1885 et le père Laniel en 1892. Moi-même, je l'accompagnai dans son dernier voyage en 1899. Le bon vieux père Guéguen mourut à Maniwaki en 1909. On loua sa mémoire en français, en algonquin et en anglais. «Seigneur, donnez-nous de semblables prêtres, de semblables mission-naires.»

Waswanipi

De 1901 à 1905 inclusivement, le père Georges Lemoine s'occupa des missions du Haut-Saint-Maurice et de Waswanipi. C'est lui-même qui me proposa de reprendre mes activités missionnaires dans ces régions, se disant débordé par une aussi difficile entreprise. La proposition du père Lemoine me réjouit énormément puisque, on l'aura deviné, je désespérais de mon travail dans les chantiers et dans les camps d'arpentage. J'en parlai donc au père provincial en lui laissant savoir que je tenais beaucoup à reprendre mes missions indiennes. J'insistai sur les missions du Haut-Saint-Maurice, soulignant que Waswanipi devrait relever de Pointe-Bleue, la distance entre les deux endroits étant plus courte que celle qui sépare Maniwaki de Waswanipi. J'insistai aussi sur la très grande parenté existant entre les Montagnais de Pointe-Bleue et les Cris de Waswanipi. Par rapport à ces deux groupes, les Têtes-de-Boule, quoique Cris eux-mêmes, font réellement bande à part. À la suite de mes recommandations, le père Étienne Blanchin de Pointe-Bleue se mit à desservir Waswanipi dès 1905 tandis que la même année, j'obtins de m'occuper exclusivement des Têtes-de-Boule, à partir de Maniwaki.

Cet arrangement ne dura pas. Lorsque je rencontrai le père Blanchin au retour de sa mission de Waswanipi, il me fit part de son échec. Il avait mis huit jours pour aller de Pointe-Bleue à Waswanipi, se rendant compte une fois sur place qu'il ne comprenait pas l'idiome cri, bien qu'il parlait lui-même le montagnais. Comble de malheur, tous les hommes de

Waswanipi se trouvaient à Rupert House. Le père Blanchin ne resta que trois jours à Waswanipi, sans vraiment pouvoir faire sa mission.

Devant ce petit désastre, le père provincial me chargea, l'année suivante, de desservir les Indiens de Waswanipi. C'est ainsi qu'en 1907, après avoir fait mes missions dans le Haut-Saint-Maurice, je partis pour Waswanipi. Dès mon arrivée, je sentis que quelque chose ne tournait pas rond. D'abord, personne ne vint saluer mon canot. Ensuite, le commis de la Compagnie de la baie d'Hudson, monsieur Johnson, ne m'offrit pas le logement et les repas comme c'était la coutume dans tous les postes de la Compagnie de la baie d'Hudson. Cette première journée, je me retrouvai seul sans que personne daigne s'occuper de ma présence. À l'heure du souper, exaspéré par la situation mais aussi poussé par la faim, je me rendis dans la maison du commis qui fut fort surpris de mon geste.

Sur le champ, il se mit à m'expliquer le pourquoi de sa froideur vis-à-vis des prêtres catholiques. Le père Lemoine, plusieurs années de suite, avait monté les Indiens contre la compagnie. Il dénonçait constamment les faibles prix que la compagnie payait pour obtenir les fourrures trappées par les Indiens et il s'élevait contre l'état de pauvreté dans lequel étaient maintenus ces derniers. Il parlait rudement aux Indiens et leur répétait que plutôt que d'agir en pauvres quêteux, ils devraient obliger la compagnie à payer un meilleur prix.

Il n'en fallait pas plus pour indisposer le commis qui, à son tour et avec plus de succès, monta les Indiens contre le prêtre. Fallait-il se surprendre de l'échec du père Blanchin l'année précédente et de l'accueil glacial de cette première journée? Quoiqu'il en soit, je répondis au commis que pour ma part, le commerce m'intéressait peu et que ma spécialité, c'était surtout la lecture des Évangiles. Je crois bien que ma réponse porta un peu puisque le commis m'invita à sa table.

Les jours suivants, j'enseignai le catéchisme aux femmes et aux enfants. Tous les hommes se trouvaient à Rupert House. Avec l'aide des femmes, j'ornai la chapelle de branches de sapin. Au fil des jours, les femmes me firent comprendre qu'à peu près tous les hommes de Waswanipi n'étaient plus catholiques. Ces hommes, je les attendis trois semaines. Ils arrivèrent enfin dans de grands canots chargés de provisions et de marchandises. En ce qui me concerne, la situation ne changea pas pour autant puisque les hommes m'ignorèrent complètement. Un des leurs, répondant au nom de Wabatchi, agissait à titre de pasteur protestant. Je lui rendis visite dans sa propre tente. C'était un Indien de race pure, probablement un Cri de quelque bande voisine. Il parlait la même langue que les gens de Waswanipi. Mon intrusion dans sa tente provoqua un rassemblement de curieux et d'intervenants. Je provoquai le pasteur indien en lui demandant de quel droit il se proclamait le «roi de la prière» ainsi que les Indiens protestants appellent leur ministre: «Regarde ma soutane. Cette robe noire est le signe que je suis prêtre et que c'est moi qui enseigne la religion de Notre-Seigneur Jésus-Christ. Les robes noires visitaient Waswanipi bien avant les rois de la prière. De plus, tu enseignes des faussetés et tu induis tous les hommes d'ici en erreur. Moi, je prêche à la chapelle et j'enseigne la seule Vérité. Je suis certain que tu ignores même ce qu'est la vraie religion.» Wabatchi m'ignora ou presque. Il regarda le ciel et répondit: «La religion, c'est la semence de la vie.» Un métis, la bouche pleine de nourriture, vociféra: «C'est notre roi de la prière. Tu n'as rien à faire ici.»

Ma démarche s'avérant fort impopulaire, je retournai à la chapelle où, après le souper, je sonnai la cloche. Peu de gens répondirent à mon appel. Je ne savais pas à ce moment-là que cet antagonisme allait durer vingt ans, c'est-à-dire jusqu'en 1928, date à laquelle j'interrompis mes voyages annuels à Waswanipi. En accord avec la Compagnie de la baie d'Hudson, Les Indiens m'ont fait toutes les difficultés. [5] Comme je l'ai déjà

(5) Le cas de Waswanipi illustre bien la lutte que se livraient les prêtres catholiques et les pasteurs protestants pour s'allier les Indiens sur le plan religieux. La situation variait selon les postes de traite (qui étaient des villages à l'état embryonnaire), mais dans l'ensemble du Nord-Ouest québécois, on peut dire que la Compagnie de la baie d'Hudson favorisait les pasteurs prostestants lorsque les prêtres catholiques n'avaient pas déjà établi une solide emprise à un endroit. Dans son étude

dit plus haut, mes fidèles se chiffraient à une trentaine environ. Ce nombre ne varia guère durant les vingt années où je me rendis à Waswanipi au nom de la foi catholique. À certaines occasions, des Indiens menacèrent même de s'en prendre à ma personne, surtout lorsque je déclarais durant mes sermons que la religion protestante avait été fondée par un roi apostat, impudique et meurtrier. «Tu n'as de sermons que sur la misère, que sur le mal, l'enfer, le feu éternel et mille choses terribles», me reprochait-on. Je répondais que le catholique devait craindre les méchants et que Notre-Seigneur ne disait pas que des belles choses dans l'Évangile. «Tu devrais parler de belles choses, du grand nuage», me répondait-on.

Mes fidèles de Waswanipi démontraient une belle résistance à la propagande de Wabatchi. Ses hommes se réunissaient près de la chapelle à l'heure des offices et ils intimidaient les fervents catholiques. Certains de mes catholiques affirmèrent hautement que même la mort ne les ferait pas abandonner la religion de la croix. Wabatchi me proposa d'acheter ma chapelle en me soulignant que je devrais me rendre à l'évidence de l'inutilité de mes efforts pour implanter la foi catholique à Waswanipi. «Je viendrai ici tant qu'il y aura un catholique pour m'entendre et lorsqu'il n'y en aura plus, cette chapelle, je la brûlerai.»

Comme je viens de l'écrire, j'ai tenu ma promesse jusqu'en 1928, c'est-à-dire aussi longtemps que mes forces me permirent de faire annuellement un aussi long voyage. Durant toutes ces années, trois catholiques moururent, mais trois protestants se convertirent. Un violent ouragan renversa la chapelle et je n'ai aucun doute qu'on exploita la chose comme étant un châtiment de Dieu. Le fanatisme protestant et la froideur de la Compagnie de la baie d'Hudson ne se relachèrent jamais.

sur les relations entre la compagnie et les prêtres catholiques, le père Carrière tente de démontrer que celle-ci n'était pas systématiquement opposée au catholicisme. Carrière, Gaston, o.m.i., *Les Missions Catholiques dans l'est du Canada et l'honorable Compagnie de la baie d'Hudson*, Ottawa, Édition de l'université d'Ottawa, 1957.

Un pasteur protestant du nom de Cartlidge[6] vint résider à Waswanipi. Il bâtit une chapelle et s'improvisa instituteur à l'école. L'évêque protestant de Cochrane, Anderson[7], vint visiter ses ouailles à deux reprises. Pour couronner le tout, la Compagnie de la baie d'Hudson nomma John Iserhoff, un apostat, comme chef de poste.[8] Pour lui donner des remords, je lui envoyai son extrait de baptême. Son successeur, Stuart, tenta de m'empoisonner. À chacun de mes départs de Waswanipi, la Compagnie de la baie d'Hudson arborait le pavillon en signe de réjouissance.

Devant tant d'hostilité, je fis toujours mon petit possible. Je passais beaucoup de temps dans cette mission, j'attendais toujours le retour des hommes et je me donnais bien des peines. Une année, je les ai attendus pendant cinquante-deux jours pour rien. Car il faut bien dire que j'obtenais des résultats ridicules. Les Indiens ne me donnaient pas d'argent et je ne convertissais pratiquement personne. À mon avis, le problème datait du début du siècle. Avant 1900, ces Indiens étaient catholiques. Je crois que, entre 1901 et 1906, si le père Lemoine et le père Blanchin avaient eu la patience d'attendre le retour des hommes qui tous transportaient des provisions entre Waswanipi et Rupert House, alors ils auraient pu combattre l'influence protestante. Car c'est bien dans ces années-là que les Indiens de Waswanipi, probablement déçus de toujours constater à leur arrivée de Rupert House que les robes noires étaient déjà reparties, passèrent en grande majorité au protestantisme.[9]

(6) Pasteur protestant qui s'occupa principalement d'éducation. Il résida à Waswanipi entre 1914 et 1927. Il fut interviewé par un collègue, Ignatius F. La Rusic, en 1970, à Winnipeg.
(7) Cet évêque joue un rôle important dans la propagation de la religion anglicane dans le subarctique et l'arctique.
(8) Commis de la Compagnie de la baie d'Hudson à partir de 1912, à Waswanipi (La Rusic, communication personnelle).
(9) Les Cris de Waswanipi approvisionnaient leur propre poste à partir de Rupert House sur la baie James. Il est clair que leur séjour là-bas raffermissait leurs liens avec d'autres bandes crises qui échappaient complètement à l'influence des prêtres missionnaires.

J'abandonnai cette impossible mission en 1928 pour des raisons de santé. Le père provincial chargea le responsable des lacs Barrière, Victoria et Simon de s'occuper dorénavant de la mission de Waswanipi. Celui-ci choisit de rencontrer les hommes de Waswanipi à Senneterre où, depuis que fonctionne le service ferroviaire continental, les Indiens s'approvisionnaient de préférence à Rupert House. Le père voyait à Senneterre les hommes de Waswanipi mais il ne pouvait pas s'occuper des femmes et des enfants qui restaient au poste. Ainsi, la mission de Waswanipi s'effondra définitivement. La chapelle que j'avais relevée avec cinq Indiens d'Obedjwan est abandonnée depuis seize ans. Les ornements, les chasubles et les aubes pourrissent dans des boîtes. Nul ne sait ce qu'est devenue la cloche bénie.

Waswanipi est un vieux poste de traite et il a conservé jusqu'à ce jour toutes les apparences des anciens postes de l'intérieur. Les petites maisons construites pièce sur pièce avec un toit très plat, à pic en madrier, ne comportait que deux petites fenêtres et une porte en planche. Elles avaient l'allure des constructions typiques d'un tel poste. Le temps s'était chargé de peindre tout cela en un gris morne et foncé. La maison du chef de poste avait plus belle apparence que les autres dans la mesure où on la construisait plus grande et où elle avait toujours un peu de couleurs aux portes et aux fenêtres. Le pavillon rouge, marqué des lettres blanches HBC, dominait ce triste hameau constitué de la maison du commis, du magasin et de la maison des serviteurs de la compagnie. Triste spectacle pour le voyageur que ce petit village noirci par le vent et par la solitude. D'ailleurs, comme me l'a confié un jour le père Guéguen, Waswanipi fut toujours un crève-coeur pour les missionnaires. Le poste de traite lui-même avait une triste histoire faite de batailles et de difficultés. La rivalité avec la Compagnie du Nord-Ouest s'y était autrefois exercée de façon vigoureuse et la Compagnie de la baie d'Hudson avait dû se défendre avec force. On racontait que des Indiens s'étaient même entretués au nom des compagnies rivales. [10]

Au printemps, le magasin était presque vide. Quelques écheveaux de fil, des pièges et des hachettes rouillées reposaient en désordre sur les tablettes. C'était ainsi jusqu'à l'arrivée des grands canots. Ces canots ramenaient de Rupert House, et plus tard de Senneterre, tout le matériel nécessaire à la traite et à la vie au poste. Ces voyages d'approvisionnement occupaient presque tous les hommes une partie de l'été. À leur arrivée, on aurait dit que le morne village se remettait à vivre. D'abord le magasin se remplissait de marchandises. Ensuite, il se remplissait de monde pour devenir durant quelques jours le centre d'une activité fébrile. Les serviteurs de la compagnie achetaient et choisissaient en premier, ce qui provoquait le mécontentement chez les Indiens qui, sans passer aux actes, murmuraient entre eux contre la compagnie. Leur tour venu, les Indiens y allaient de leurs achats.

Le lendemain de l'arrivée des canots, le commis servait un repas en plein air et organisait une fête pour tous. Sur le sol, on étendait une grande toile sur laquelle on mettait des gros morceaux de pain aux raisins cuits dans la graisse. Le menu se résumait à ce seul aliment, accompagné de thé et de sucre. Tous les participants mangeaient assis sur leurs talons. Les hommes, incluant le commis, le missionnaire et les serviteurs, mangeaient d'abord. Les femmes et les enfants participaient à la seconde tablée. Au coucher du soleil, la danse commençait. La fête se poursuivait tard dans la nuit et nul n'échappait à ce bruyant concert de tambour, de violon, de frottements des pieds sur le plancher branlant d'un quelconque hangar, de

(10) Il s'agit d'événements qui remontent au moins avant 1821, année où les deux compagnies fusionnèrent. Effectivement, la compétition entre les deux compagnies fut parfois féroce. Voir: Clermont, Norman. *Ma femme, ma hache et mon couteau croche. Deux siècles d'histoire à Wemontachie*. Québec, Ministère des Affaires Culturelles, 1977, p. 28. Coll. Civilisation du Québec, n° 18.

Selon le père Guinard, qui en reparlera plus loin à propos des Têtes-de-Boule, la tradition orale des Indiens retenait encore, au début du vingtième siècle, l'histoire locale des rivalités entre les deux compagnies dans le territoire du centre-sud du Québec.

chansons plaintives et d'aboiements de chiens. C'était ainsi tous les soirs.

Les Indiens attachaient en rangée leurs féroces chiens de traîneaux. Ces bêtes bruyantes aboyaient jour et nuit. Pour aller prendre mes repas chez le commis, je devais passer devant une de ces hordes enchaînées. À chaque fois, les chiens s'élançaient vers moi comme des enragés. Je me posais toujours des questions sur la résistance des chaînes en me disant que ma vie ne tenait au fond qu'à cela. Or, un beau midi, le drame arriva. En s'élançant vers moi, la gueule écumante, un des chiens brisa sa chaîne et se retrouva complètement libre. Je me voyais déjà ensanglanté, dévoré, mort, lorsque je m'aperçus que le chien, surpris et désemparé, s'était mis à pleurer et à renifler sa chaîne comme si le fait d'être libre n'allait pas du tout avec le fait d'être féroce. Quoiqu'il en soit, je pris mes jambes à mon cou et lorsque le chien reprit ses esprits, comme je suppose qu'il le fit, il ne trouva plus de robe noire à se mettre sous la dent.

Je n'ai jamais fait le voyage en canot de Waswanipi à Rupert House. Lorsque le poste de Waswanipi commença à s'approvisionner à Senneterre, je me mis à accompagner les Indiens dans leur voyage entre Senneterre et le poste. Je fis souvent le trajet et j'aimais me retrouver avec les Indiens dans les grands canots. J'avironnais comme eux et je ne m'arrêtais que pour réciter mon bréviaire. Je partageais leurs repas sauf vers la fin du voyage où tout était sale et couvert de sang d'ours et d'orignal. Alors je me mettais au thé et au pain rôti, ce qui ne me faisait souffrir aucunement.

Pour nous rendre de Senneterre à Waswanipi, la route était simple. Les canots lourdement chargés descendaient la rivière Nottaway jusqu'au lac Matagami. En ce lieu, nous nous trouvions à trois jours de canot de la baie James. À partir du lac Matagami, nous remontions la rivière Waswanipi en passant par le lac Olga et le lac Gull, pour finalement atteindre le poste. Dans le sens inverse, le trajet différait puisque les canots étaient vides. En quittant le poste, nous traversions le lac Waswanipi pour aller prendre le portage Metabedjwan. De l'autre côté, nous remontions une petite rivière littéralement infestée de castors, si j'en crois la quantité étonnante de cabanes et de barrages construits par ces animaux. À la tête de cette rivière, un très long portage nous menait à la source de la Wedding River qui, elle, coulait vers la Nottaway, aussi appelée rivière Bell. [11]

Ces voyages étaient agréables et c'est d'eux que je garde les meilleurs souvenirs des Indiens de Waswanipi. Selon toutes les évidences, les Indiens aimaient voyager en forêt. Je les connaissais aigris et mécontents au poste, voilà que je les retrouvais enjoués, moqueurs, travailleurs. Les catholiques priaient en paix puisque personne ne les ridiculisait. Moi-même, suivant l'exemple de saint François, je prêchais modérément et parlais peu de religion à mes compagnons de voyage protestants. Lorsque je le faisais, les Indiens quittaient leur attitude gaie pour retrouver leur indifférence et leur froideur. Je ne faisais donc pas de zèle et tout allait bien.

Plutôt que de prêcher durant les haltes où tous fumaient la pipe et se reposaient, je répondais aux questions qu'on me posait. Les Indiens m'interrogeaient sur les étoiles, sur l'électricité et sur le blé. Ils me demandaient avec insistance de leur ramener des almanachs, des livres sur la lune, lors de mes prochains voyages. Assez curieusement, ils me demandaient aussi de chanter des chansons qu'ils ne connaissaient pas.

Tous ces échanges se produisaient durant les haltes parce que dans les canots, sur les rivières, les hommes parlaient peu. Chacun à sa place, nul ne soufflait mot sinon, quelquefois, pour faire une grosse farce. Si je demandais à quelqu'un où nous allions camper, quand nous allions dîner, il me répondait qu'il n'en savait rien et m'indiquait quelqu'un d'autre du bout de son aviron en me disant: «Lui, il le sait.» Il y en avait en effet toujours un qui décidait pour les autres et ce

(11) Guinard considérait que le cours d'eau descendant de Senneterre à Matagami ne faisait qu'une seule rivière, la Nottaway; aujourd'hui, on appelle rivière Bell la partie de ce cours d'eau qui est en amont du lac Matagami.

n'était pas facile pour un étranger de le reconnaître dans la mesure où rien dans son comportement ou dans son costume n'indiquait sa qualité de chef.

Quand on approchait de Senneterre et que les hommes apercevaient les fermes le long de la rivière, alors les langues se déliaient un peu. Ils remarquaient surtout les animaux dans les champs. Ils s'esclaffaient particulièrement à la vue des cochons et n'en revenaient pas de voir marcher du lard salé. Les humains n'échappaient pas à leur humour. Un jour, un canot nous croise. Il s'agit d'un arpenteur guindé, bien peigné, avironnant avec préciosité. Un Indien s'exclame: «Voilà une poule qui file sur l'eau.» La remarque provoqua un rire formidable.

Je suis bien triste à l'idée que Waswanipi ne devint jamais une mission catholique. Ma foi et mon obstination ne vinrent jamais à bout du protestantisme de la Compagnie de la baie d'Hudson. En 1915, lorsqu'il s'est agi de reconstruire la chapelle démolie par un ouragan, le commis du poste me confisqua deux mille pieds de bois que je m'étais permis de faire couper. Il remit ce matériel au pasteur protestant afin de mieux aiguiser ma colère. Je ne me tins pas battu pour autant et avec l'aide indéfectible de quatre Indiens d'Obedjwan, Louis Wéjina, son fils Mathias, Pian Satchikaw et William Awashish, la chapelle fut rebâtie en quinze jours. Je ressens une grande peine en pensant à ces sauvages ignorants manipulés par des apostats. Malgré tous ces longs voyages inutiles, malgré ces difficultés et toute cette ignorance de Dieu, je conserve mon espérance et je crois qu'un jour, le regard de Dieu se penchera sur ce petit temple lointain et qu'alors, pour les missionnaires, le temps de convertir sera venu.

Entre Waswanipi et Obedjwan

L'existence du chemin de fer Transcontinental changea beaucoup de choses dans la région. [12] Auparavant, je me rendais à Waswanipi en remontant le Saint-Maurice à partir

(12) En 1910.

d'Obedjwan. À la tête des eaux de la rivière Saint-Maurice, un portage d'un mille nous amène dans le bassin des eaux de la baie James. Plusieurs petits portages nous conduisaient au lac Métikaniche, puis à la rivière Métikan que nous descendions jusqu'à une série de lacs. Là, nous remontions la rivière Kaicpapiskat qu'il fallait ensuite abandonner pour rejoindre le lac Wetetnaganum. Ensuite, une série de petits portages nous conduisaient à la tête de la rivière Wakistikwya qui se jette dans la rivière Wapikun, cette dernière se déversant dans le lac Waswanipi. On ne pouvait la suivre jusqu'au lac à cause des rapides. Un dernier portage, celui de Métabedjwan, s'avérait nécessaire.

Sur ce trajet à travers la forêt sauvage, je vis plusieurs manifestations des superstitions indiennes. Tout au long du parcours, on voyait des os suspendus à des branches d'arbre ou enfilés sur des perches plantées dans le sol. Les Indiens croient qu'il ne faut jamais laisser les os des animaux traîner sur le sol. Les chiens pourraient les manger ou bien d'autres animaux de la même espèce pourraient les voir et s'en effrayer. Pour que la chasse soit bonne et que la chance accompagne le chasseur, les os des animaux tués doivent être suspendus.

Que de perches ornées d'os pourris et verdâtres j'ai coupées! Il y en avait tellement que dans la plupart des cas je les coupais sans faire exprès. J'avais pris l'habitude de couper les arbustes dans les portages afin qu'ils soient mieux balisés. Or, en coupant une branche à gauche, une branche à droite, il m'arrivait fréquemment de faucher une de ces perches par inadvertance. Le bruit des os qui se fracassaient sur le sol dans le sous-bois m'indiquait que je venais d'en couper une.

Un jour, dans un campement indien, à Waswanipi, je m'introduis dans une tente où quatre hommes assis sur leurs talons, entouraient une grande chaudière noire et fumante. Ils mangeaient de l'ours. Chacun se servait d'un couteau et de ses mains pour engloutir de gros morceaux de viande et pour sucer bruyamment les os qu'ils rejetaient en tas tout près d'eux. J'avais laissé la porte entrebaillée. Un viel Indien s'empressa de la refermer en précisant que l'âme de l'animal pouvait saisir cette chance pour s'enfuir et aller dire à ses congénères que les gens de Waswanipi mangeaient leur frère l'ours.

Les Indiens sont plus respectueux des animaux que les animaux ne le sont entre eux. La forêt est parsemée des vestiges des repas des loups qui, eux, sont sans respect pour leurs victimes. Un jour, nous croisâmes en canot un gros orignal qui se tenait au milieu d'une rivière étroite. Il était figé par la peur et par la souffrance. De toute évidence, il venait de livrer un rude combat à une lâche meute de loups. Il saignait de partout et des touffes de poils grisâtres pendaient à ses flancs. Ses collègues gisaient en morceaux sur les rives où les pistes sur le sable et les arbustes renversés témoignaient du violent combat qui venait d'avoir lieu. Le seul survivant était pratiquement mort et nous passâmes à côté sans qu'il ne réagisse.

Sur les bords de la rivière Mékiskan se trouvait un vieux poste de traite abandonné. [13] Les framboisiers, plus hauts que nous, envahissaient le jardin. Le magasin, un peu plus gros que les laiteries de nos cultivateurs, se dressait tout près de la maison dont la porte était ouverte. On avait emporté les petits chassis. À leurs places, des araignées tissaient leur toile. Au-dessus de la porte, les lettres HBC étaient écrites en rouge sur une pièce de bois. Un ours, probablement en quête de fourmis dans le bois pourri, avait gratté la porte. De grands arbres dominaient la petite maison et la cachaient du soleil, poussant leurs branches jusque sur le toit lézardé, couvert de mousse

(13) «Quant à la mission de Saint-Alphonse-de-Liguori-de-Mekiskan, les Indiens se rendaient ordinairement à Waswanipi ou Wemontachingue pour les exercices religieux... La maison du commis de la Compagnie servait à la fois de chapelle, de salle à manger et de chambre à coucher pour le missionnaire. On considérait ce poste comme le plus misérable des postes et la croix du cimetière constituait le seul monument religieux de l'endroit. Le poste fut fermé en 1893.» Carrière, Gaston. *L'Oeuvre des Oblats de Marie-Immaculée dans le Nord-Canadien oriental, op. cit.*, p. 412. Il est aussi question de Mekiskan et du groupe d'Indiens qui s'y rendait, en 1889, dans la biographie du Père Guéguen. Carrière, Gaston. *Le père Jean-Pierre Guéguen, un grand voltigeur*, op. cit., p. 115-116-118.
Une quarantaine de personnes fréquentaient ce poste.

verte et humide. Le bois pourri du plancher se brisait sous nos pieds, effrayant les couleuvres qui se glissaient en hâte dans leur trou. Le foyer de la cheminée avait perdu des pierres, menaçant de s'effondrer complètement. Deux gros crochets de bois étaient cloués au mur du fond. On y accrochait autrefois le fusil, la corne à poudre et le sac à plomb. D'autres petites chevilles de bois avaient servi à pendre les chapeaux ou les «capots». Une armoire se tenait encore debout près de l'échelle qui montait au grenier dont le toit laissait voir le jour. Des Indiens avaient fait du feu au centre de la pièce principale. Bien triste spectacle au bout du compte! Les vieilles maisons abandonnées de nos habitants nous rappellent le souvenir de la vie de plusieurs générations ayant vécu et travaillé dans le bonheur et dans le malheur pendant de nombreuses années. Elles évoquent le souvenir de vies normales. Mais quels souvenirs évoquait cette triste mansarde? J'essayais d'imaginer la vie du commis de la Compagnie de la baie d'Hudson qui avait hiverné ici. Je pensais à l'isolement, à l'ennui, à l'ambition pécuniaire qui poussait ces jeunes commis à se donner pareilles peines. Les commis de la Compagnie de la baie d'Hudson faisaient tout pour recueillir le plus de fourrures possible en donnant le minimum de marchandises. Leur promotion dépendait du rendement de leur poste de traite. À ses débuts, lord Strathcona prenait sur sa ration personnelle pour obtenir plus de fourrures. [14] Les actionnaires de la Compagnie de la baie d'Hudson s'enrichissaient sur la base d'un pareil zèle de la part des jeunes commis qui, sous la vague promesse de jours meilleurs, acceptaient de venir s'isoler dans des postes reculés comme celui dont je visitais les vestiges.

(14) Il s'agit de Donald A. Smith, devenu lord Strathcona, qui fut un personnage extrêmement important dans l'histoire économique du Canada durant la seconde moitié du dix-neuvième siècle. «D.A. Smith, later Lord Strathcona, was not only an important official in the Hudson's Bay Company (il avait le titre de Chief Commissionner) trained in the school of the fur trade, but he was an influential force in the construction and management of the Canadian Pacific Railway which heralded the new industry.» Innis, Harold A. *The Fur Trade in Canada, op. cit.,* p. 397. Innis donne en référence deux biographies de lord Strathcona: Nacnaughton, John. *Lord Strathcona,* Toronto, Willson Beckles, 1926. – *The life of Lord Strathcona and Mount Royal* (1820-1914), Toronto, 1915.

Je poussai mon incursion jusqu'au cimetière encore visible entre les jeunes arbres qui poussaient partout. Nous nous sommes toujours rappelés que des petites âmes avaient laissé leur corps à Mikiskan et à partir de cette visite, nous nous sommes arrêtés à chacun de nos passages sur la rivière pour dire une petite prière au cimetière.

Entre Waswanipi et Obedjwan, il faut parcourir deux cent cinquante milles en canot. Les rapides sont nombreux et je n'ai jamais fait le voyage sans les plus vives inquiétudes. Mes guides me faisaient toujours descendre du canot au début d'un rapide dangereux. Ils débarquaient aussi les bagages et sautaient les rapides les canots vides. De mon coté, je prenais seul le portage. Je craignais que mes guides se noient; je craignais de me perdre; tout n'était que crainte dans ces moments-là. Souvent j'arrivais au bout du portage bien avant qu'ils ne débouchent sur la rivière. Inutile de souligner que je m'inquiétais. Je surveillais l'eau pour y déceler des avirons, des morceaux de canot, des indices de naufrage. Ce n'était jamais le cas. Finalement, mes guides arrivaient, souriants, trempés, heureux de l'exploit. J'aidais à vider le canot et j'extériorisais vivement ma joie de les retrouver sains et saufs. Un guide me dit un jour: «Tes craintes sont justifiées. Un homme seul dans le bois se sent toujours mal à l'aise. Il a besoin des autres. Seul, il ne peut rien. Si on chavirait et mourrait dans les rapides, ta peau ne vaudrait pas cher. Un jour, à la chasse, un ami devait me rejoindre. Il ne le fit pas et je restai seul pendant deux mois. Quand je retrouvai finalement mon ami, je me suis mis à pleurer comme un petit enfant.» [15]

Un soir de l'été 1915, je campais avec quatre Indiens d'Obedjwan sur les rives de la rivière Wakistikwia lorsqu'un

(15) Les chasseurs-trappeurs indiens ne voyageaient ni ne chassaient seuls en forêt. Ces anecdotes de Guinard sont conformes aux réalités ethnographiques décrites ailleurs. Il importe de souligner que les Indiens s'appuient sur cette dimension de la solidarité en forêt pour se caractériser en tant que chasseurs indiens, se distinguant ainsi des trappeurs blancs généralement solitaires. Pour les Indiens, il est anormal d'être seul pour voyager ou pour chasser.

bruit sourd et puissant se fit entendre. Cela venait de l'autre côté des collines. Soudain, un immense incendie de forêt apparut au sommet des collines. Il ne ventait pas et le feu semblait se maintenir au loin. Les Indiens voulaient lever le camp mais moi je ne voyais de mon côté aucun danger et je recommandai imprudemment que nous passions la nuit là où nous étions, au milieu de vieilles épinettes couvertes de mousse sèche. Regrettant ma décision, je ne fermai pas l'oeil de la nuit. J'observais la lueur rougeâtre et sinistre à l'horizon. L'incendie ne s'annonça point autrement. Il se trouvait dans les montagnes depuis des heures, semblant immobile et concentré à brûler un coin précis de la forêt. Au beau milieu de la nuit, il vint sur nous en un instant. Le firmament se remplit d'étincelles et une pluie de feu s'abattit tout autour. Tout s'embrasa dans le temps de le dire. En deux minutes, nous étions dans le canot avec tous les bagages. Je criai aux Indiens de prier le plus intensément possible car la situation le demandait. Incommodés par la chaleur, impressionnés par cet éclairage d'apocalypse et ce bruit infernal, nous voyageâmes en catastrophe jusqu'au matin. Le feu nous épargna, le plus fort du brasier se trouvant toujours derrière nous. Je suis bien certain que nos Ave et nos Pater nous sauvèrent la vie. Nous débouchâmes sur un élargissement de la rivière Wapukun où nous avons pu nous reposer en toute sécurité. Cette aventure m'arriva lors de notre voyage à Waswanipi pour y rebâtir notre pauvre chapelle.

Le Saint-Maurice

La rivière Saint-Maurice a plus de trois cent milles de longueur. Sa source principale touche pratiquement au bassin des eaux de la baie James si ce n'est d'un portage marécageux d'un mille de long. Avant la construction du barrage Gouin, aussi appelé barrage La Loutre, la rivière commençait par un lac peu profond, entouré de marais. Elle se jetait ensuite dans le magnifique lac Matawa et, plus loin, dans le lac Aiabé (du

Mâle). Par le portage de l'Isle, nous retrouvions la rivière au lac Obedjwan. À cet endroit, la Compagnie de la baie d'Hudson et la Compagnie du Nord-Ouest s'étaient livrées une concurrence haineuse et ruineuse. La Compagnie du Nord-Ouest occupait jadis les endroits les plus favorables pour faire la traite des fourrures. La Compagnie de la baie d'Hudson entreprit une guerre véritable pour la déloger et la remplacer.

Notre voyage se poursuit sur le Saint-Maurice où, près du lac Obedjwan, se trouve la tombe d'un Indien païen, un des derniers chasseurs Têtes-de-Boule à s'être fait inhumer en plein bois avec ses précieux objets de chasseur. L'endroit précis était connu et respecté par nos Indiens catholiques. Finalement, par le portage Wabano, le lac des Sables et le Kotchitchiwastan, la rivière nous amenait à Kikendash. Ce poste avait été désigné en 1840 par S.-N. Dumoulin comme le centre des missions du Haut-Saint-Maurice. On entreprit d'y construire une chapelle mais le projet ne se réalisa jamais complètement. L'abbé Jean-Pierre Maurault et le père Bourassa, o.m.i., décidèrent d'établir ce centre à Wemontaching, en 1845. Une chapelle y fut construite et inaugurée en 1846. [16]

Revenons au poste de Kikendash. Le barrage La Loutre provoqua l'inondation définitive de ce poste situé à douze milles au nord du barrage. Seul le cimetière fut épargné. Près du cimetière, les Indiens avaient trouvé deux vieux sabres rongés par la rouille. À vingt milles en aval du barrage Gouin se trouve le rapide de La Chaudière que tous connaissent bien. Là aussi, les Indiens trouvaient des vestiges de l'ancien temps, notamment, je m'en rappelle bien, une vieille boîte en fer

(16) L'abbé Jean-Pierre Maurault publia une *Histoire des Abénakis*, en 1866. Il fut d'ailleurs missionnaire à Odanak pendant vingt-cinq ans. Son séjour chez les Têtes-de-Boule semble avoir été assez bref. Même si son livre fut assez bien reçu à l'époque, on ne l'a jamais réédité depuis. Smith, Donald. *Le Sauvage, the Native People in Québec Historical writing on the Heroic Period (1534-1663) of New-France, op. cit.*, p. 37

Quant au père Médard Bourassa, il fut le premier Oblat à desservir les missions du Haut-Saint-Maurice à partir de 1844. Il fit son premier voyage avec l'abbé Maurault. Carrière, Gaston, o.m.i. *L'Oeuvre des Oblats de Marie-Immaculée dans le Nord-Canadien oriental, op. cit.*, p. 397.

blanc qui servait autrefois à transporter les balles et les plombs des vieux fusils à pierre. Cette boîte conservait encore son contenu après toutes ces années passées dans l'eau.

Le rapide de La Chaudière offre un beau spectacle. À son début, l'eau de la rivière est limpide et très calme. Dans les cascades, elle se brouille et la descente de l'eau se termine par une chute dans un bassin en forme de chaudron où l'eau donne réellement l'impression d'être en train de bouillir.

Ce rapide passé, il fallait descendre trente milles sur la rivière pour arriver à Wemontaching, prononcé par les Indiens Wemotashi. Là encore, il s'agit d'un poste de traite qui fut le lieu de violents affrontements entre les compagnies rivales. Le souvenir de cette époque demeurait vif dans la mémoire des Indiens qui m'en parlaient toujours spontanément.

Les fondations du poste de la Compagnie du Nord-Ouest étaient encore visibles sur la rive près du poste actuel de la Compagnie de la baie d'Hudson. Autrefois, le vrai Wemontaching se situait sur le flanc de la première montagne de roc qui s'élève sur notre droite quand on remonte la rivière Manowan à partir de son embouchure. Du sommet de cette montagne, les traiteurs pouvaient voir venir de loin les Indiens qui arrivaient par les rivières du Ruban, Manowan ou Saint-Maurice.

Au temps des grandes rivalités, les employés des compagnies s'entretuaient et se faisaient justice eux-mêmes. Isolés dans des régions que nul ne fréquentait encore, les «traiteurs» agissaient selon la loi du plus fort. Les compagnies engageaient des hommes en conséquence, conduisant au triste résultat de voir s'opposer des chasseurs indiens et des fiers-à-bras sans scrupule. Selon ce que nous racontent les Indiens, ils durent se défendre physiquement contre ces bandits qui allaient jusqu'à voler les fourrures des trappeurs. Un récit relatait l'exploit d'un trappeur indien qui avait brisé la mâchoire et finalement tué un fier-à-bras qui en voulait à ses fourrures.

Chez les Indiens comme chez nous, il y a toujours eu des individus dotés d'une force herculéenne. Je me souviens bien de Jean-Baptiste Pitchikwi de Wemontaching. Il était déjà vieux en 1920, mais dans ses meilleurs jours, il avait bien connu l'époque où les Iroquois transportaient de la marchandise en canot, pour le compte de la Compagnie de la baie d'Hudson, de Trois-Rivières à Wemontaching, allant même parfois jusqu'à Obedjwan. [17] A l'arrivée des grands canots chargés, les hommes de Wemontaching transportaient le matériel du rivage au magasin. Avec sa courroie de portage, Jean-Baptiste se mettait trois sacs de farine de cent douze livres chacun sur le dos. Puis ses amis rajoutaient trois autres sacs à ceux qui étaient déjà là, avant de lui en placer un dernier sur le cou. Jean-Baptiste montait cette incroyable charge jusqu'au magasin en maintenant une allure qui faisait dire à ses amis qu'il aurait pu facilement transporter trois sacs de plus si on avait trouvé de la place pour les mettre sur son dos. Jean-Baptiste vivait encore dans mon temps et je l'ai bien connu. Malgré son grand âge, il affichait une excellente forme. Il était maigre et très grand. Lorsque je disais la messe dans la chapelle, c'est lui qui gardait la porte principale avec un bâton pour chasser les chiens qui venaient toujours perturber les offices. Quand, tourné vers l'autel, j'entendais un chien se mettre à gémir et à hurler comme si une locomotive lui passait sur le corps, alors je savais que Jean-Baptiste venait de faire son devoir. Il avait beau être un vieillard, personne n'aurait voulu se retrouver au bout de son bâton.

En 1885, le père Guéguen, avec l'aide du père Fafard et du frère Charles Tremblay, reconstruisit la chapelle de 1846 devenue désuète. Je fis moi-même agrandir cette chapelle en 1910 par le frère Grégoire Lapointe. En démolissant une

(17) Au cours du dix-neuvième siècle, les Iroquois montaient à chaque été dans le pays des Têtes-de-Boule afin de ravitailler les postes de traite. Clermont Normand. *Ma femme, ma hache et mon couteau croche. Deux siècles d'histoire à Wemontachie, op. cit.*, p. 45.
Selon toute vraisemblance, il s'agirait des Iroquois de Caughnawaga qui travaillaient pour la Compagnie de la baie d'Hudson. Ils transportaient des provisions dans les postes de traite du Haut-Saint-Maurice à partir de Trois-Rivières.

vieille maison qui devint mon presbytère, nous apprîmes comment les anciens faisaient lorsqu'ils n'avaient pas de bouvets pour faire des rainures aux planches et aux madriers qu'ils voulaient unir. Ils mettaient des triangles de fer aux côtés des planches qu'ils unissaient et ils les enfonçaient l'un dans l'autre. Les résultats étaient excellents et ces vieux planchers étaient extrêmement solides si on les compare à ceux d'aujourd'hui.

Je me rends compte que Wemontaching me fait faire une longue disgression. Revenons donc à la rivière Saint-Maurice et poursuivons notre voyage qui nous fait descendre son cours. Imaginons que je quitte Wemontaching pour me rendre à La Tuque en compagnie de mes deux guides, François Nikweto et William Kokotchi. La rivière est alors dangeureuse, tumultueuse, toute faite de chutes et de rapides. Par endroit, elle s'engouffre entre deux montagnes dont les parois rocheuses viennent se jeter perpendiculairement dans l'eau. Nous nous sentons petits dans notre canot. Nous sommes projetés par la puissante rivière, au milieu de l'écume des rapides; nous passons sous de gros arbres penchés dont la tête va toucher l'eau et qui menacent à tout moment de s'écraser dans la rivière; nous sommes détrempés par la bruine des torrents qui dévalent le long des pentes des montagnes.

Le premier soir, nous campons dans un endroit où les draveurs campent souvent. Il pleut légèrement et tout est humide. Une nuée de brûlots sort de l'herbe humide et nous attaque. Les toiles de nos tentes sont grises de brûlots. Pour échapper à leurs piqûres, il aurait fallu dormir dans le feu. Ces brûlots sont presque invisibles à l'oeil normal. Par contre, les piqûres sont à l'échelle humaine. Je pensais que Dieu avait infesté cet endroit afin de châtier les draveurs dont la réputation de blasphémateurs n'était plus à faire.

À quarante milles de Wemontaching, nous atteignons Kokokache. C'est un ancien poste de la Compagnie de la baie d'Hudson, abandonné depuis peu. Le «Chief Factor» pour la région y résidait. Le dernier en poste, Bob Skene, n'était pas de mes amis. Ce protestant me réclamait de l'argent que je ne lui devais pas. De plus, il interdisait à son épouse canadienne-française et catholique de pratiquer sa religion. Mêlé à une affaire de meurtre, l'homme mourut malheureux. Après sa mort, tous ses enfants se convertirent au catholicisme, à l'exception d'un seul qui mourut à la chasse et dont le cadavre fut dévoré par les ours.

À Kokokache, nous devons quitter temporairement le Saint-Maurice pour aller rejoindre, par un portage, la rivière Vermillon. Il s'agit d'éviter les Rapides Blancs, aujourd'hui disparus à la suite de la construction du barrage du Rapide Blanc. Sur les rives de la rivière Vermillon, nous apercevons la première ferme de la région. Elle appartient à Bob Grant et je lui cause toute une joie en le félicitant de la bonne tenue de sa ferme, et en l'assurant qu'il était probablement le propriétaire des bâtisses blanchies à la chaux situées le plus au nord que j'avais vues. Bob Grant, catholique et gros marchand de bois, nous invite à dormir chez lui.

Dans le dernier bout de la rivière Vermillon, nous vîmes trois croix plantées sur la rive. Trois draveurs s'étaient noyés l'année précédente et ils étaient inhumés ici, à l'ombre des sapins, loin de leurs amis et loin du monde civilisé. Revenant de nouveau sur le Saint-Maurice, dans une baie où les eaux se tourmentent en remous, nous arrivâmes à la mission de Jean-Baptiste Boucher, un métis très connu dans toute la Mauricie à cette époque. Il se donnait le nom de «Grand Chef du Nord». C'était en effet un très bon chasseur, trappant plus de fourrures que quiconque. Il se vantait de devoir engager des Indiens pour transporter ses fourrures au poste de Wemontaching, tellement il en avait. D'ailleurs, je l'avais déjà vu arriver d'un hiver de trappage au poste de Wemontaching. Pour ce qui est de la quantité de ses fourrures, le bon Jean-Baptiste ne mentait pas. Il habitait une vaste maison à deux étages. Le premier étage faisait un seul appartement. L'hiver précédent, sa femme avait été très malade. La croyant sur le point de mourir, il lui tailla une pierre tombale en marbre blanc portant une épitaphe. Contre toute attente, sa femme ne mourut point. Faute de se retrouver dans un cimetière, l'épitaphe devint la chose la plus en évidence dans la pièce principale de la maison. Ceci n'empêchait pas sa «chère moitié» de vaquer joyeusement à ses affaires et de nous préparer un excellent souper. Ce même Jean-Baptiste avait donné les planches de pin qui servirent à finir l'intérieur de la chapelle de Wemontaching, en 1891. Le frère Charles Tremblay, en véritable artiste qu'il était, avait utilisé ce bois à merveille pour faire les lambris, boiser les colonnes et les trois voûtes de la chapelle qu'il finit par peindre en bleu, les parsemant de petites étoiles d'or.

Jean-Baptiste avait un frère nommé Sévère. J'assistai à sa mort survenue à Wemontaching durant la mission. Sévère chassait aussi bien que son frère et résidait à Wemontaching dans une maisonnette voisine de la chapelle. On vint m'avertir qu'il se mourait et qu'il me réclamait. Je me rendis donc à la hâte chez lui. Quelle ne fut pas ma surprise de constater la mise en scène qui m'attendait! Une cinquantaine de personnes se trouvaient dans l'unique pièce de la maison, adossées au mur, mangeant et buvant du thé. Elles se servaient à même deux grosses chaudières et un sac de sucre placés près du moribond. Celui-ci, couché sur une peau d'ours étendue sur le plancher, en plein centre de la pièce, couvert d'un drap de laine, regardait ses nombreux amis tout autour ou fixait le ciel pendant de longs moments. Il offrait ainsi son dernier repas même s'il ne mangeait pas. Sa femme lui donna la main et lui posa un dernier baiser sur le front. Puis, vinrent ses enfants et les proches parents. Finalement, il fit un grand signe de croix, sa main retomba sur sa poitrine et, sans autre mouvement, expira doucement.

Notre voyage sur le Haut-Saint-Maurice se poursuit. Tout près de la maison de Jean-Baptiste, on retrouve l'endroit où fut massacré le père Buteux, [18] tombé aux mains des Iroquois en 1652, lors de son second voyage d'évangélisation

(18) Le père Jacques Buteux fut un missionnaire jésuite du dix-septième siècle. Comme l'indique le père Guinard, il fut tué en 1652 lors d'un voyage de mission, son second, en Mauricie.

chez les Têtes-de-Boule, alors appelés Attikameks. Non loin de là, on passe le rapide qui coûta la vie à un vicaire de Trois-Rivières, Jacques Harper, qui y chavira en 1839, alors que lui aussi se rendait chez les Têtes-de-Boule afin d'apporter la Parole du Christ. [19]

Pour ma sécurité comme pour la leur, les Indiens, qui connaissaient bien les dangers des eaux, ne me laissèrent jamais gouverner un canot dans des rapides qu'il fallait remonter à la «cordelle». Cela prend du savoir, de l'expérience et de la force. En ce domaine, peu de gens, à l'exception des orgueilleux qui prétendent toujours tout savoir, pouvaient rivaliser avec les Indiens. Pour remonter les rapides les plus puissants, ils renforçaient le canot en lui ceinturant l'avant avec la cordelle. Le canot ainsi bridé se gouvernait mieux et offrait une meilleure résistance à la furie des eaux.

Nous arrivons à La Tuque. Ce n'était pas la ville d'aujourd'hui. Deux familles y résidaient. Il y avait aussi un dépôt de pièces de bois appartenant à une compagnie forestière. Je me souviens que l'une de ces familles répondait au nom de Bourassa. Mes deux guides me laissent ici et s'en retournent à Wemontaching puisque, en ce qui me concerne, je prends le bateau plat qui descend jusqu'aux Piles. Un compagnon de collège, Adélard Millot, prêtre de Yamachiche, possédait et pilotait ce bateau.

Ce voyage est bien long. Le bateau suit lentement le courant, allant de gauche à droite sur la rivière, sautant les petits rapides, se faufilant entre les roches et frôlant les battures. Les passagers sont peu nombreux et mon voisin n'ouvre pas la bouche. Je m'ennuie en regardant couler la

---

(19) «En 1839, M. l'abbé Jacques Harper remontait dans les missions du Saint-Maurice accompagné d'un charpentier, mais le pauvre missionnaire périt dans un naufrage et la mission fut manquée.» Carrière, Gaston. *Le père Jean-Pierre Guéguen, un grand voltigeur, op. cit.*, p. 73.

Pour la liste chronologique des missionnaires qui visitèrent les Têtes-de-Boule (ou qui y résidèrent) voir: Clermont, Normand. *Ma femme, ma hache et mon couteau croche, op. cit.*, p. 36.

Bastonais qui verse ses eaux tumultueuses dans le Saint-Maurice. Afin de rompre la monotonie du trajet, j'engage la conversation avec mon voisin muet. C'est un Anglais. «Je suis de Montréal», me dit-il. «Je travaille pour un club de chasse new-yorkais dont je suis le secrétaire. Le club m'a demandé d'écrire un article dans les journaux de New York. Alors, je suis venu voir sur place les bâtiments, les lacs et l'emplacement du club.» Puis, me montrant ses chaussures, «ce n'est pas l'endroit idéal pour garder des chaussures propres. Si ma femme me voyait dans cet état! Tout au long de mon voyage ici, je ne me suis pas couché encore dans un lit sans punaises. Ces punaises me font mourir.» Pour le consoler, je lui montre mes chaussures dont le dernier cirage remonte à quatre mois. Nous devenons amis et il m'invite à lui rendre visite à Montréal. L'invitation m'honore, mais je me demande si j'aurai le courage de me présenter devant madame.

La bateau s'arrête pour la nuit à la Rivière-aux-Rats. Il accoste à proximité du dépôt d'un gros marchand de bois. Une fois débarqué, je me rends avec mon compagnon nommé Smith chez M. Désilets dont la maison se trouvait de l'autre côté de la rivière. Dans la soirée, Smith me souligne qu'il est ravi de dormir enfin dans une chambre tout à fait propre. Le lendemain matin, je retrouve le pauvre homme complètement affaissé, épuisé d'avoir combattu les punaises toute la nuit.

Nous regagnons le bateau l'estomac vide puisque personne ne s'est levé pour nous servir à déjeuner. Notre descente du Saint-Maurice se poursuit jusqu'à Saint-Roch-de-Mékinak qui était alors la paroisse la plus éloignée sur la rivière. Plus bas, le bateau s'arrêtait aux Piles, près des estacades du gouvernement. J'y suis mal reçu par le curé de l'endroit qui, ayant du foin à rentrer, ne daigne pas me recevoir. Je ne dis rien sur Shawinigan et Grand-Mère qui n'étaient pas des villes à cette époque. La dernière étape nous amène au Cap-de-la-Madeleine, à l'embouchure du Saint-Maurice.

Le trajet que je viens de décrire était celui que de nombreux missionnaires avaient parcouru pour évangéliser les Têtes-de-Boule à partir de Trois-Rivières. Je pense, bien sûr, au père Buteux, jésuite, qui fut tué sur la rivière en 1652. Je pense aussi aux années 1837-1850 durant lesquelles l'abbé Dumoulin et les abbés Harper, Paiement, Olscamps et Doucet firent chacun des voyages dans le même but que le père Buteux. Il y eut aussi l'abbé Maurault, curé des Abénakis de Saint-Thomas-de-Pierreville, et le père Bourassa, o.m.i. La route du Saint-Maurice fut abandonnée en 1851 par les missionnaires, au moment où nos Pères commencèrent à desservir les Têtes-de-Boule à partir de Maniwaki. Les pères Clément, Andrieux et Déléage furent les premiers à voyager dans le haut de la Gatineau et dans le Haut-Saint-Maurice jusqu'à Waswanipi. Pendant quelques années, nos Pères partaient même de Témiscamingue pour desservir la Mauricie.

Au Cap, je demeurai dans le vieux presbytère en briques rouges de notre communauté. Le père Joseph Dozois agissait à titre de supérieur. Les Oblats remplaçaient le curé Duguay, séculier. Ils avaient toutefois gardé les deux vieilles servantes de l'ancien curé, Éléonore et Émilie Bellefeuille. [20]

Wemontaching et le Transcontinental [21]

Lorsque je retournai à Wemontaching en 1906, le rythme calme de la vie dans cette mission subissait de rudes assauts. Les arpenteurs et les ingénieurs mettaient la dernière main au tracé du tronçon du Transcontinental, entre La Tuque et

(20) Il s'agit de la paroisse Sainte-Madeleine et du sanctuaire du Cap dont la responsabilité reviendra aux Oblats à partir de 1902. (Père Levasseur, Archives des Oblats à Montréal. Communication personnelle).
Dans son article sur *La vie du clergé québécois au XIXᵉ siècle*, Pierre Savard écrit: «Les Oblats succédèrent au curé Désilets à Notre-Dame-du-Cap» (*op. cit.*, p. 268) mais il ne mentionne pas de date.
(21) Pour Wemontachie et son histoire, voir: Clermont Normand. *Ma femme, ma hache et mon couteau croche, op. cit.* Pour une bonne compréhension des *Mémoires* de Guinard, le livre de Clermont est extrêmement utile dans la mesure où il traite précisément de l'histoire des Têtes-de-Boule. Le père Guinard, on l'aura constaté, donne peu de détails sur les particularités des Indiens dont il est le missionnaire. Clermont, de son côté, traite particulièrement de l'histoire de Wemontachie.

Parent. La douce solitude des bois se trouvait compromise. Partout des équipes s'affairaient à des travaux importants, ouvrant de nouveaux chemins, coupant des arbres pour élargir le tracé ou pour le modifier, transportant des provisions sur des chalands et des radeaux. Cette activité fébrile occupait de nombreux hommes pour la plupart nouveaux dans la région et ne désirant manifestement pas y demeurer longtemps.

Un jour, un homme m'aborda sur les rives de la rivière Manowan pour me payer une grand-messe. Devant tous ses compagnons, il sortit de sa poche un formidable rouleau de billets de banque. Parmi ses gros billets, il finit par trouver cinq dollars qu'il me remit. Cette fanfaronnade était, passez-moi le mot, monnaie courante dans ce milieu, mais je m'interrogeai tout de même sur la quantité énorme d'argent accumulé par cet homme. Or, quelqu'un me confia la réponse. L'homme en question ne faisait pas que travailler pour l'arpentage, il vendait par surcroît de la boisson sur le marché noir, s'étant associé à un Polonais, lui aussi fort connu chez les travailleurs. C'est dire quel genre d'hommes sillonnaient la région à l'époque. Or, tout ce beau monde se réunissait à Wemontaching dont le niveau de vie morale enregistrait de sérieuses fluctuations. Le scandale, l'ivrognerie, le blasphème et la paresse régnaient partout. Dans le magasin de la Compagnie de la baie d'Hudson était accrochée une illustration représentant un prêtre dont les mains tenaient les seins d'une femme.

Trois arpenteurs travaillaient dans un camp non loin de la mission. Travailler est un bien gros mot dans la mesure où l'un d'eux prit deux mois pour construire un tout petit radeau, ce qui faisait dire aux témoins qu'il s'agissait sûrement là du radeau le plus solide de la Mauricie. Quoiqu'il en soit, ces arpenteurs s'occupaient plus de fêter à la mission que de travailler à leurs affaires. Ces hommes reluquaient du côté des Indiennes. Un soir, ils enlevèrent littéralement la femme d'un Indien nommé André et s'enfermèrent avec elle à l'étage supérieur de la maison de la Compagnie de la baie d'Hudson. L'incident provoqua la colère des Indiens qui se munirent de gourdins afin de prendre la maison d'assaut. Dirigés par André et avec mes encouragements fortement exprimés, ils libérèrent la femme des mains de ses misérables ravisseurs tout en faisant à ces derniers une peur dont ils se rappellent sûrement aujourd'hui, s'ils vivent encore.

Ainsi, la construction du Transcontinental bouleversa la vie des Indiens et le phénomène se fit surtout sentir à Wemontaching. Au début, les Indiens devinrent rapidement une attraction de classe pour les Blancs qui désiraient voir une première fois le spectacle extraordinaire d'Indiens vivant dans de vrais wigwams, chez eux, dans le bois. Quel spectacle en effet que d'observer l'Indien fabriquer un canot d'écorce de bouleau, de le voir déterrer des racines fines pour coudre les morceaux d'écorce et s'appliquer à recueillir la gomme d'épinette pour gommer les coutures! Quel émerveillement que de réaliser les mille fins auxquelles on destinait l'usage du couteau croche! Quelle surprise d'observer une première fois quelqu'un qui rase le poil des peaux avec un os fendu avant de les tanner et de les fumer. Tous les visiteurs dès le premier regard adoraient ces petits enfants barbouillés, aux yeux d'ébène, dont l'unique préoccupation se résumait à jouer, à courir dans les bois, à lancer des flèches aux oiseaux, aux lièvres et aux écureuils. Comment rester indifférent devant ces belles femmes au teint bronzé, aux traits réguliers, cachant leur épaisse chevelure sous des mouchoirs rouges, emmaillotant leurs petits enfants dans la mousse, les portant sur le dos, lacés sur une planche. On les voyait surgir de la forêt dense, chargés de fagots de branches de sapin pour rafraîchir le sol des tentes. On aimait les voir coudre les mocassins avec des aiguilles triangulaires avant de les broder de soie, lacer les filets, les raquettes, tenir les lanières gluantes entre leurs dents, boulanger la farine pour faire du pain indien, préparer le poisson et le placer près du feu ouvert pour qu'il cuise lentement. Les visiteurs assoiffés de curiosités tenaient à tout voir de la vie de ces primitifs qui mangeaient à même la chaudière ou sur des écorces avec des copeaux de bois en guise d'ustensiles. Ils ne pouvaient pas croire que ces gens, nourris par la Providence, vivaient sans penser au lendemain, sans chercher le confort et le luxe, sans vouloir être riches. En vérité, les curieux étaient si nombreux et si désireux de voir les Indiens que j'aurais moi-même fait fortune si je m'étais avisé d'imposer un droit d'entrée avant de leur montrer mes chers Indiens.

Les ravages de l'alcool

Malheureusement, tous n'étaient pas d'innocents curieux. Au risque de me répéter, la construction du Transcontinental attira dans la région une foule d'indésirables, surtout les trafiquants de boisson. Ces derniers pratiquaient tous les métiers: boulanger, pâtissier, photographe, acheteur, marchand ambulant. Certains se déguisaient même en voyageurs riches et respectables. Ils s'appelaient Ti-Blanc, Ti-Bleu, Ti-Rouge ou Ti-Noir. Voilà Ti-Rouge qui arrive sur la rivière en faisant tournoyer son canot pour annoncer à tous qu'il transportait quelque chose pour étourdir les hommes. On annonce que Ti-Bleu et Ti-Rouge sont à la gare. Tous vont les rencontrer et se lier d'amitié avec ces voyageurs du diable qui, fort galamment, serraient la main à tout le monde.

L'alcool se trafiquait surtout dans les bois le long des chemins nouveaux. Les Ti-Bleu et les Ti-Blanc annonçaient leur présence en accrochant aux arbres une guenille, un vieux bas ou un morceau de chemise. Cent pas plus loin, se cachait le trafiquant qui lui-même cachait sa boisson dans des endroits inaccessibles, généralement dans l'eau des rapides. Il faut dire que la police exerçait une bonne surveillance des chemins, ce qui forçaient les contrebandiers à emprunter des détours qui n'étaient pas toujours faciles. À travers bois et portages, il nous venait même de la boisson de Joliette en passant par Saint-Michel-des-Saints, ce qui donnait un trajet de deux cent vingt milles.

La situation empira jusqu'à devenir fort grave. Je perdis complètement le contrôle de la consommation de l'alcool par les Indiens. Un été, alors que j'approchais de la mission de Wemontaching, des Indiens et des Blancs vinrent en canot à ma rencontre. Ils étaient ivres. Quelques-uns tiraient de la carabine. J'eus peur pour ma vie. L'arrivée à Wemontaching ne fut pas plus reluisante. Le rivage était bondé d'Indiens et d'étrangers armés. Ils tiraient à tous les vents. Je faisais déjà des plans pour rétablir cette situation hautement détériorée. Je ne reconnaissais pas mes Indiens que je retrouvais excités et énervés. Des incidents inhabituels bouleversèrent la vie des gens durant l'été: un Indien brûla vif dans l'incendie de sa tente; un autre, complètement ivre, renversa son canot et se noya; un dernier fut grièvement blessé par un de ses amis devenu soudainement violent lors d'une beuverie. Les enfants accouraient en pleurant pour me prévenir quand ils voyaient leurs parents en compagnie des vendeurs d'alcool.

Je m'improvisai policier et j'appliquai la loi du ministère des Affaires indiennes en interdisant toute vente d'alcool sur la réserve et en empêchant tous les Blancs de demeurer là après le coucher du soleil. J'insistai sur le fait que n'importe quel Blanc qui faisait boire un Indien était passible de prison. Malheureusement, j'étais seul et je ne recevais la collaboration de personne. Même le chef de la tribu buvait comme les autres. Les indésirables circulaient en toute facilité sur la réserve, aidés de leurs complices indiens. Une nuit, le commis du poste fut blessé par des Indiens ivres qui en voulaient aux propriétés de la compagnie. C'était le début de la peur, de la violence, de la complicité et des coups nocturnes.

Devant tant de désordre, un policier vint qui passa une seule nuit avec moi pour contrôler, dans la mesure du possible, ce qui se passait sur la réserve. Cette nuit-là fut calme et le policier repartit au matin. Un peu plus tard, j'appris que ce même policier avait été congédié pour avoir vendu de la boisson aux Indiens. La vague qui déferlait sur la région était trop forte pour moi. Un métis de Pointe-Bleue s'installa sur la réserve même afin d'y faire le commerce de l'alcool. Je ne pouvais pas supporter la présence de ce métis dont l'action coiffait toutes les autres. Si un débit permanent s'établissait au milieu de la réserve, c'était bien la fin de tout. J'allai donc le voir pour lui dire: «Je suis venu de loin pour le bien des Indiens. Toi aussi tu viens de loin mais ton but est contraire au mien, tu entends détruire tout ce bien.!» Sur ces quelques mots j'éclatai en sanglots devant lui tant la situation me désespérait et me faisait souffrir. «C'est bien la première fois que je fais pleurer une robe noire», me répondit-il, «et cela n'est pas sans me bouleverser sincèrement.» Le métis quitta Wemontaching le lendemain et je ne le revis plus jamais. J'enregistrai là une victoire bien insignifiante dans la mesure où tout empira de toute façon.

Durant ces années, les choses allèrent si mal qu'un été, je conseillai aux Indiens de quitter la réserve beaucoup plus tôt que d'habitude afin de s'éloigner de la source du mal en retrouvant la solitude protectrice des bois. «Demain, nous cesserons de prier ensemble, vous retournerez sur vos terres de chasse car il est insensé que vous demeuriez ici au milieu des tentateurs, en un lieu où le diable est trop près et trop fort. Demain, vous fuirez si vous voulez rester purs!» Le lendemain, ils fuyaient. Tous s'affairaient à démonter les tentes et à transporter les bagages sur les bords de la rivière. Dans ce va-et-vient apparemment désordonné, les femmes travaillaient autant que les hommes. Même les enfants s'en mêlaient. Je les revois encore se hâter pour partir, chargeant les canots en vitesse, se surveillant tous et chacun afin de savoir qui serait le plus rapide. En quelques heures, tout était prêt et les canots commençaient à partir, les avirons à s'enfoncer dans l'eau de la rivière. Les Indiens ne partaient jamais si tôt pour aller sur leurs terrains de chasse mais, dans ce cas-ci, il s'agissait de circonstances extraordinaires. Les hommes gouvernaient à l'arrière tandis que les femmes avironnaient à l'avant. Les bébés placés à la pince du canot, attachés sur une planche disposée presque à la verticale, regardaient leur mère en se laissant balancer par le roulis.

Je reste seul au bord de l'eau. C'est la première fois que les choses se passent ainsi, que les Indiens quittent la mission avant moi. Je ressens une douleur qui n'est pas autre chose que la réalité de la solitude. Je comprends maintenant ce que me disait un jour une vieille Indienne qui parlait de la tristesse du village durant les jours qui suivaient mes départs. Aujourd'hui, c'est à mon tour de rester seul alors que ce sont eux qui s'en vont et que je les vois disparaître au loin sur la rivière. Oui, je m'ennuie profondément au milieu de ce campement maintenant désert mais qui, il y a un instant, grouillait d'une saine et chaleureuse animation. Il ne reste que des piquets, des perches penchées, des feux qui fument, de la mousse ayant servi aux bébés, des plumes, de vieilles chaudières et des restants de provisions qui pourrissent au soleil. Je me promène seul au milieu des chiens abandonnés qui hurlent leur peine. Le village n'est plus que linges sales qui traînent, nippes, souliers percés, bas puants, flèches et arcs brisés qui ne serviront plus aux jeux des enfants, vieux canots éventrés, tas de bois portant encore des branches de sapin jauni, bâtons tachés de sang sur lesquels on a dépecé des ours et des orignaux afin que chaque famille jouisse de leur part légitime de viande. Au bord de l'eau, ce sont des écorces, des copeaux, des avirons fendus, des troncs d'arbres qui ont servi d'embarcadère. Tout n'est que tristesse et désolation alors que je monte vers la chapelle qui, elle aussi, ne servira plus avant l'année prochaine.

La course aux renards

L'alcool n'était pas le seul mal dont souffraient les Indiens. À cette époque, les renards noirs et argentés valaient très cher lorsque capturés vivants. Compagnies et particuliers en faisaient l'élevage dans tous les coins de la province. Certains payèrent jusqu'à deux milles dollars pour un couple de renards. Le Canada avait connu sa ruée vers l'or, la Mauricie connaissait sa ruée vers le renard.

Les acheteurs de renards venaient de partout, affichant tous cette allure pressée et urgente qui caractérise les projets des ambitieux. Ils se dévouaient plus pour ces petits renards que je ne le faisais moi-même pour les âmes. Mais le renard ne se laissait pas prendre facilement dans la mesure où les Indiens devaient imaginer de nouvelles façons pour les capturer sans les blesser. En effet, les acheteurs refusaient les animaux blessés. Ainsi les bonnes prises étaient-elles rares. Le renard est déjà un animal rusé; le prendre sans le blesser représentait une difficulté supplémentaire.

Les Blancs comme les Indiens tombèrent dans l'euphorie de cette chasse. Les Indiens enroulaient les pinces des pièges avec du linge épais. Les marchands vendirent toutes leurs réserves de pelles longues et étroites dont se servaient les chasseurs pour élargir les tanières. Creuser les trous de renards s'avérait un travail long, épuisant et parfois périlleux. La tanière du renard est profonde et comporte plusieurs corridors. Le chasseur qui creuse se retrouve dans certains cas à plusieurs pieds de l'entrée, sous la terre, exposé aux éboulis. Or, cela arriva plus d'une fois. Heureusement, on ne déplora jamais d'accident mortel.

Néanmoins, toute cette activité fut extrêmement néfaste pour les Indiens. La grande popularité du renard vivant était bien éphémère et les résultats ne valaient pas l'effort. Bien au contraire, quelques belles prises mises à part, les conséquences furent malheureuses. On défonça tout ce qui ressemblait à une tanière dans les bois. Tous les flancs de montagne, toutes les buttes et les sablonnières furent visitées. Cette opération entraîna un appauvrissement des terrains de chasse en même temps qu'un découragement certain chez les chasseurs indiens dans la mesure où le prix du renard s'effondra aussi soudainement qu'il avait grimpé. En réalité, cette course aux renards fut une source de gaspillage et de perte de temps. Elle désorganisa encore un peu plus les activités des Indiens, développant chez eux l'appât du gain et créant des rivalités inutiles.

Beaucoup d'acheteurs firent mourir de beaux renards faute de les soigner adéquatement. De leur côté, les Indiens s'occupaient admirablement bien des bêtes qu'ils gardaient enfermées dans des enclos de dix pieds carrés sur trois pieds de hauteur. Sur le dessus, on fermait l'enclos à l'aide d'un grillage ou avec des perches placées en quadrillé et chargées de pierres. Les Indiens savaient comment nourrir les renards. Il fallait en prendre grand soin car le renard captif supporte mal son état; il est triste dans sa prison qu'il arpente désespérément.

J'encourageai les Indiens à voir à ce que leurs renards soient bien traités afin qu'ils en retirent le plus possible à la venue des acheteurs. Mes interventions furent mal reçues par les employés de la Compagnie de la baie d'Hudson qui considéraient que je me mêlais d'une question qui ne me regardait pas. Le commis du poste m'accusa même de suggérer des prix de vente aux Indiens, tout en leur réclamant un pourcentage sur l'opération. L'affaire me choqua au plus haut point et j'exigeai des excuses de la part de cet esprit mesquin qui ne voyait dans la vie que transactions et profits monétaires. «Je suis un missionnaire, pas un vendeur de renards. Je prêche un peu partout la Vérité. Pour cette raison, je tiens fort à ma réputation. Ou vous retirez vos mensonges, ou je vous poursuis en justice.» L'homme s'excusa sur-le-champ, probablement effrayé d'avoir à me payer une indemnisation.

Conséquences de la construction du Transcontinental dans la région de Wemontaching

Le chemin de fer commença à fonctionner en 1910. Au moment où tous se réjouissaient du succès, je réfléchissais à ce que le projet avait coûté à la région et aux hommes qui furent directement ou indirectement engagés dans ce projet. Je pensais aux travailleurs canadiens-français, irlandais, polonais et italiens, tous des catholiques qui furent laissés sans prêtre durant toute la durée de la construction. Ils me demandaient de les desservir mais je ne pouvais pas réellement si l'on considère que, en raison des circonstances exceptionnelles, je me devais de rester le plus possible près de mes chers Indiens. Toutefois, j'écrivis à monseigneur Latulipe [22] pour lui faire

(22) Monseigneur Latulipe était le Vicaire Apostolique dont relevait le père Guinard qui oeuvrait dans son territoire. Mgr Latulipe n'était pas un Oblat et Guinard

part du problème mais je ne reçus de lui aucune réponse. En 1908, l'abbé Eugène Corbeil fut nommé curé de La Tuque mais il ne s'occupa jamais des travailleurs des chantiers éloignés. [23]

La construction du chemin de fer détruisit à peu près toute la forêt dans la région. Tout fut brûlé sur de grandes distances de chaque côté du chemin. Les terrassiers faisaient des feux çà et là pour cuire leur nourriture ou pour chasser les mouches. Ils ne surveillaient pas ces feux qui finissaient par courir dans la forêt. Chaque été, la forêt brûlait en permanence en Mauricie et peu de monde s'en souciait. Ces vastes incendies causèrent un tort irréparable aux immenses réserves forestières de la région tout en détruisant systématiquement les populations d'animaux à fourrure. La perte fut considérable pour la Province de Québec et pour les Indiens. Le castor, jusque là abondant presque partout, se fit rare. En quelques années, la Mauricie, que j'avais d'abord connue pour ses forêts denses et ses arbres magnifiques, se transforma en un pays ravagé par le feu. Or une forêt ne se refait pas rapidement. Chaque région brûlée devenait inutilisable pour une quarantaine d'années. Ce pays de pins colossaux et de grandes épinettes devint le pays du petit tremble et du bouleau. Les régions épargnées furent concédées aux compagnies forestières. La Brown Corporation, par exemple, se vit concéder d'immenses «limites à bois» sur les bords du Saint-Maurice, retenant les droits exclusifs de pêche dans ses limites. Ces privilèges étaient nettement excessifs.

Que penser des responsables gouvernementaux qui passèrent ces contrats injustifiables avec la Brown

croyait que celui-ci avait peu de sympathie pour sa congrégation. Souvent, les missionnaires des «premières lignes» avaient des relations difficiles avec les évêques ou les vicaires apostoliques dans la mesure où ces derniers, selon eux, comprenaient mal les besoins des missions et donnaient toujours trop peu.

Plus tard, en 1918, un échange de lettres entre Mgr Latulipe et le père Guinard rendra ce dernier fort malheureux. Par ailleurs, on le verra plus loin, le père Guinard ne pourra pas s'empêcher de relever, lors de la visite apostolique de Mgr Latulipe à Wemontachingue, que celui-ci n'a jamais fait mention de l'oeuvre missionnaire des Oblats dans ses discours.

(23) Le père Guinard reviendra sur le sujet: il semble bien qu'il y ait eu une vive inimitié entre le curé Corbeil de La Tuque et le père Guinard.

Corporation? Voilà des politiciens qui démontrèrent peu de sagesse ou qui perdirent la tête l'instant de cette signature puisque le bon sens interdit de penser que ces privilèges étaient nécessaires. Bien au contraire, ils privaient les Indiens de l'accès aux lacs les plus riches dans des régions épargnées par les feux catastrophiques. Ces concessions abusives privaient tous les gens du plaisir de pêcher la truite qui abonde dans ces lacs. Je ne comprends pas encore aujourd'hui ce qui poussa notre gouvernement à poser des gestes aussi irresponsables. D'ailleurs la situation dramatique qui prévalait en Haute-Mauricie ne préoccupait pas le gouvernement. J'en veux comme preuve le fait que la moitié de la Haute-Mauricie fut incendiée en quelques années et cela avec l'insouciance la plus désarmante de nos responsables gouvernementaux.

Aux incendies incontrôlés, aux privilèges excessifs accordés aux compagnies, il faut ajouter l'invasion soudaine des chasseurs étrangers provoquée par la construction du chemin de fer. Ceux-ci décimèrent une population animale déjà durement touchée par cinq années d'incendies de forêt, de travaux d'hommes, de chasses anarchiques. Les chasseurs indiens de tout le pays, ceux de la rivière Saint-Maurice mais aussi ceux des rivières Gatineau, Bell, Mekiskan et Abitibi, qui connaissaient des conditions identiques, se mirent à éprouver, après 1910, des difficultés insurmontables sur leurs territoires de chasse. Les animaux disparus, la forêt brûlée, le chemin de fer et les activités incessantes des Blancs plaçaient les Indiens dans une situation précaire. Là encore, personne ne se souciait du drame.

En 1910, pour la dernière fois, je fis mes missions indiennes en canot. [24] Ainsi s'achevait l'époque des anciens missionnaires qui, une fois pour toute, désertaient les rivières, les portages et les grands voyages en forêt. D'ailleurs, comme je viens de l'indiquer, tout changeait dans la région. Lors de ma

---

(24) Sauf à Waswanipi, poste qui n'était pas relié au chemin de fer.

dernière course en canot, alors que je remontais la rivière Manowan, je rencontrai monsieur T. Landry, contremaître de la Compagnie hydraulique du Saint-Maurice, qui avait installé un gros campement abritant une quarantaine d'hommes sur les bords du lac Shishotési. L'équipe de travail coupait le bois afin de préparer l'emplacement de deux futurs barrages. J'y donnai la mission. Quelques années plus tard, les barrages A et B de la rivière Manowan fonctionnaient et alimentaient les turbines des villes alors naissantes de Grand-Mère et de Shawinigan. C'était le coup d'envoi de la construction de nombreux barrages qui allaient modifier le régime des eaux dans toute la région. Les changements non seulement nous conduisaient à voyager dorénavant en train plutôt qu'en canot, mais encore ils allaient jusqu'à effacer nos anciens itinéraires sur des rivières qui ne seraient plus jamais les mêmes.

C'en était fait des anciennes préoccupations des voyageurs de la forêt. Maintenant, il fallait apprendre à se débrouiller avec le train, à deviner le caprice des horaires entre Hervey-Jonction et Wemontaching, à obtenir des laissez-passer et quoi encore! Le Transcontinental devint le Canadien National. Il s'en était passé des choses depuis 1905.

La visite épiscopale de monseigneur Latulipe

Son Excellence monseigneur Latulipe, vicaire apostolique de Témiscamingue, arriva à la petite gare de Manowan en juillet 1913. Quarante-six prêtres l'accompagnaient. Le père Arthur Joyal, o.m.i., qui faisait partie du voyage écrivit une plaquette de quatre-vingt quinze pages sur le pays de la Haute-Mauricie et sur la visite épiscopale. [25]

Un tel déploiement de forces ecclésiastiques impressionna vraiment le petit missionnaire solitaire que j'étais. Comme nous le verrons, cela ne fut pas sans impressionner aussi tous mes Indiens. J'étais responsable de

(25) Joyal, A. *Excursion sacerdotale chez les Têtes-de-Boule*. Québec, La Cie d'Imprimerie Commerciale, 1915.

tout, devant voir au logement, à la nourriture et au bon ordre de la visite. La compagnie hydraulique me prêta de vastes tentes toutes propres ainsi que les ustensiles pour préparer et servir les repas. J'avais pensé servir de la viande des bois à Monseigneur et à la délégation mais cela ne se fit pas sans mal. La veille de leur arrivée, on retrouva gâtée la viande d'orignal devant servir de plat de résistance. Il fallut chasser à la dernière minute le lièvre et la perdrix en même temps que d'autres pêchaient sur des lacs avoisinants.

Monseigneur Latulipe venait confirmer tous les Indiens en état de l'être. Cela faisait beaucoup puisque la dernière visite épiscopale à Wemontaching remontait à 1887, année de la visite de monseigneur Lorrain accompagné alors par le père Jean-Pierre Guéguen. Je dus confesser tous les futurs confirmés. En outre, je décorai la chapelle de façon à souligner cette visite extraordinaire. Je devais penser à la route pour la procession du Très-Saint-Sacrement ainsi qu'au reposoir. Je passe sur les détails d'une semblable préparation qui demanda à tous, l'humble missionnaire et ses Indiens, une somme considérable de travail. Tout était prêt alors que, nerveux, nous attendions l'arrivée des canots sur la rivière. Monsieur Landry m'avait promis de se charger du transport de la délégation entre la gare et la mission. Or, cette journée-là, Landry et ses hommes étaient ivres et ne s'occupèrent pas de l'évêque qui attendait patiemment sur la rive que quelqu'un vienne le chercher. Aussitôt informé de la chose, je dépêchai des Indiens pour ramener au plus vite la délégation.

Ils arrivèrent enfin à Wemontaching. La petite cloche de la chapelle sonnait désespérément pour se mettre à la hauteur de la visite, mais c'était peine perdue. Son timbre fêlé indiquait notre condition de poste missionnaire. On tira du fusil pour faire plus sérieux. Il faisait beau sur notre village. L'enthousiasme était débordant. Sur le terrain vague adjacent à la chapelle se dressaient les belles tentes blanches destinées à nos visiteurs. Chaque tente arborait un pavillon qui claquait au vent.

144

Lorsque l'évêque mit pied à terre, les Indiens à genoux formèrent une rangée au milieu de laquelle la délégation monta vers la chapelle. L'entrée y fut solennelle. L'abbé Turcotte, grand musicien et lauréat de Paris, chanta «Ecce Sacerdos». Après les prières ordinaires, l'évêque ressortit et se rendit au cimetière où toutes les tombes avaient été décorées par les Indiens. Il fit un sermon en plein air. Les Indiens ne le comprirent pas mais apprécièrent son geste.

Durant les repas, tout se déroula assez bien sauf que le pain, commandé chez un boulanger de Parent, n'était pas bon à manger. Le curé de La Tuque m'en fit le reproche, ce que je n'appréciai guère. Je n'étais pas son serviteur dans la composition du menu. Tout se passa bien par la suite. Un feu d'artifice et des danses occupèrent la soirée. Le lendemain, l'évêque célébra une messe solennelle. La cérémonie impressionna les Indiens au point où ils ne purent chanter ni vraiment suivre la messe tellement le spectacle les fascinait. La mitre, la crosse, les ornements dorés, le diacre, le sous-diacre, le prêtre assistant, la présence de l'évêque donnaient à la cérémonie une dimension irréelle.

Avant la confirmation, l'évêque fit un bref sermon: «Mes cher enfants, c'est pour vous le moment solennel de recevoir le sacrement de confirmation. Dans la réalité, vous seriez étonnés de voir un enfant devenir tout à coup un homme fait. En descendant en vous, le Saint-Esprit va soudainement faire de vous de parfaits chrétiens. Le démon fait la chasse et la pêche aux âmes. Il tend des pièges et des filets. Le Saint-Esprit vous aidera à éviter les pièges tendus par le démon. Il vous donnera la force de rompre le filet si par malheur vous vous y laissez prendre.»

La cérémonie terminée, la délégation et les fidèles s'attroupèrent en face de la chapelle. Les chefs de Wemontaching, de Manowan et de Kikendash prirent la parole. Louis Pitchikwi de Wemontaching s'avança le premier. Il était vêtu d'un habit galonné avec deux rangées de boutons dorés et il était décoré de trois médailles dont une de la Reine Victoria. Louis parlait bien et ses dons d'orateur, reconnus par tous les Indiens, lui valurent de nombreux applaudissements. J'étais l'interprète pour la délégation. «Gardien de la prière, le soleil brillait hier, il brille encore aujourd'hui. Il éclaire tout. Les oiseaux ne craignent pas l'orage. Écoutez leurs chants. Ce beau temps, nous le ressentons à l'intérieur de nous-mêmes. Nous sommes contents car tu nous as donné le sacrement qui rend fort. Aujourd'hui, nous avons besoin de cette force, car la locomotive nous a amené l'alcool qui rend fou. Quand tu verras le Premier ministre à Ottawa, dis-lui ce qui nous arrive et dis-lui qu'il nous protège. Gardien de la prière, tu es venu nous voir et nous t'en remercions. Une foule de prêtres t'accompagne. Wemontaching ressemble à un lieu saint. Désormais, nous reconnaîtrons le gardien de la prière, celui qui est ceinturé de violet, dont la robe a des boutons rouges et qui porte une croix d'or sur la poitrine. Lorsque l'Indien voit quelque chose, il en garde lontemps le souvenir. Nous prierons pour toi dans nos tentes, dans nos canots et dans les bois. Reviens souvent voir tes enfants des bois. C'est facile. Regarde la locomotive. Nous voudrions encore baiser ton anneau et voir nos enfants confirmés.» Son discours fut hautement apprécié par l'évêque.

Louis Néweshit, le vieux chef de Manowan, s'approcha lentement en s'appuyant sur un bâton noueux qu'il tenait d'une main tremblante. Il fut béni par l'évêque, lui baisa l'anneau et s'en retourna pour se placer au centre du rassemblement. Là, il prononça le mot des orateurs: *tchako!* Visiblement, le vieil Indien à la chevelure épaisse et grisonnante attirait le respect de tous. «Je suis très vieux. J'ai connu les Indiens avant que les prêtres ne leur enseignent la prière. Avant les prêtres, les sorciers et les jongleurs étaient rois. Les Indiens vivaient misérablement comme des bêtes dans la forêt. Je suis vieux. J'ai connu le première robe noire débarquée en ce pays. Je fus baptisé par ce prêtre à l'âge de huit ans. Depuis, la nuit s'est faite jour. Tous ici, nous pratiquons la religion de la croix et nous voulons qu'il en soit ainsi pour nos enfants et pour les enfants de nos enfants.»

L'évêque et tous les prêtres furent émus en entendant la traduction que je faisais de ces belles paroles. Finalement,

Gabriel Awashish, le chef de Kikendash surnommé le «chef aux yeux bleus», s'avança pour prononcer son discours. «Gardien de la prière, mes gens et moi dressons nos tentes loin d'ici. Le trajet est périlleux par la rivière. Comme les autres, je déplore les ravages de l'alcool chez-nous. Que faut-il faire? Nous sommes loin, sans chapelle et sans cimetière. Vis-à-vis des autres chefs, je dois faire un court discours car, comme mon nom l'indique, je ne suis qu'un petit enfant.» Son jeu de mots fit rire tous les Indiens. [26]

En réponse à ces trois discours, l'évêque dit: «C'est un plaisir de se trouver parmi des gens qui expriment si bien leur reconnaissance et leurs bons sentiments. Obéissez à vos missionnaires, résistez aux assauts de l'alcool. Je demanderai aux agents du gouvernement de mieux vous protéger contre ce fléau. Quant à la demande d'une chapelle et d'un cimetière à Kikendash, je donnerai des directives pour que le projet se réalise. Tous, je vous remercie.»

On remarqua que l'évêque ne prononça pas un seul mot pour souligner le travail des Oblats qui, en 1913, oeuvraient dans la région depuis soixante-neuf ans. Pourtant, les résultats étaient encourageants. Les prêtres s'étonnaient tous de la grande piété de ces gens et me questionnaient sur le pourquoi et sur le comment d'une telle ferveur collective. «Je les ai reçus comme vous les voyez. Je ne fais que poursuivre humblement l'oeuvre de mes prédécesseurs.»

De l'autre côté de la rivière, la cheminée de la locomotive crachait son épaisse fumée noire, semblant insister pour nous avertir que l'heure du départ sonnait pour nos visiteurs. L'évêque et les prêtres regagnèrent les canots et les Indiens les traversèrent de l'autre côté en chantant des cantiques dans leur langue. Lorsque les canots disparurent à la pointe de l'île, je revins à la chapelle pour ranger les décorations. J'étais épuisé, ma tête voulait éclater. Paralysé par la douleur et la fatigue, je fus incapable de travailler.

(26) Awashish signifie «petit enfant» en Attikamek.

M'agenouillant devant le tabernacle, je confiai au Bon Dieu: «Seigneur, je suis fatigué et malade. Je n'y puis rien.» Aussitôt, Il intervint et tout malaise cessa.

La querelle du bois à Wemontaching

En 1914, par une matinée d'une belle journée de juillet, je passais devant le magasin de la Compagnie de la baie d'Hudson lorsque j'y rencontrai des Blancs assis sur le perron, les jambes pendantes. «Vous êtes arrivés ce matin?», leur demandais-je. «Oh non! Nous sommes ici depuis quinze jours mais on nous voit peu car nous travaillons dans la forêt pour y faire une évaluation de la valeur commerciale du bois.»

J'allai manger tout en restant fort intrigué par la réponse de ces bons hommes. Il était de mon devoir d'en avertir le chef Louis Pitchikwi qui reçut la nouvelle avec irritation. Sa colère se propagea chez tous les Indiens de telle sorte que lorsque les Blancs voulurent s'adresser au chef, c'est ce dernier qui à la tête d'un groupe prit les devants et alla les rencontrer. «Vous explorez le bois de notre réserve? Qui vous a permis de faire une chose semblable? Qui vous envoie? Cette terre est à nous depuis longtemps et je peux le prouver! Je vous interdis de travailler sur nos terres, ni même d'y couper une branche!» Je traduisais aux Blancs les positions du chef. Ceux-ci rétorquèrent: «Nos ordres sont d'évaluer le bois de cette réserve. Nous ignorons tout de ce que le chef des Indiens dit, mais puisque la réserve et le bois sont votre propriété, nous ne voyons plus très bien ce que nous faisons ici. Nous allons repartir.»

Immédiatement après leur départ, nous fîmes des avis publics portant la signature du chef et interdisant aux Blancs de camper, séjourner ou couper du bois sur la réserve indienne. Nous affichâmes ces avis un peu partout à l'intérieur de la réserve.

Un renseignement nous parvint à l'effet que les Indiens de Wemontaching avaient en majorité signé un document permettant la vente du bois de leur réserve. Cette permission et la liste des signatures se trouvaient probablement au ministère des Affaires indiennes à Ottawa. Une assemblée générale regroupant tous les Indiens de Wemontaching fut convoquée, laquelle entraîna la note de protestation suivante qui fut envoyée à Ottawa:

"We, the undersigned Indians, members of the Wemontaching Indian Reserve hereby beg to notify the Indian Department first, that we are entirely opposed to the selling of our reserve or any timber limits upon it, second, that the list of signatures recently obtained from us by the Indian agent from lake St. John is false, they have been obtained on a misunderstanding upon our part, and is not binding upon us for that reason and also for the reason that many signatures theretho were these of Indians not belonged our Band, third, that our chief was greatly deceived by the misrepresentation of facts, fourth, we, therefore, pray the Department of Indians Affairs to protect us in our demands and to ignore the document above refered to, which we signed under a misunderstanding and which we believe is prejudicial to us and to accept this present document as representing the interests and desires of ourselves and children, fifth, this document was made and signed at Wemontaching Reserve at a General Assembly of the Band of Indians, at 4.00 PM on the 18th July 1914." [27]

(27) «Par la présente, nous soussignés, Indiens de la réserve de Wemontaching, informons le ministère des Affaires indiennes, premièrement, que nous sommes tout à fait opposés à la vente de notre réserve ainsi qu'à la vente de concessions forestières à l'intérieur de ladite réserve; deuxièmement, que la liste de signatures obtenue de nous récemment par un agent indien du Lac Saint-Jean n'a aucune valeur et ne nous engage en rien puisqu'elle est le résultat d'un malentendu de notre part et qu'elle contient de nombreuses signatures d'Indiens n'appartenant pas à notre bande; troisièmement, que notre chef a été grandement abusé par une présentation erronée des faits; quatrièmement, que nous prions le ministère des Affaires indiennes de nous aider dans nos revendications, de ne pas tenir compte du document dont il est ici question, document que nous avons signé par malentendu et qui pourrait nous être préjudiciable, et d'accepter le présent document comme l'expression des intérêts et des désirs qui sont les nôtres et ceux de nos enfants; cinquièmement, que ce document a été rédigé et signé à la réserve de Wemontaching lors d'une assemblée générale de la bande indienne tenue à quatre heures de l'après-midi, le 8 juillet 1914.»

Tous les pères de famille signèrent ce document.

Poussant plus loin la démarche, j'écrivis en mon nom personnel une lettre de protestation que j'adressai au Ministère. J'y faisais valoir que les Indiens étaient absolument opposés à la vente du bois sur leur réserve et que le chef avait appris la nouvelle en ne cachant sa colère à personne, surtout pas aux gens chargés par quelqu'un d'évaluer le bois sans consulter au préalable les Indiens. J'ajoutai que les Indiens s'indignaient fort que le Ministère accorde des permissions à des tiers sans qu'ils en soient eux-mêmes informés. Je concluai ma lettre en soulignant le profond mécontentement des Indiens et en insistant sur la virtualité de troubles et de problèmes plus graves si on ne se rendait pas à leur juste volonté.

Dans une lettre datée du 10 août 1914, le Ministère me répondit que personne chez-eux n'avait autorisé l'examen du bois de la réserve de Wemontaching et qu'il n'entrait pas dans leurs intentions de demander aux Indiens de céder des droits de coupe sur cette réserve.

Malheureusement, les choses n'en restèrent pas là et la réalité allait être tout autre. Le 18 septembre 1914, le sous-ministre des Affaires indiennes, Duncan Scott, émettait des avis de soumission concernant l'achat des limites à bois de Wemontaching. Dès le début d'octobre, des bûcherons arrivèrent sur la réserve et, malgré la défense ou l'opposition des Indiens, ils se mirent à ouvrir des chemins dans le but de faire chantier. Les esprits s'échauffaient de part et d'autre.

Au coeur de ces événements, plus précisément le 15 octobre, je reçus une lettre d'Eugène Corbeil, curé de La Tuque, lettre qui m'irrita autant qu'elle m'informa sur toute cette affaire:

> «Cher Père Guinard, le département des Terres du Québec m'a demandé mon opinion au sujet du déplacement de la réserve des sauvages de Wemontaching. Je leur ai répondu que ce déménagement serait une bonne chose dans la mesure où je suis convaincu que le voisinage des Blancs est malsain pour ces pauvres sauvages. Or, comme les bûcherons

s'amèneront nombreux à Wemontaching, on ne peut qu'être d'accord avec le projet du Département de réinstaller les sauvages dans un endroit plus tranquille. Néanmoins, j'assortissais ma réponse positive d'un certain nombre de conditions. En premier lieu, j'insistai pour que la nouvelle réserve ait les mêmes dimensions que l'ancienne et que les sauvages et leur missionnaire choisissent eux-mêmes le nouveau site. Ensuite, je soulignai le devoir du gouvernement de reconstruire à ses frais de nouvelles maisons aux sauvages qui en possédaient déjà sur l'ancien site. Finalement, il ne saurait être question de déménagement si le gouvernement ne garantissait pas la construction d'une nouvelle chapelle. Je m'excuse de me mêler d'une affaire qui ne me regarde pas, mais je crois que je peux être utile. J'ai su que, sur vos instances, le gouvernement d'Ottawa s'est opposé à la vente de la réserve, mais j'estime que les nouvelles informations transmises dans ma lettre vous rassureront quant à l'éventuelle transaction. Faites-moi savoir si les conditions ci-haut vous conviennent et choisissez un nouveau site. Je me ferai un plaisir de négocier l'affaire avec le gouvernement du Québec.

Bien à vous,

Eugène Corbeil,

curé de La Tuque.»

Les initiatives et la position du curé Corbeil m'indisposaient au plus haut point. Ce cher homme pensait-il vraiment que j'accepterais d'aller à l'encontre des intérêts des Indiens dans le seul but de remplir les coffres des marchands de bois? Je pressentais tout un jeu d'ententes et de tractations officieuses entre Ottawa, Québec et les marchands de bois dans le seul but d'enregistrer, chacun de son côté, des profits sur le dos des Indiens.

J'écrivis une autre lettre au ministère des Affaires indiennes: «Les choses ne s'arrangent pas à Wemontaching. Votre Ministère et ses courtois employés ne font pas belle figure dans cette affaire qui commence à sentir drôlement mauvais. Il est à craindre que la discussion qui s'élève et que je ne laisserai pas mourir tranchera la tête à un de vos

151

fonctionnaires sans lequel tout ce petit complot ne serait probablement pas possible. Au nom de la paix, de la justice et de la liberté, je demande expressément que le Ministère prenne parti pour les Indiens dans cette affaire, particulièrement à une époque où ceux-ci éprouvent beaucoup de difficultés à vendre leurs fourrures depuis que la Compagnie de la baie d'Hudson, probablement touchée par la guerre en Europe, se refuse à les acheter ou en offre un prix dérisoire, ce qui revient au même. Il est du devoir du Ministère de protéger la forêt des Indiens et de s'opposer aux oppresseurs qui agissent au grand jour. Faut-il vous rappeler que le ministère des Affaires indiennes n'existerait pas sans les Indiens eux-mêmes? J'attends votre réponse par le retour du courrier, en espérant à ce moment-là pouvoir annoncer aux Indiens qu'ils sont encore les propriétaires de la réserve.»

Le Ministère ne répondit pas à ma lettre. Deux semaines plus tard, C. Parker, inspecteur du Ministère, fit son entrée sur la réserve. Il tremblait de peur. Sa mission consistait à confirmer à tous que la réserve ne serait jamais vendue sans le consentement des Indiens et que des directives interdisaient aux entrepreneurs forestiers de couper du bois à l'intérieur de ses limites. Son intervention calma les appréhensions des Indiens; la situation redevint normale.

Quelques années plus tard, les fonctionnaires revinrent, cette fois pour convaincre les Indiens qu'ils avaient tout à gagner à vendre le bois de leur réserve. Non abattus, ces gros arbres ne servaient à rien. La forêt risquait de brûler en pure perte comme la chose s'était produite en plusieurs endroits bien connus des Indiens. Les fonctionnaires insistaient pour démontrer que ce bois représentait une richesse inutilisée si les Indiens n'acceptaient pas de le faire couper. Ils disaient en outre que les Indiens n'avaient pas les moyens de couper et de charrier eux-mêmes le bois et qu'ils devaient en donner la permission à des entrepreneurs en retour de certaines compensations monétaires. Ainsi, les Indiens eux-mêmes retireraient finalement du profit de tout ce bois dont la quantité dépassait de beaucoup les besoins des gens d'ici. En guise de dernier argument, les émissaires d'Ottawa soulignèrent la richesse et la multitude des jeunes pousses, concluant que la forêt repousserait rapidement.

Les Indiens fléchirent et se laissèrent convaincre. Ils accordèrent pour dix ans des droits de coupe pour le pin, le sapin et l'épinette. En retour, ils recevraient dix dollars par tête annuellement. Pour le meilleur et pour le pire, les Indiens se voyaient garantir cette somme pour une période indéfinie.

La Laurentide Pulp Co. acheta le bois de la réserve et s'installa dans le magasin abandonné par la Compagnie de la baie d'Hudson. Aujourd'hui, de ce vieux poste où la Compagnie de la baie d'Hudson fit fortune, il ne reste plus rien, sinon une immense terre à bois qui appartient toujours à la compagnie et dont les arbres sont encore debout. Cette terre touche aux limites exploitées de la réserve des Têtes-de-Boule de Wemontaching. [28]

(27) Ce conflit du bois à Wemontachingue n'est pas unique dans la petite histoire de l'administration des Affaires Indiennes. Au début du XXe siècle, à peu près toutes les réserves indiennes qui se trouvaient dans des régions accessibles et où la valeur commerciale du bois était reconnue, furent confrontées à ce problème. En général, le ministère des Affaires indiennes favorisait la coupe du bois à l'intérieur des réserves indiennes; lorsque les Indiens eux-mêmes étaient jugés inaptes à le faire, on n'hésitait pas à faire appel aux entrepreneurs privés, ce qui était à peu près toujours le cas. Ces derniers travaillaient d'ailleurs activement pour faire valoir leurs intérêts auprès des fonctionnaires. C'est un sujet qui mériterait d'être sérieusement étudié dans la mesure où ce phénomène de mise en valeur du bois dans les réserves fait partie de l'histoire de beaucoup de villages indiens au Canada et qu'il est la manifestation concrète du paternalisme économique du ministère des Affaires indiennes vis-à-vis de ses administrés. Dans ce cas-ci, en l'occurence, il serait intéressant de retrouver les éléments qui mettent ensemble le clergé, les entrepreneurs et les deux nivaux de gouvernement dans une entreprise commune: la mise en valeur d'une ressource qui se perdra si on la laisse exclusivement aux mains des Indiens.

CHAPITRE IV

LES MISSIONS
DU HAUT-SAINT-MAURICE

(1905-1940)

Obedjwan et le barrage La Loutre

Le 7 mai 1914, je reçus une lettre de monseigneur Latulipe m'autorisant à construire une nouvelle chapelle à Obedjwan, à rebâtir la chapelle démolie de Waswanipi, à leur adjoindre des sacristies et finalement à choisir un emplacement pour le cimetière d'Obedjwan.

La Compagnie de la baie d'Hudson abandonnait son poste à Kikendash dès 1911 pour le reconstruire à Obedjwan, se rapprochant ainsi à quarante-cinq milles du chemin de fer. Ce nouvel emplacement facilitait le transport des marchandises qui s'effectuait entre Oskalanéo sur le chemin de fer et Obedjwan. Le transport se faisait par la rivière Oskalanéo que les Indiens appellent Wikwashkéga, la fin du marécage.

Le premier commis de ce poste fut Charles McKenzie, un homme apprécié de tous. Son père dirigeait les bureaux de la compagnie à Montréal et sa mère était indienne. Ce jeune métis éduqué à l'université d'Ottawa avait voyagé jusqu'en Ungava avec le père Lacasse. Les Indiens l'aimaient beaucoup. Il périt tragiquement en se noyant en hiver avec ses chiens dans la région d'Oskalanéo.

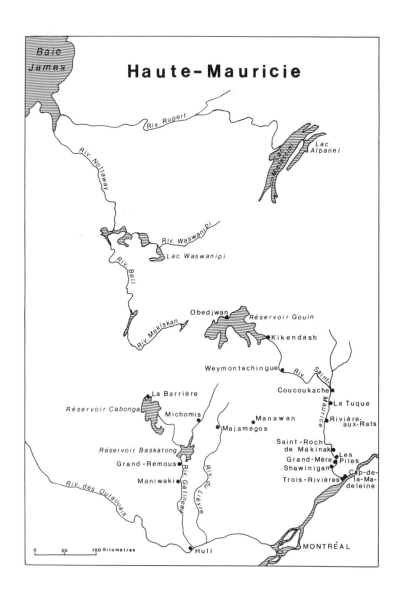

Haute-Mauricie

Baie James

Riv. Rupert

Lac Albanel

Riv. Nottaway

Riv. Bell

Riv. Waswanipi

Lac Waswanipi

Riv. Mekiskan

Obedjwan

Réservoir Gouin

Kikendash

Weymontachingue

Riv. Saint-Maurice

Coucoukache

La Barrière

Réservoir Cabonga

Michomis

La Tuque

Manawan

Rivière-aux-Rats

Majamegos

Réservoir Baskatong

Saint-Roch de Mékinak

Grand-Remous

Les Piles

Grand-Mère

Shawinigan

Trois-Rivières

Cap-de-la-Madeleine

Maniwaki

Riv. Gatineau

Riv. du Lièvre

Riv. des Outaouais

0   50   100 Kilomètres

Hull

MONTRÉAL

Un millionnaire de Montréal dont j'ignorerai toujours le nom défraya le coût du transport des matériaux et de la construction de la chapelle d'Obedjwan. Les Oblats me prêtèrent les services du fidèle frère Lapointe, mon vieux compagnon de la Baie-James, qui, une fois de plus, fit un travail magnifique. Les Indiens l'aidèrent beaucoup. Pendant la construction de la chapelle, nous reçûmes la visite de l'abbé John M. Cooper, professeur d'ethnologie à l'université de Washington [1]. Il connaissait le père Polimon, ancien professeur au Scolasticat Saint-Joseph à Ottawa. La construction fut complétée le 5 novembre 1916. La chapelle était fort jolie. Elle se dressait à droite en montant la rivière Saint-Maurice, en face du poste de la Compagnie de la baie d'Hudson dont elle était séparée par le détroit d'Obedjwan. On la voyait de loin sur les lacs, surtout à cause de son toit de tôle qui reflétait le soleil.

Les débuts de ce nouveau petit village indien furent difficiles. Un incendie de forêt menaça de tout détruire dès la première année. Cela vint si près que les Indiens durent placer leurs canots tout autour des bâtiments et les remplir d'eau afin de contrer le feu qui courait sur le sol. Puis vint la maladie. Une épidémie de grippe et une autre de rougeole se déclarèrent. À cette occasion, mes pauvres Indiens d'Obedjwan furent bien mal soignés. Un mauvais médecin, ne se préoccupant guère du bien-être de ce qu'il croyait être de misérables gens, fut mandé sur les lieux par le gouvernement et n'y fit pas beaucoup. Venant de La Tuque, il ne pensait qu'à y retourner au plus tôt, laissant les Indiens à leurs maux, ne les examinant que du coin de l'oeil et à la hâte, laissant finalement derrière lui des boîtes de pilules sans donner une seule information quant à l'usage de ces médicaments. D'ailleurs, la chose se reproduisit deux mois plus tard alors que nous reçûmes plusieurs grosses bouteilles de médicaments sans aucune indication sur la provenance, la nature, la qualité ou tout simplement sur la façon de s'en servir. Pourtant, l'épidémie, elle, ne jouait pas. Elle fit douze morts en

(1) J.M. Cooper publia quelques articles sur les Têtes-de-Boule: Cooper, J.M. *The Obedjwan Band of the Têtes de Boule,* dans *Anthropos,* vol. 21, 1926, p. 616-617. – *Tête de Boule Cree,* dans *Int. Journal of American Linguistic,* vol. II, 1945, p. 36-44.

deux mois. Apprenant cette nouvelle, je me rendis rapidement sur place pour y faire quoi – je ne sais pas exactement – mais certainement pour y faire tout mon possible pour enrayer le mal et assister les affligés. J'ose croire que mon intervention et mes prières les aidèrent. Je me souviens de cette triste arrivée à Obedjwan où, sous une pluie d'automne, seul le chef m'accueillit sur le rivage. Tous se terraient dans les tentes et attendaient que le mal se passe en espérant qu'il ne fauche pas trop de vies humaines. Les chiens hurlaient lugubrement comme c'est leur habitude quand ils pressentent la mort. Je n'oublierai jamais ces funestes instants.

La belle petite chapelle d'Obedjwan ne servit pas longtemps. La montée des eaux causée par la construction du barrage La Loutre l'inonda, même si elle se trouvait à plus de quatre-vingt milles du barrage lui-même. Le niveau de l'eau s'éleva de dix-sept pieds, ce qui suffit amplement à rendre le village indien inhabitable et la chapelle inutilisable.

Le barrage La Loutre

C'est à l'automne de 1914 que commencèrent les travaux préliminaires à la construction du barrage La Loutre. Comme dans le cas des barrages sur la rivière Manowan, nous avons pris connaissance des projets de la Commission des eaux courantes du Québec lorsqu'un jour, en revenant en canot d'Obedjwan, nous vîmes un gros regroupement de tentes et de bâtiments temporaires en un endroit où jusque là il n'y avait jamais eu qu'arbres et rapides, paix et solitude. Les travailleurs et les experts s'étaient installés près du rapide La Loutre, sur le côté sud du lac Kotchitchiwastan, à l'endroit précis où allait être érigé le barrage Gouin, dit La Loutre.

Les hommes sondaient le roc et perçaient les montagnes afin d'en retirer des échantillons qui se présentaient sous forme de longs bâtons de pierre gros comme le poing. Pour ce faire, ils utilisaient une perforeuse à pointe de diamant. Chaque échantillon était rangé sur des étagères et étiqueté selon sa provenance et sa profondeur. Ces opérations préliminaires permettaient aux experts de garantir la solidité des assises naturelles du futur barrage. M'informant de mon mieux sur ces entreprises auxquelles je ne connaissais rien, j'en revins finalement à l'univers de mes compétences en donnant la mission dans ce chantier brusquement surgi en pleine nature. Le commis qui m'avait si chaleureusement accueilli sur le chantier se noya le soir même dans les rapides.

En 1915, la Fraser Brace Company entreprenait la construction du barrage. La Compagnie de la baie d'Hudson s'objecta à ce que la Fraser Brace installe le centre de ses opérations sur ses terrains de Wemontaching, ce qui obligea la Fraser à s'installer de l'autre côté de la rivière, dans un endroit défavorable auquel on allait donner le nom de Sanmaur, contraction du nom Saint-Maurice.

Cet endroit ne convenait pas à la Fraser Brace dans la mesure où, à partir de ce point, un rapide plat interdisait tout transport de matériel par la rivière. La compagnie entreprit donc de construire un barrage temporaire qui devait élever le niveau de l'eau et permettre de faire flotter le matériel sans qu'il ne soit, à coup sûr, entraîné dans les rapides. La construction de ce barrage temporaire se fit en même temps que l'installation du camp. On vit surgir un quai, des hangars, un petit tronçon de chemin de fer qui allait de la voie principale au bord de l'eau. Des ouvriers construisaient des bateaux et des chalands. D'autres encore érigeaient une maison qui devait abriter les techniciens durant les travaux. Sanmaur naquit ainsi des activités d'une compagnie établie provisoirement dans la région pour construire le barrage Gouin.

Dès que le premier bateau fut achevé, on lui fit remonter la rivière sur une distance de trente milles, jusqu'à un point de transbordement où, à travers la forêt, on prévoyait construire un chemin de fer d'une longueur de vingt milles afin de rejoindre directement l'emplacement du futur barrage.

L'été 1915 fut donc consacré à des travaux préparatoires établissant l'accès à l'emplacement de la construction et organisant l'éventuel transport d'une quantité et d'une variété incroyable de matériaux à partir de Sanmaur. Tout se faisait nerveusement; les ouvriers et les contremaîtres travaillaient sous pression. On les aurait dit atteints d'une fièvre qui ne leur laissait aucun répit. Bien sûr, ils travaillaient le dimanche! Bruyère, le vieux télégraphiste de la gare de Sanmaur fut rapidement débordé par les demandes de la Fraser Brace qui envoyait pour mille dollars de messages par mois. Il fut insulté et ridiculisé parce qu'il était dépassé par la rapidité des événements. Je l'ai retrouvé affaissé, découragé. C'est toujours triste de voir un vieux pleurer surtout lorsqu'il croit que son âge ne lui permet plus de suivre le nouveau rythme. En réalité, son âge n'avait rien à voir avec tout cela. C'est le projet du barrage et les échéances de la construction qui étaient inhumains. Je cite le cas de Bruyère pour montrer comment rien de ce qui existe déjà dans un endroit paisible n'est respecté par ces entreprises disproportionnées.

La première grue géante que l'on fit flotter sur la rivière chavira au début de son voyage de trente milles. Il fallut des scaphandriers et une éternité pour dégager cette grue renversée dans les rapides. Ces erreurs spectaculaires contribuaient à surexciter tout le monde et poussaient encore plus les hommes à s'engager dans ce tourbillon colossal qui finissait par faire croire à tous que le barrage importait plus que tout au monde.

Le transport à l'emplacement de la construction de tout le matériel nécessaire prit un temps considérable. Sur la rivière, nous voyions défiler des concasseurs, des compresseurs, des mélangeurs, des moteurs de toutes sortes, des tours, des chaînes d'une longueur qui défie l'entendement, des caissons, du bois, du fer, du ciment, etc. La coulée du béton débuta au printemps de 1916 et le barrage fut complété le 5 décembre 1917.

Nul doute que l'oeuvre impressionne; le barrage Gouin est très beau. Dans la région, le niveau de l'eau s'éleva considérablement; on a parlé d'une montée de dix-sept pieds, et le barrage créa un lac artificiel long de cent vingt-cinq milles. Les ingénieurs prétendaient qu'une montée supplémentaire de deux pieds du niveau de l'eau aurait provoqué le déversement des eaux de la Mauricie dans le bassin de la Baie-James par la rivière Nottaway et la rivière Mekiskan.

D'immenses terrains boisés furent inondés. Le fond du nouveau lac est ponté d'arbres brisés et, à plusieurs endroits, l'eau ne fait que recouvrir la cime des arbres. Les voyages en canot y sont donc extrêmement périlleux dans la mesure où l'on risque à tout instant de se faire empaler ou renverser par les branches pointues qui affleurent à la surface de l'eau. Les compagnies forestières utilisèrent longtemps des bateaux d'acier sur ce lac afin de contrer ces dangers.

Durant les quelques années qui suivirent l'inondation, les rives du lac restèrent inabordables, troncs d'arbres et racines flottantes interdisant tout accès. C'était partout une masse compacte de bois flottant qui se balançait au gré des vagues. Cette masse n'avait pas la régularité ou la symétrie d'une masse de billots, elle se composait plutôt d'arbres avec leurs branches et leurs racines. Le spectacle était désolant. Plus désolante encore était la vision de ces épinettes à demi submergées, au bois sec et blanchi, à l'écorce pendante et aux branches qui, tournées vers le ciel, semblaient crier pitié et implorer un soulagement à leur détresse. Dans ces champs de bois pourris, dans cet enchevêtrement flottant, un commis de la Compagnie de la baie d'Hudson, Mowat, se noya avec sa femme, ses deux enfants et leur servante.

Pendant longtemps, l'eau fut mauvaise en raison de toute cette pourriture. Une mousse verte flottait à la surface, des millions d'animalcules l'infestaient. Les Indiens notèrent que les poissons ne pondaient plus leurs oeufs, faute de trouver des endroits propices pour le faire. Évidemment, le lac artificiel fit mourir des milliers d'animaux sauvages. Ceux qui en souffrirent le plus furent sûrement les castors et les rats musqués directement atteints par la fluctuation du niveau des eaux.

La Commission des eaux courantes du Québec n'est pas une organisation avec laquelle il est facile de faire affaire. Que de lettres me fallut-il écrire, que de voyages et que de plaidoiries pour faire bouger cette machine monstrueuse! Elle mit autant de nonchalance et de lenteur à régler les dommages causés par les inondations qu'elle avait mis d'empressement à construire le barrage. En vérité, aucun règlement ne serait survenu n'eût-été des efforts constants de la part de ceux qui se considéraient lésés dans cette affaire.

Le 25 mai 1920, le R. P. Guillaume Charlebois, o.m.i., provincial, m'écrivait ces lignes: «En vertu d'une autorisation reçue de Sa Grandeur monseigneur Latulipe, je vous délègue en tant que mon représentant pour régler avec la Commission des eaux courantes de la Province de Québec les affaires de la mission d'Obedjwan.» Cette autorisation me permit de voyager et de rencontrer les fonctionnaires de la Commission dans leurs bureaux à Montréal. Au début de mes démarches, j'étais loin de me douter de tout ce qui m'attendait et j'ignorais à quel point je partais de loin. À Montréal, j'effrayais les secrétaires qui me prenaient pour un missionnaire sauvage. Après quelques visites, les craintes s'estompèrent et elles allèrent jusqu'à me confier leur admiration devant le fait que je parlais si bien la langue française ainsi que leur étonnement de me voir le teint aussi pâle. Je suscitais de l'indifférence et de l'agacement chez les ingénieurs tandis que chez les petits employés, c'était surtout la crainte et la curiosité qui dominaient.

À l'automne de 1920, les délégués de la Commission vinrent à Obedjwan et s'engagèrent vis-à-vis des Indiens et moi-même à tout reconstruire le village inondé, dès l'été suivant. Durant l'assemblée, le chef Gabriel Awashish tint ces propos: «Nos terrains de chasse sont, pour la plupart, au fond de ce nouveau lac. Que va-t-il nous advenir? Comment arranger une chose pareille?» Olivier Lefebvre, l'ingénieur en chef, répondit: «Ce ne sont pas les terrains qui manquent par ici. Tout n'est que forêt. Prenez les terrains qui vous conviennent!»

C'était, on s'en doute bien, des paroles en l'air. Les Indiens obtinrent une réserve pour la chasse vingt-quatre ans plus tard. Quant à la promesse de reconstruire, rien ne fut fait en 1921. La Commission alla même jusqu'à se désengager par rapport à cette réunion tenue en 1920 à Obedjwan. Nos véritables difficultés commençaient avec elle. En 1921, j'écrivais à Montréal: «Il est grand temps que vous reconstruisiez la chapelle d'Objedjwan devenue inutilisable suite à la construction du barrage La Loutre sur la rivière Saint-Maurice. Vous accusez déjà un an de retard sur vos engagements. Je demande donc à la Commission que ladite chapelle soit reconstruite à l'endroit déterminé, et cela dès l'année prochaine. Les travaux devraient débuter dans la troisième semaine de juillet et se terminer au plus tard au mois de décembre 1922. J'exige que la nouvelle chapelle soit comparable à l'ancienne quant à ses dimensions, sa solidité et ses qualités. De plus, je réclame la somme de cinq cents dollars pour mon trouble, pour le défrichement et l'emplacement de la nouvelle chapelle, pour le défrichement et l'emplacement de l'ancien et du nouveau cimetière, pour les deux clôtures et les deux croix de ces cimetières et, enfin, pour payer les frais de voyage que m'occasionne cette affaire. Le paiement de la dite somme devra s'effectuer au plus tard au mois de décembre 1922. Je ne crois pas abuser car, si j'étais mesquin, j'obligerais la Commission à fouiller le vieux cimetière et à effectuer elle-même tous les menus travaux causés par ce déménagement de la chapelle et du village. S'il vous fallait tout faire, comme on serait en droit de l'exiger, et si vous n'aviez pas la collaboration bénévole de la population, vos déboursés monétaires seraient considérables si on s'avisait de les comparer avec le montant que je demande dans cette lettre.»

La Commission me répondit qu'elle se rendait à mes demandes les jugeant justes et raisonnables. Cependant, une fois de plus, on m'abusait. Trois années s'écoulèrent sans que rien ne se passe. Le 9 mai 1924, j'écrivais au premier ministre de la Province de Québec, L.-A. Taschereau: «Honorable Monsieur, vers la mi-juillet de l'année 1920, je rencontrais à Obedjwan l'ingénieur en chef de la Commission des eaux courantes du Québec, M. Olivier Lefebvre, accompagné de M. L.-A. Mathis et de M. Barsalou, si ma mémoire est bonne. Cet ingénieur se trouvait à Obedjwan pour signer avec les Indiens une entente leur garantissant la reconstruction, aux frais de la Commission, de leur village inondé par les eaux du barrage La Loutre. Ceci fut fait à la suite d'une assemblée réunissant tous les Indiens. Or, depuis, rien ne s'est passé. Le 23 mai 1921, je revoyais, à Hull, l'ingénieur en chef de la Commission et nos discussions portèrent sur la reconstruction de la chapelle d'Obedjwan. Au cours d'une autre réunion tenue un an plus tard à Montréal, soit le 25 mai 1922, j'exposais une fois de plus ma demande au président de la Commission en présence de son ingénieur en chef. Les choses ne bougèrent point pour autant. Obstiné, j'écrivis une autre lettre de protestation à la Commission. Dans une réponse datée du 19 juillet 1922, l'ingénieur en chef m'informait que la Commission était fermement résolue à construire la chapelle dans les plus brefs délais, m'enjoignant de choisir un site au plus tôt, faute de quoi la dite Commission, lasse d'attendre, ne construirait plus la chapelle. Je n'en croyais pas mes yeux! Pourtant, monsieur le premier ministre, ma demande ne relevait pas du caprice comme c'est souvent le cas dans ce genre d'entreprise. En 1922, la construction d'une nouvelle chapelle s'avérait absolument nécessaire et revêtait un caractère d'urgence qu'aucune personne informée n'aurait pu mettre en doute.

«Faute d'une nouvelle chapelle, nous nous réunissions dans l'ancienne maintenant sise dans un marais insalubre, rongée par la pourriture et l'humidité. Si, en 1922, j'étais si insistant auprès de la Commission, c'est que je déplorais justement de nombreux cas de maladie, j'en fus moi-même victime, imputables à l'endroit malsain où je donnais la mission.

«Cet été-là, il me fallut éloigner les Indiens de l'ancienne chapelle, leur recommandant de dresser leurs tentes

164

sur le site du nouveau village qui, comme la nouvelle chapelle, n'existait toujours pas. Voilà deux ans maintenant que les Indiens ne reviennent plus de leurs terrains de chasse pour assister à la mission d'hiver, puisqu'il n'y a plus au village une seule maison habitable et qu'ils ne jugent pas opportun de déplacer leurs tentes pour venir les dresser ici pendant quelques jours. Ils viendraient si, comme autrefois, il se trouvait de bonnes maisons pour les abriter. L'année dernière, la nouvelle chapelle fut finalement construite, mais l'ouvrage est totalement inacceptable. Il faut refaire le toit, les puits ne sont toujours pas creusés, rien n'est fait correctement. Je parle surtout de la chapelle, mais les choses sont encore pires si l'on considère les pertes subies par les Indiens qui ne peuvent plus chasser sur les riches terrains inondés par le barrage. L'année dernière, j'effectuais un autre voyage à Montréal où l'ingénieur en chef me reçut fort mal. Le président de la Commission ne répond plus à mes lettres. Vous voyez bien, Honorable Premier, que c'est un homme patient qui vous écrit. Les Indiens et moi-même avons trop attendu. Pour obtenir justice, nous sommes prêts à agir. Puisque c'est mon mandat, j'exige que la chapelle soit reconstruite adéquatement avant le 20 juin 1924. Si tout ce qui fut perdu par la Corporation épiscopale d'Haileybury, à Obedjwan, n'est pas restitué avant le 20 août 1924, je me fais fort de dévoiler dans les journaux les agissements de la Commission à Obedjwan. Je ne voulais rien faire sans vous écrire et vous informer. C'est avec peine que je me vois dans l'obligation d'en venir aux extrêmes. Sans vouloir nuire à personne, il est inacceptable de se faire traiter de la sorte; les Indiens et moi-même, ne souffrirons plus de l'arrogance de la Commission. J'espère que votre sagesse contribuera à arranger les choses. En attendant une réponse satisfaisante de votre part, votre tout dévoué, Jos-É. Guinard, prêtre, o.m.i.»

Sept jours plus tard, je recevais une réponse du premier ministre:

«Révérend Père J.-É. Guinard, o.m.i.,

Je reçois votre lettre en date du 9 courant au sujet de la

chapelle d'Obedjwan. Je vous remercie d'avoir attiré mon attention sur cet état de choses dont vous avez certainement raison de vous plaindre. J'écris aujourd'hui même au président de la Commission des eaux courantes du Québec pour le prier de voir à ce que les travaux convenus à la chapelle soient exécutés immédiatement. Je vous écrirai de nouveau dans quelques jours, dès que j'aurai reçu une réponse du Président de la Commission.

Sincèrement vôtre,

L.-A. Taschereau.»

Il tint parole puisque, le 31 mai 1924 je recevais une seconde lettre de lui:

«Je vous envoie ci-inclus une copie de la lettre que m'adresse L.-A. Tessier, président de la Commission, qui, je l'espère, vous donnera satisfaction. La Commission est bien disposée à faire son possible, mais vous verrez dans la lettre du président que quelques objections ont retardé les travaux jusqu'à maintenant.

Sincèrement vôtre,

L.-A. Taschereau.»

Pour compléter le tableau, voici donc cette lettre écrite par le président de la Commission au premier ministre au sujet d'Obedjwan:

«Trois-Rivières, 19 mai 1924.

Monsieur le premier ministre,

J'ai l'honneur d'accuser réception de votre lettre datée du 15 mai 1924, ainsi qu'une copie de la lettre qui vous a été adressée par le Révérend Père Guinard, o.m.i., concernant les travaux de la mission des Indiens à Obedjwan. Je regrette que malgré les efforts faits par la Commission pour donner satisfaction au Révérend Monsieur Guinard, elle n'a pas pu y réussir. La Commission s'était engagée à transporter la mission indienne de l'endroit où elle se trouvait anciennement jusque sur un nouveau site plus approprié, ce qui représente une distance de cinquante milles. Elle devait, de plus, construire une église et des maisons ayant au moins la même valeur que celles possédées par les Indiens sur l'ancien site de la mission. Nous avons payé les frais de transport, nous avons fait reconstruire une église et des maisons qui ont dix fois la valeur des anciennes cabanes que les Indiens habitaient auparavant. La seule plainte que je crois fondée concerne la toiture de l'église dont les tôles furent mal soudées par l'ouvrier. Le Révérend Monsieur Guinard se plaint de la lenteur avec laquelle les travaux furent exécutés, mais il oublie de vous dire que la mission d'Obedjwan se trouve à environ cent vingt-cinq milles de la gare de chemin de fer de Manowan et que cette distance doit être franchie en canot. Il nous fut donc difficile d'expédier en ce lieu des hommes compétents et des matériaux. Des mesures ont été prises par la Commission pour que les réparations à la toiture soient exécutées avant la date mentionnée par le Révérend Monsieur Guinard. Je prépare un rapport de tout ce qui a été fait au sujet des travaux en question et je vous le remettrai ces jours-ci.

J.-A. Tessier.»

Cet homme mentait effrontément à plus d'un égard. D'abord le nouvel emplacement se trouvait à deux milles de l'ancien et non pas à cinquante. Ensuite, et ceci est encore plus grave, il y avait entre Manowan et Obedjwan six bateaux de transport, en activité sans mentionner le chemin de fer de vingt milles. Ou bien monsieur Tessier ne savait pas ce dont il parlait ou encore mentait-il par intérêt lorsqu'il inventait l'histoire du transport par canot. De toute façon, sa tentative de disculper la Commission s'avérait grossière. Je soutiens, pour ma part, que la Commission agissait ainsi par pure mesquinerie. Tout était fait pour compliquer une entreprise par ailleurs fort simple. Tout se passait comme si l'on voulait nous faire payer pour avoir revendiqué le juste règlement des dommages. La Commission nous prenait pour des sauvages et croyait s'en tirer à bon compte. Le comble de toute cette affaire, ce fut que, lorsqu'il devint évident que la Commission ne réussissait pas à nous envoyer un ouvrier compétent pour finir la chapelle, j'eus recours une fois de plus au frère Lapointe qui, au frais de la Commission, reconstruisit en moins de deux la seconde chapelle d'Obedjwan.

Si les choses furent difficiles en ce qui concerne la chapelle, imaginez les problèmes des Indiens lorsqu'ils voulurent faire respecter leurs droits. Personne ne prenant leurs intérêts, je fus placé dans la situation où il me fallut agir en leur nom auprès de la Commission. Un an après l'entente signée à Obedjwan, rien n'étant fait, j'écrivis au ministère des Affaires indiennes la lettre suivante: «Monsieur le Ministre, vous savez sans doute que nos maisons bâties sur la réserve d'Obedjwan furent détruites par le barrage La Loutre sur la rivière Saint-Maurice. L'an dernier, une entente est intervenue entre nous et la Commission des eaux courantes du Québec établissant que la dite Commission fournirait, à titre de dédommagement, les matériaux nécessaires à la reconstruction de notre village ainsi qu'une somme d'argent pour que nous prenions le temps de tout reconstruire nous-mêmes. Aujourd'hui, monsieur le Ministre, nous vous demandons d'invalider ce genre de contrat pour les raisons suivantes: 1- le contrat est invalide dans la mesure où vous, notre tuteur, ne l'avez pas signé; 2- aucun notaire ne l'a validé; 3- nous n'avons pas de copie, puisque la Commission ne nous l'a jamais renvoyée comme c'était entendu lors de la signature; 4- la Commission n'en a jamais respecté les clauses en n'envoyant aucun matériel et aucun ouvrier à Obedjwan en 1921; 5- nous, les Indiens d'Obedjwan, considérons que, par rapport aux dédommagements consentis par la Commission à la Compagnie de la baie d'Hudson, il apparaît évident qu'on nous donne trop peu; 6- la Commission, parce que nous sommes des Indiens, ne veut pas donner beaucoup et nous trompe impunément; 7- nous demandons des maisons acceptables, avec des portes et des châssis, et non pas des cabanes misérables que la Commission n'oserait offrir à personne d'autres que des Indiens. Pour toutes ces raisons, monsieur le Ministre, et pour d'autres encore, nous vous demandons de briser ce contrat dans les plus brefs délais et nous réclamons qu'une nouvelle entente soit signée qui comporterait toutes les conditions nous garantissant une compensation avantageuse et juste. Nous, soussignés, demandons respectueusement que notre requête soit prise en considération.»

Le ministère envoya une copie de cette lettre à la Commission des eaux courantes du Québec qui rétorqua de la façon suivante dans une lettre envoyée à M. A. Delaird au poste d'Obedjwan de la Compagnie de la baie d'Hudson, le 22 novembre 1922:

«It is true that the material was supposed to be shipped early in the summer of 1921. This agreement was signed in July 1920 at Obedjwan and we proceeded immediatly to carry out our share. It was not possible to get the lumber before the late summer 1921 and the reconstruction was, on that account, delayed until the summer of 1922. We have shipped to Obedjwan a large amount of material. We have supplied the Indians with tools and have kept a number of men to help them out all summer. There is no question of stinginess on our part. We have done all we could to satisfy the Indians, and we believe we would have satisfied them if some outside party had not advised them that they should demand this and demand that. We claim that the buildings wich have been put in will give the Indians and their families a much better accomodation than what was provided for them before.» [2]

En réalité, peu de choses furent faites en 1922 et ce peu d'ouvrage ne fit qu'augmenter le mécontentement des Indiens. Le 7 janvier 1923, le chef de Wemontaching, Charles Pitchikwi, écrivait au ministère des Affaires indiennes:

(2) «Il est vrai que les matériaux devaient être expédiés au début de l'été 1921. L'entente à cet effet avait été signée en juillet 1920, à Obedjwan, et nous avons commencé sans tarder à nous acquitter de nos obligations. Le bois de charpente n'était pas disponible avant la fin de l'été de 1921 et la reconstruction a, de ce fait, été retardée jusqu'à l'été 1922. Nous avons expédié à Obedjwan une grande quantité de matériaux. Nous avons fourni aux Indiens des outils et un certain nombre d'hommes qui les ont aidés pendant tout l'été. Il n'y a pas eu de mesquinerie de notre part: nous avons fait tout ce que nous pouvions pour contenter les Indiens. Nous croyons d'ailleurs que ces derniers auraient été satisfaits de notre rôle si des personnes de l'extérieur ne les avaient encouragés à demander toujours plus. Nous sommes persuadés que les Indiens et leurs familles seront bien mieux logés dans ces nouvelles constructions que dans celles qu'ils possédaient auparavant.»

«The Obedjwan Indians are anxious to see Mr. Parker with regard to their houses being built by Quebec Streams Commission which are not fit to live in.» [3]

Les travaux de 1922 laissaient, en effet, présager que la Commission se débarrassait de ses obligations en bâtissant de quelconques abris avec des matériaux de qualité douteuse. Par exemple, les rouleaux de papier à toiture arrivèrent à Obedjwan complètement aplatis et inutilisables. La Commission s'offusqua fort d'avoir à renvoyer de nouveaux rouleaux, mais était-ce la faute des Indiens si les matériaux leur parvenaient complètement détériorés à cause de l'insouciance des transporteurs?

La Commission voyait dans tout cela un comportement capricieux de la part des Indiens:

«Nous prétendons toujours que les maisons que nous construisons aux sauvages sont bien supérieures sur les plans du confort et de l'hygiène à tout ce que les sauvages ont connu auparavant. Nous n'avons pas l'intention de nous plier à leurs caprices. S'il le faut, nous ferons appel au ministère des Affaires indiennes pour arbitrer ce litige.»

Pour ma part, agissant au nom des Indiens, je ne demandais pas mieux. La commission fit effectivement appel au Ministère qui délégua l'inspecteur Parker sur les lieux avec le mandat précis d'évaluer la qualité des maisons construites par la Commission. [4] Le rapport de Parker ne laissait pas de place à l'équivoque:

«If those houses are not fit for me, they are not fit for the Indians. The fact is that they are completely unacceptable for me.» [5]

(3) «*Les Indiens d'Obedjwan désirent vivement rencontrer M. Parker relativement aux maisons construites pour eux par la Commission des eaux courantes du Québec et qui sont inhabitables.*»

(4) Le Ministère comptait sur des fonctionnaires qui étaient en quelque sorte des spécialistes des questions litigieuses. Quelques années plus tard, en 1928 et en 1930. Le même inspecteur, Charles Parker, fera une importante reconnaissance dans les Territoires du Nord-Ouest afin de faire rapport au gouvernement sur la difficile situation des Athapascans. Fumeleau, René, 1973, *op. cit.*, p. 360-370.

(5) «*Si ces maisons ne me conviennent pas, elles ne conviennent pas non plus aux Indiens; en réalité, je juge ces maisons tout à fait inacceptables.*»

Devant ce verdict, la Commission dut se mettre au travail avec plus de sérieux. L'ingénieur en chef, Olivier Lefebvre, prit en charge les opérations et les Indiens obtinrent finalement des maisons décentes en 1925.

Ils les construisirent d'ailleurs eux-mêmes et reçurent chacun cent vingt dollars pour leur peine. Des ouvriers blancs agissaient un peu comme des instructeurs, fournissant des outils et des conseils. À la tête de ceux-là, Arthur Chouinard de La Tuque s'avérait un ouvrier de grand talent. En guise de touche finale, tous peinturèrent leur maison en gris puisque c'était là la seule couleur disponible. Les Indiens se montrèrent satisfaits de ces nouvelles maisons et la Commission elle-même ne garda pas rancune aux Indiens, même si la mésentente avait duré cinq ans. On estime que le déplacement du village d'Obedjwan coûta vingt mille dollars à la Commission des eaux courantes du Québec.

Sanmaur et la Brown Corporation

La construction du barrage s'achevait à peine que la Brown Corporation[6] s'établissait à Sanmaur et entreprenait dans la région une vaste opération d'exploitation forestière. La Brown acheta les bateaux et les tronçons de chemin de fer qui avaient servi au transport des matériaux pour le barrage La Loutre. La Commission des eaux courantes du Québec construisit une grande maison pour loger les personnes qui travailleraient aux trois barrages sur la rivière Manowan et au barrage La Loutre. Finalement, la Saint-Maurice Forest Association installa un camp pour ses gardes-forestiers. Sanmaur devenait rapidement un petit centre très vivant.

Tous les bûcherons de la Brown passaient par Sanmaur en montant ou en descendant des chantiers. Avant Noël, ils se retrouvaient plus d'un millier à attendre le train pour retourner chez eux. Une telle concentration de rustauds est un

(6) La Brown deviendra plus tard la Canadian International Paper (CIP).

phénomène impressionnant. Mille hommes, mille sacs de linge sale, mille blasphémateurs prenaient le train. Je n'aurais recommandé à personne de les accompagner tant ces hommes étaient rudes. En général, cependant, les choses se passaient bien si la troupe ne se saoûlait pas trop tôt.

Beaucoup d'hommes restaient toujours à Sanmaur et travaillaient au transport des provisions de foin, d'avoine et de nourriture que la Brown envoyait aux chantiers. Ces nombreux travailleurs de la Brown à Sanmaur traversaient tous les dimanches pour assister à la messe à Wemontaching. Les gardes-forestiers et les fonctionnaires de la Commission des eaux courantes faisaient la même chose, si bien que ma chapelle était devenue trop petite. Le nombre des Blancs dépassait presque celui des Indiens; j'avais en quelque sorte deux fois plus de fidèles que d'habitude. Ce n'était pas une situation temporaire puisqu'elle se maintint jusqu'en 1939, année de mon départ de Wemontaching. Les travailleurs blancs se comportaient comme des frères avec les Indiens et je dois dire que j'ai un très bon souvenir de ces dimanches d'été où une atmosphère de fête et de prière réunissait tout le monde à Wemontaching.

Après 1940, La Brown, ayant construit une route de Sanmaur au barrage Gouin, cessa d'utiliser les bateaux et le chemin de fer et approvisionna ses chantiers par camions. Cela mit fin à nos dimanches de fête et d'affluence puisque le groupe des travailleurs de Sanmaur disparut à cause de ces changements.

Sanmaur compte aujourd'hui une trentaine de familles. La vie continue, même si la fièvre des grandes entreprises est oubliée. Les changements rapides avaient bouleversé la région, créé de nouveaux villages, un immense lac artificel, ouvert irrémédiablement la Mauricie à l'influence du monde extérieur. En peu de temps, tout avait changé, des milliers d'hommes étaient venus, avaient passé et des milliers d'autres allaient continuer à le faire.

Certains ne faisaient que passer. Ce fut le cas des moissonneurs qui, en provenance des provinces Maritimes, voyageaient sur le train en direction des prairies de l'Ouest pour y faire la récolte du blé. Une fois de plus, nous devenions les innocentes victimes d'une autre bande de voyous dont les razzias terrorisaient les paisibles résidants et les commerçants établis le long du chemin de fer ou à proximité des gares. Il fallait bien que le train s'arrête aux gares, ne fût-ce que pour ravitailler la locomotive. Les moissonneurs profitaient de ces arrêts pour descendre du train et piller les commerçants, les menaçant souvent des pires violences et mettant parfois leurs menaces à exécution. Puisqu'aucune force policière ne contrôlait la situation, le passage annuel des moissonneurs devint un cauchemar pour tous jusqu'à ce que la Compagnie du chemin de fer prenne des mesures appropriées. En effet, selon les nouvelles directives, lors du transport des moissonneurs, seule la locomotive venait à la gare, les wagons étant laissés en plein bois à une distance raisonnable des agglomérations. Bien appliquée, cette stratégie permit de résoudre le problème.

J'ai déjà parlé des marchands de boissons enivrantes. Ceux-là ne faisaient pas que passer et il fallut plus d'une astuce pour en venir à bout. Ces gens s'installaient partout dans la forêt, surtout le long des nouveaux chemins, et centraient leurs activités autour des gares au moment où le train s'y trouvait. D'ailleurs, ils s'approvisionnaient en boisson principalement par le train, profitant de l'incompétence ou de l'insouciance des détectives que la Compagnie des chemins de fer engageait justement pour surveiller ce genre d'activités illicites.

Lorsqu'ils ne vendaient pas leur boisson, ces commerçants du diable vivaient au jour le jour, travaillant çà et là, ne résidant nulle part et se comportant comme des gueux et des déracinés, sans amis et sans foyer. Personne ne les connaissait vraiment et, surtout, personne ne pouvait dire ce qu'ils avaient dans la tête quant à leurs projets et leurs ambitions. Je crois bien qu'ils n'en avaient aucun et qu'ils vivaient sans but véritable. Pourtant, les conséquences de leur présence en Haute-Mauricie furent désastreuses. Le long du Transcontinental, entre La Tuque et Senneterre, la vie devenait de plus en plus insupportable en raison de l'ivresse publique qui touchait toutes les agglomérations. À Oskalanéo, il y eut une bagarre mémorable mettant aux prises des Blancs et des Indiens, et seul Dieu fit en sorte qu'il n'y eut aucun mort. Rien n'indiquait que la situation allait enfin se terminer. Bien au contraire, la misère et la violence s'amplifièrent de jour en jour et cela sans que personne dans le grand public ne se doute le moins du monde de la gravité du problème dans cette Haute-Mauricie restée largement inconnue malgré tous les changements survenus en quelques années.

J'écrivis une lettre au révérend père provincial dans laquelle je protestais vivement contre l'indifférence de tous vis-à-vis de la misère morale et physique qui détériorait gravement les conditions de vie des habitants de la Haute-Mauricie, et cela au moment où le gouvernement québécois et les compagnies privées retiraient des millions de dollars des forêts, des barrages et du chemin de fer. Je m'élevai violemment contre le fait que tous ignoraient l'existence des vrais habitants de la Mauricie ne retenant de celle-ci que ses richesses forestières, ses magnifiques barrages et son chemin de fer moderne. Je dénonçai la tolérance des compagnies qui se complaisaient à entretenir un système de sécurité complètement inefficace sur les trains et sur les chantiers. Nul ne se souciait du bien-être des gens dans notre région. Le gouvernement avait décidé d'ouvrir la Mauricie pour remplir ses coffres tout autant que pour la moderniser, mais peu lui importait le sort des misérables qui souffraient tous les jours et qui payaient cher le prix de tels changements. Étions-nous pour de bon dans les griffes des indésirables et des profiteurs? Que fallait-il faire pour retrouver la paix et la vie normale d'autrefois?

Dans ma lettre, je suggérai qu'une campagne de presse soit entreprise afin de faire éclater au grand jour le scandale de la misère en Haute-Mauricie. Le père provincial me répondit qu'il acquiescait de bon gré à ma demande et qu'il avait déjà confié au père Albert Lortie, ancien directeur du journal *Le Droit*, la responsabilité de faire connaître au grand public notre situation. Je dois dire que la campagne porta ses fruits, si l'on en juge par les opérations policières exécutées dans notre région durant les mois qui suivirent.

La justice porta un dur coup aux trafiquants poursuivis sans relâche par les policiers. Il y eut de nombreux procès, des sentences exemplaires et quantité de causes dont on parla beaucoup. Il devint extrêmement difficile de vendre illégalement de la boisson aux Indiens dans la mesure où ces derniers, contrairement à leurs habitudes, se mirent de la partie et dénoncèrent systématiquement les coupables. Des avions venaient à Wemontaching dans le seul but de ramener des Indiens pour témoigner dans les villes où se tenaient les procès. Je me souviens d'une vieille Indienne qui croyait fermement que son mari allait mourir dans ces machines volantes et me tenait responsable de la perte éventuelle de son époux. J'aurais voulu croire que j'étais effectivement le responsable de tout ce remue-ménage qui freinait les activités des hors-la-loi et qui poussait les Indiens à témoigner au loin contre des misérables qui les menaçaient ici. Dans le cas précis de l'Indienne, l'affaire faillit bien mal tourner puisque l'avion qui transportait son mari passa à un cheveu de s'écraser et c'est par miracle que le pilote évita la catastrophe.

Finalement, durant la première guerre mondiale, de nombreux étrangers vinrent se cacher dans les forêts de la Haute-Mauricie. Il s'agissait de vrais étrangers venus de Russie et d'Europe. Lorsque la guerre éclata, ces immigrés quittèrent les villes de Trois-rivières et Joliette où ils travaillaient, et se réfugièrent dans les bois en semblant fuir les plus grandes difficultés. J'ai bien connu quelques-uns de ces gens, mais je m'en suis toujours méfié. À Sanmaur il y avait les Kamlopp, Juifs venus de Russie, qui s'entretenaient en yiddish avec leurs amis de la région se trouvant dans la même position qu'eux. On racontait qu'ils fuyaient les horreurs de la guerre et qu'ils croyaient que le conflit allait s'étendre jusqu'en Amérique. De mon côté, je les ai toujours soupçonnés de faire de l'espionnage pour le compte des ennemis. Ils ne se parlaient vraiment qu'entre eux évitant de sortir ou de se mêler aux gens. Certains vécurent quatre ans en pleine forêt, refusant de voir qui que ce soit. Ils montrèrent peu d'enthousiasme à l'annonce de la victoire des alliés, mais ils en profitèrent plutôt pour déguerpir au plus vite et pour retrouver leur place dans les villes. À l'époque, le gouvernement du Québec faisait preuve d'un peu trop de tolérance envers les étrangers. Ne vit-on pas un de ces étrangers à la tête de notre police provinciale? [7]

Les premières écoles en 1924

Avant l'implantation des premières écoles, les Indiens connaissaient déjà une forme d'écriture qui leur était propre. Ils écrivaient des messages sur des morceaux d'écorce de bouleau et s'arrangeaient pour que ceux-ci soient bien visibles à l'entrée des portages. D'ailleurs, les arpenteurs firent longtemps la même chose. Il reste que peu de Blancs, sinon aucun, pouvait déchiffrer leurs hiéroglyphes. J'éprouvais moi-même les plus grandes difficultés à saisir le sens de ces messages écrits bien que je parlais couramment la langue indienne. Peut-être faudrait-il souligner que la plupart de ces messages étaient rédigés à la hâte et sans aucun soin. [8]

(7) Le dernier paragraphe nous renvoie à des événements qui sont fort mal connus. Durant la première guerre mondiale, certains immigrants, les Hongrois et les Autrichiens en particulier, se virent conférer l'étiquette «d'ennemis intérieurs». Le gouvernement canadien, à l'instar du gouvernement américain, prit des mesures contre les «étrangers» pendant la guerre. Guinard semble ignorer qu'entre 1914 et 1918, un camp de prisonniers existait en Abitibi, au lac de l'Esprit, qui regroupait principalement des immigrants. Ces derniers contribuèrent au défrichement de la région d'Amos. Il semble que des événements semblables se soient produits en Ontario et, surtout, en Colombie-Britannique où, durant la guerre de 1939-1945, les Japonais de l'ouest du Canada furent victimes des mêmes procédés. Il n'est donc pas surprenant de voir ces «étrangers» se réfugier dans les bois à un moment où le gouvernement canadien leur demandait d'aller dans des camps. De plus, comme le dit Guinard, ces gens ne pouvaient présumer de l'issue du conflit et craignaient de se voir accuser de collaboration par tous les partis en cause.

Quant à «l'étranger» à la tête de la police provinciale, il s'agit d'Alexander McCarthy qui en fut directeur de 1902 à 1920.

176

Pour une raison ou pour une autre, les missionnaires se préoccupèrent peu de montrer aux Indiens comment écrire, mais ils se concentrèrent plutôt sur l'enseignement de la lecture. Il en fut ainsi jusqu'à l'apparition des vraies écoles.

C'est le père Étienne Blanchin, missionnaire à Pointe-Bleue, qui me suggéra d'établir des écoles dans les missions que je desservais. Je résolus de le faire en m'éloignant cependant des voies traditionnelles, m'efforçant de convaincre le ministère des Affaires indiennes que le meilleur moyen pour instruire les petits Indiens consistait à leur faire la classe durant les quatre mois d'été seulement. Je m'appuyais sur les expériences de lac Victoria et de La Barrière où l'école fonctionnait selon le modèle provincial, c'est-à-dire qu'elle ouvrait ses portes dix mois par année, et où les Indiens enregistraient très peu de succès scolaires. Je crois que la faible santé des enfants ne permettait pas une fréquentation soutenue de l'école. Le Ministère se rendit à mes raisons et dans une lettre qu'il m'adressa il demandait mon avis sur la langue d'enseignement aux Indiens. Je répondis qu'étant donné la présence dominante des Canadiens français dans la région, il serait préférable d'enseigner en français aux Indiens de la Mauricie. Le Ministère acquiesça une fois de plus et me donna carte blanche quant à l'engagement des institutrices. Au fond, le Ministère ne voulait pas faire autre chose que de «payer la note» dans la mesure où il ne connaissait absolument rien de l'enseignement en français. La première institutrice gagnait mensuellement quatre-vingt-dix dollars, la seconde soixante-cinq dollars.

C'est ainsi que la première école de la Haute-Mauricie, l'école d'Obedjwan, ouvrit ses portes le premier juin 1924. Le recrutement des institutrices s'avéra très difficile dans les premières années. Personne n'osait s'aventurer dans un si lointain pays! Cependant, la situation se trouva complètement renversée par la suite et j'eus à faire face au problème inverse.

(8) Les explorateurs et les missionnaires rapportent souvent ce fait. Les vieux informateurs indiens le confirment aussi. Tous s'entendent pour dire que les chasseurs indiens laissaient des messages dans les portages les plus fréquentés. Quant à savoir de quelle écriture il s'agissait, nul ne peut le dire exactement.

Je recevais tellement de demandes de femmes qui voulaient faire la classe aux petits Indiens que je ne savais plus qu'en faire. Des lettres me parvenaient de tous les coins de la province. Plusieurs s'accompagnaient de la traditionnelle lettre de recommandation du député fédéral. Il arriva même qu'une institutrice sollicita une classe par l'entremise de Son Éminence le cardinal Villeneuve! Chacune faisait état de sa scolarité, de son expérience dans l'enseignement, de ses diplômes en musique et en chant. Certaines disaient même connaître une religieuse qui me connaissait. J'étais dépassé par la popularité de l'enseignement aux Indiens. Était-ce dû à leur docilité légendaire, à leur charme ou à leur talent?

Je me rendis compte que la raison fondamentale de cette vague de popularité résidait dans le fait que la nouvelle des conditions exceptionnelles de travail des institutrices en Haute-Mauricie s'était répandue comme une traînée de poudre dans tous les milieux scolaires de la province. Les institutrices gagnaient ici en trois mois le triple de leur salaire normal en dix mois. En effet, le salaire d'un instituteur, en 1925, était de trois cent dollars annuellement. De plus, la Compagnie de chemin de fer ne chargeait pas un tarif complet pour le transport des institutrices. Ces dernières, une fois rendues à Sanmaur, se voyaient prises en charge par les Indiens eux-mêmes qui fournissaient avec empressement le transport en canot, le logement et la nourriture durant tout le séjour de celles-ci. En principe, elles n'avaient guère qu'à apporter leurs vêtements et leurs couvertures de lit puisqu'elles trouvaient tout le reste sur place. Les Indiens fournissaient le bois de chauffage, offraient le poisson, la viande et les fruits des bois. En réalité toutefois, puisqu'il s'agissait bel et bien de femmes, elles apportaient mille choses par surcroît pour agrémenter la classe et le logis.

Mlle Alexandra Bibeau, des Grondines, fut la première institutrice de l'école d'Obedjwan. C'était une femme d'une humilité exceptionnelle et d'une très grande expérience. Ce fut un hasard que je découvris qu'elle était très bonne musicienne en plus d'être la nièce de la supérieure générale des Soeurs

Grises de Québec. À son arrivée à la gare d'Oskalanéo, Mlle Bibeau n'en menait pas large et elle m'accueillit comme un sauveur. L'atmosphère de ce pays encore sauvage ne la rassurait pas. Lorsque je lui annonçai que je ne l'accompagnerais pas à Obedjwan, étant moi-même en route pour une lointaine destination et ne m'attendant pas à revenir avant juillet, elle voulut retourner chez elle tant le contexte l'effrayait. Je la rassurai sur la bonté des gens, lui conseillant de ne pas se fier aux apparences. Elle se laissa convaincre et entreprit son voyage vers Obedjwan en compagnie de madame Charles MacKenzie, une métisse, qui fit tout en son possible pour la mettre à l'aise. Il fallait que cette femme soit forte et possède un caractère bien trempé pour accepter de se retrouver – sans avoir jamais rien connu de tout cela – en canot, avec des Indiens mal vêtus et sans trop de manières, et franchir sur la rivière la distance de cinquante milles qui sépare Oskalanéo d'Obedjwan. Nul n'aurait pu la blâmer si elle était revenue sur ses pas.

Elle ne savait rien de la langue indienne et pour ce qui est de son travail, tout n'était pas prêt à Obedjwan où il manquait des tables, des bancs, un bureau d'instituteur et des livres. En un mot, sa tâche de pionnière n'était pas très facile. Récemment, en 1945, je recevais une lettre qu'elle m'écrivait de son village natal, Saint-Charles de Grondines:

«Cher père Guinard,

Il s'est passé depuis vingt ans bien des choses dont je ne garde pas la mémoire. Je me rappelle toutefois de ces toutes premières journées à Oskalanéo et Obedjwan où une bonne famille indienne me conduisit à la mission en agissant de telle sorte que mes craintes se dissipèrent d'un seul coup pour ne plus jamais revenir. Le chef et quelques femmes m'accueillirent chaleureusement sur les rivages d'Obedjwan. Le lendemain, je tombai malade et ne pus me mettre au travail avant quelques jours. Lorsque je fus en mesure d'entreprendre la tâche pour laquelle j'étais venue de si loin, je réalisai très vite à quel point l'école était démunie. À partir de rien, d'une planche murale sur laquelle je traçais les

179

majuscules en rouge et les minuscules en bleu, de journaux et de quelques livres de lecture, j'enseignai aux petits Indiens à lire et à écrire le français. À votre retour en juillet, les élèves se débrouillaient déjà fort bien malgré les conditions adverses. Je m'attardais à expliquer les significations des images dans les livres car c'était, bien sûr, les images qui les attiraient d'abord. Ils apprirent le français avec une rapidité étonnante en suivant de près ce que j'avais à dire qui donnerait un sens à ces images énigmatiques.

Les petits Indiens m'étonnèrent par leur application, leur politesse et leur honnêteté. Il ne se trouvait pas un seul petit voleur parmi eux. Lorsque les inspecteurs du ministère des Affaires indiennes visitèrent l'école, ils se montrèrent très satisfaits et me demandèrent de dresser une liste du matériel scolaire dont j'avais le plus besoin. Je reçus aussitôt des cahiers, des crayons, des plumes et des encriers de première qualité. En conclusion, il me faut dire que mon expérience à Obedjwan fut des plus heureuses et je conserverai toujours un bon souvenir des Indiens qui m'ont bien accueillie.»

Alexandra Bibeau enseignait dans une école que nous avions bâtie nous-mêmes à partir des matériaux de l'ancienne chapelle qui fut, on s'en rappellera, inondée par le barrage Gouin. Tels furent les débuts de l'école à Obedjwan. Examinons maintenant comment les choses se passèrent dans les autres villages.

Mlle Gérarde Saint-Denis fut la première institutrice de l'école de Wemontaching qui ouvrit ses portes le premier juin 1925. Je lui laisse le soin de décrire l'événement tel qu'elle le faisait dans une lettre datée du 12 juillet 1945:

«Cher Père Guinard,
Il n'y a rien d'extraordinaire à rapporter sur les débuts de l'école de Wemontaching sinon que je fus grandement surprise par le nombre des élèves en même temps que renversée par le fait que certaines gens mariées réclamaient de fréquenter nos cours pendant quelques temps. Ma mère et moi-même faisions la classe et résidions dans une maison fort simple qui faisait à la fois office de gîte pour les

institutrices et d'école pour les élèves. À l'exception des sujets mariés, nul ne comprenait le français ni l'anglais. Puisque de notre côté nous ne parlions pas leur langue, il fallut commencer par le tout premier commencement. J'ajouterai même que devant un auditoire qui me comprenait si peu, je restais souvent déconcertée et embêtée, ne sachant plus quoi dire pour me faire entendre. Cependant, à force de répéter et de faire répéter, les élèves finirent par saisir la prononciation et le sens des syllabes françaises. Les plus intelligents, et c'est le cas de la majorité d'entre eux, firent par la suite des progrès considérables me procurant ainsi une joie indescriptible. Lorsqu'ils furent en mesure de lire et d'écrire, je pus abandonner les répétitions monotones et me mettre à enseigner comme on le fait chez-nous. Le catéchisme se donnait dans leur langue, ce qui les reposait du français et leur faisait grand plaisir. Un élève marié du nom de Awashish faisait la leçon de catéchisme à partir d'un manuel écrit en indien. En juillet, grâce au travail des Indiens qui aménagèrent une nouvelle maison pour en faire une école, nous déménagions dans un meilleur local. C'est le chef Charles Pitikwi qui me fit faire la visite de la nouvelle école. Une fois dehors, exprimant ma satisfaction, le chef me répondit: «À présent, si le missionnaire le veut bien, nous écrirons à la porte: Hôtel Pitikwi, prix 25¢ du verre.» Il m'examina un instant puis éclata de rire.

À Wemontaching, je fus très impressionnée par la femme du chef qui, par son énergie et son dévouement, n'arrêtait jamais d'aider les gens qui en avaient besoin. C'était une petite personne, l'air espiègle, vêtue proprement, qui semblait vouloir prouver qu'aucune tâche ne la fatiguerait. Elle s'occupait des malades, prêchait le bien tout en le faisant constamment, surveillait le rendement des élèves à l'école. Je ne peux passer sous silence les actions de cette femme admirable qui mettait tant d'énergie et de douceur à soulager les autres qu'elle forçait l'émerveillement de tous. J'en conclus qu'elle fut une seconde madame de Champlain.»

Je dois dire que cette fille avait un remarquable talent d'institutrice. Lors de sa première visite épiscopale à

Wemontaching en 1925, monseigneur L. Rhéaume fut grandement étonné de voir que les élèves qui n'avaient suivi que trois mois de cours savaient déjà lire, écrire et additionner. Nous devions ces résultats au bon travail de mademoiselle Gérarde Saint-Denis. D'ailleurs, lorsqu'elle décida de ne plus revenir, j'ai craint de ne jamais en retrouver une qui pourrait la remplacer vraiment. Heureusement, celle qui lui succéda, mademoiselle Marcienne Alie, avait autant de talent. Le journal *Le Droit* d'Ottawa consacra à cette dernière une notice dans son édition du 12 juillet 1945, notice que je retranscris ici car je crois bien que c'est la meilleure des présentations:

> «Mademoiselle Marcienne Alie de Hull vient d'arriver à Bruxelles où elle est attachée à l'ambassade canadienne en Belgique; fille de Sylvio Alie, elle fit ses études au couvent de Maniwaki, à l'École normale de Hull et à l'université d'Ottawa. Après avoir enseigné quatre ans à la mission indienne de Wemontaching dans le Haut-Saint-Maurice, elle entra au service civil en 1939 et fut affectée au bureau du ministère des Travaux publics. Elle fut secrétaire en 1942, c'est-à-dire depuis sa fondation, de l'Association Canada-Amérique latine, à Ottawa.

Du côté de Manowan, la première école s'ouvrit en 1928. Dans ce cas-ci, cependant, nous n'avions pas l'argent pour construire une école neuve et aucune bâtisse n'aurait pu faire l'affaire. Le ministère des Affaires indiennes refusait de payer pour la construction de l'école prétextant qu'il ne disposait que des sommes nécessaires aux salaires des institutrices. Mes lettres n'y changeant rien, j'allai à Ottawa pour plaider ma cause. «Donnez-moi le salaire que vous donneriez aux institutrices et avec cet argent je bâtirai une école! Elle ouvrira ses portes l'année prochaine.» Le fonctionnaire trouva l'idée bonne puisque je reçus six cent vingt dollars. Avec cet argent et avec l'aide des Indiens, je construisis deux écoles qui appartiennent aujourd'hui au ministère des Affaires indiennes.

Les deux premières institutrices à Manowan furent Julia Lefebvre de Proulxville, du diocèse de Trois-Rivières, et

Philomène Drolet de Saint-Augustin, du diocèse de Québec. Je n'ai obtenu aucun témoignage de ces personnes, mais comme je voulais écrire mes mémoires et y conserver une appréciation des élèves indiens par le biais de leurs institutrices, j'ai demandé à l'actuelle institutrice de l'école de Manowan de m'écrire à ce sujet. Elle fait la classe aux Indiens de cette mission depuis douze ans et c'est avec empressement que, dans une lettre datée du 25 janvier 1945, elle me répondait:

«Cher Père Guinard,

Je ferai au meilleur de ma connaissance en me représentant mon petit troupeau de Manowan tel que je le vois quand je vis au milieu d'eux. Les enfants de l'école de Manowan doivent ressembler à ceux des autres réserves. Mais pour qui vit au milieu d'eux, c'est un petit troupeau qui attire toutes les sympathies. Leurs ressources intellectuelles développées au seul contact de la nature leur forment une âme simple qui se laisse facilement façonner par qui sait les aimer tels qu'ils sont, sans les manifestations extérieures de reconnaissance que l'on attend ordinairement de ceux à qui on fait du bien. On rencontre chez eux de très beaux talents et leur mémoire serait prodigieuse si elle ne manquait pas de gymnastique. En effet, leur horizon très restreint, le manque d'enchaînement dans le programme de leur journée exigent peu d'exercice de leur mémoire et demandent aux éducateurs beaucoup de concrétisation dans leur méthode d'enseignement afin de mettre à profit les ressources de leur mémoire visuelle ordinairement très riche. Ils sont appliqués en autant qu'on s'occupe d'eux et qu'on souligne avec intérêt leurs efforts. Nos petits Indiens se distinguent surtout par leur esprit d'observation très développé et par une habilité manuelle que pourraient leur envier nos petits Blancs.»

Cette même demoiselle Bordeleau me demandait un jour comment il se faisait que ses élèves indiens écrivaient le français sans presque jamais faire de fautes alors que les petits Canadiens en faisaient tant en écrivant ce qui était pour eux leur langue maternelle. Sur le coup, je ne sus que répondre, mais quelques jours plus tard, je lui disais: «Les Indiens ont l'instinct d'observation très développé; sur ce point, ils sont réellement extraordinaires. Lorsqu'ils séjournent quelque part, ils conservent l'image exacte des lieux pendant trente ou quarante ans et cela sans jamais y retourner à nouveau. Les choses s'impriment dans leur imagination, elles s'enregistrent pour de bon. On dirait qu'ils photographient la réalité et conservent dans leur tête une image qu'ils peuvent reconstituer plusieurs années plus tard. Cet instinct d'observation leur est nécessaire car, sans lui, ils ne pourraient sans cesse parcourir les immenses forêts sauvages sans s'égarer. De la même façon, lorsqu'un Indien voit un mot français, sa mémoire oubliera difficilement l'orthographe de ce mot.»

Ce même instinct les conduit à dessiner admirablement bien. J'ai vu de vieux Indiens complètement analphabètes qui dessinaient parfaitement les animaux sauvages avec leur couteau ou avec un fragment de vitre brisée sur de l'écorce de bouleau. Jamais n'ai-je vu des ours, des orignaux aux grands panaches, représentés avec autant de vie et d'exactitude. Ils font la même chose pour ce qui est de représenter un trajet sur une carte, un ensemble de lacs et de montagnes, les moindres détours des ruisseaux et des rivières. Combien de fois les ai-je vu rire du travail des arpenteurs et corriger leurs cartes tout en s'amusant.

Un jour où monseigneur Rhéaume visitait l'école de Manowan, j'excitai sa curiosité en lui disant qu'il y avait un véritable mathématicien parmi les élèves. Son Excellence avait été arpenteur avant d'être Oblat et professeur de mathématique à l'université d'Ottawa avant d'être évêque. [9] Bien sûr, il demanda que le prodige se présente au tableau. L'institutrice lui posa un problème très difficile. Le mathématicien réfléchit un instant, la craie sur les lèvres, puis se mit à écrire des chiffres au tableau. Monseigneur qui l'observait me dit immédiatement: «Tiens, il comprend le problème.» Non seulement comprenait-il le problème mais il

(9) Monseigneur Rhéaume fut recteur de l'université d'Ottawa avant d'être évêque du diocése d'Haleybury. (Gaston Carrière, communication personnelle.)

Le barrage La Loutre (Gouin), probablement dans les années 20. (Archives du séminaire de Trois-Rivières.)

Construction du barrage La Loutre. (Archives du séminaire de Trois-Rivières.)

L'arrivée de 85 prêtres, lors de la visite épiscopale de monseigneur Latulipe en 1913. (Archives du séminaire de Trois-Rivières.)

Un convoi de canots en route vers le grand lac Mistassini. Aperçu des forêts inondées. (Archives Deschâtelets, Ottawa.)

Le père Guinard en 1952. (Archives du séminaire de Trois-Rivières.)

Sacrilège! communié indignement à la ... bénite! Voulez-vous me punir en m'ôter le bonheur de célébrer la messe? Pardon mon Dieu, si je suis coupable! Pardonnez encore à votre oblat qui se dévoue et s'épuise pour les âmes. Lui donc maintenant, ô mon Dieu, vous priera dans la forêt comme le calice de ma chapelle portative et qui, cette année, donnera le pain du ciel à vos petits enfants des bois! je suis seul à les visiter, à bien prêcher à les communier. Mon Père, que ce calice ne s'éloigne pas de moi, que je boive encore à sa Coupe consacrée. J'ai pris mon calice en tremblant, j'essayai d'en redresser la tige; je pris un linge blanc, un ma-nuterge, pour le traiter plus délicate-ment sur mon cœur, j'ai refait un peu sa tige, le feu de l'amour fondait le métal; puis je mis dedans un peu d'eau; ma joie fut grande quand je vis que ... Alors, je le mis sur la pierre de l'autel. Après l'avoir tourné et re-tourné, je lui trouvai une position où sa forme était encore gracieuse je mis la palme dessus et préparant l'autel pour la messe, j'étais ému, je pleurais, je priais sans effort. Hé! mon Dieu, de nouveau, avec mon calice

Mon calice brisé... (Archives Deschâtelets, Ottawa.)

trouva rapidement la bonne solution. À la fois charmé et étonné, Monseigneur me dit: «Demandez-lui s'il veut aller au collège. Je paierai tout ce que ça coûtera.» Daniel Ottawa, c'était le nom du mathématicien, refusa, préférant enfouir son talent sur les bords du lac Métabeskega.

À travers ces anecdotes et ces témoignages, on verra que les élèves indiens n'étaient pas sans ressources intellectuelles. Ils se débrouillaient fort bien et, s'il n'y avait pas eu un manque d'ambitions personnelles chez eux, de nombreux talents exceptionnels se seraient développés en Haute-Mauricie. En ce qui concerne les institutrices, je n'en dirai jamais assez pour indiquer à quel point nous avons été choyés à ce chapitre. De toutes celles qui enseignèrent en Haute-Mauricie, une seule me causa des soucis. C'était une femme difficile qui rendait ses consoeurs malheureuses. Un jour, elle vint me voir en se plaignant du village d'Obedjwan qu'elle trouvait détestable. Elle menaçait d'abandonner sa classe. «Mais faites donc cela, Mademoiselle, rien ne vous retient ici. Vous êtes libre. Si Obedjwan vous ennuie, retournez parmi les vôtres.» En répondant cela, je cachais mal ma joie de la voir sur le point de prendre une décision qui m'évitait d'avoir à la chasser. Malgré la situation tendue, elle ne répondit pas pendant quelques minutes. Lorsqu'elle ouvrit la bouche, au moment où je croyais bien qu'elle me donnait sa démission, elle me demanda en riant si j'aimais les oranges. Ma déception fut vive et je refusai ses oranges auxquelles, par ailleurs, j'aurais bien aimer goûter.

La construction des maisons

Jusqu'en 1920, les Indiens du Haut-Saint-Maurice vivaient dans des tentes de toile. Quelques rares familles habitaient des maisons mais encore n'y demeurait-elles que deux ou trois mois par année. Je les trouvais misérables dans ces tentes humides, s'y déplaçant courbés ou assis sur les talons. De plus, la toile des tentes coûtait cher et ne durait pas longtemps. Une toile de deux ans était noircie, usée et trouée par les étincelles qui retombaient du tuyau de poêle. J'utilisais moi-même une petite tente dans les premières années de mes missions. Inutile de dire que ne n'aimais pas cela et que mes douleurs rhumatismales me poussèrent à hâter la construction de maisonnettes dans les missions où je résidais. Les Indiens qui me visitaient trouvaient mon petit logis propre et confortable. J'essayais d'éveiller chez eux le besoin de vivre dans des maisons plutôt que dans des tentes. Je leur disais souvent qu'il était malsain de coucher sur la terre nue, de vivre dans des tentes qui dégouttaient à chaque pluie, d'y respirer un air vicié qui les rendait malades.

On voit bien maintenant que mon rôle dans les missions ne s'est jamais résumé à prendre soin des âmes. J'agissais aussi en tant qu'agent du ministère des Affaires indiennes. Lorsqu'ils devaient intervenir, les fonctionnaires me consultaient immanquablement, sachant très bien que je résidais parmi les Indiens et que je pouvais évaluer leurs difficultés et leurs besoins. D'ailleurs, la Compagnie de la baie d'Hudson agissait de la même manière avec moi. On me demandait des renseignements, des statistiques, des interprétations ou simplement des traductions. J'acheminais à Ottawa les griefs des Indiens et je transmettais à ces derniers le point de vue du Ministère. Quand il s'agissait, par exemple, de déterminer quels seraient ceux parmi les Indiens nécessiteux qui recevraient des rations, on attendait toujours mon approbation. Finalement, je m'entendais admirablement bien avec l'inspecteur du Ministère pour la Haute-Mauricie, monsieur C.C. Parker.

C'est donc moi qui ai entrepris de convaincre le Ministère de soutenir financièrement le projet de la construction de maisons aux Têtes-de-Boule. Relativement à plusieurs autres démarches concernant des problèmes différents, celle-là fut facile. L'idée fut bien reçue et le Ministère s'engagea à fournir des clous, des vitres, du papier à toiture, de la chaux et de la peinture à chaque Indien qui se bâtirait une maison. Je recommandai aux Indiens de bâtir des maisons de dix-huit pieds sur seize pieds parce que je croyais bien que ceux qui entreprendraient de construire des maisons plus grandes n'auraient jamais la persévérance de les terminer. D'ailleurs, le Ministère fournissait les matériaux pour une maison de dix-huit sur seize et pas plus. Plus tard, ceux qui voudraient agrandir leur maison déjà construite allaient pouvoir le faire, mais pour l'instant nous en restions au plus pressé en considérant qu'il s'agissait là d'une première étape.

Les Indiens acceptèrent mes plans qui visaient à rendre leur village beau et propre. Ils se mirent à bâtir leurs maisons avec une ardeur qui m'édifia beaucoup. Il faut dire qu'ils avaient un grand mérite à entreprendre ces travaux car on aura certes pu constater que le Ministère ne fournissait pas la planche et le bois de construction. Ils firent leur bois eux-mêmes, abattant les arbres au bord des lacs environnants, transportant les billots à force de bras et les faisant flotter jusqu'au village en les tirant avec les canots dont quelques uns seulement avaient des moteurs. À la scie de long, ils produisaient de la planche, des madriers, des poutres tandis que d'autres équarrissaient, fabriquaient des portes et des chassis, peinturaient et blanchissaient; un autre encore fixait un bouquet de branches au dernier chevron qu'il allait clouer sur la sablière de sa future demeure. D'une étoile à l'autre, les coups de hache et de marteau résonnaient dans cette petite mission qui entrait dans une ère nouvelle. La bonne humeur régnait malgré la fatigue. Bientôt, on nivelait les chemins, on terrassait les parterres, on brûlait les déchets. Bien sûr, tout ne fut pas conforme aux principes élémentaires de la symétrie au chapitre de la disposition des maisons. Elles se groupaient en tas autour de la chapelle, de telle sorte que la voix du missionnaire se faisait entendre à travers tout le nouveau village.

Aujourd'hui, je puis affirmer que la construction de ces maisons, ajoutée à l'avènement des écoles, constitua la planche de salut des Têtes-de-Boule jusque là bousculés par le progrès, décimés par les ravages de l'alcool, le manque d'hygiène et des conditions insalubres de logement. Si je fus beaucoup plus qu'un simple missionnaire, de leur côté, les institutrices ne faisaient pas uniquement la classe. Elles lavaient, coupaient et peignaient les cheveux des enfants. À l'école, la vermine disparut de la tête et du corps de ces derniers. Chaque matin, avant la classe, tous les enfants se lavaient dans des bassins remplis d'eau et disposés en rangée sur un banc. L'institutrice surveillait aussi la propreté des vêtements. La seconde institutrice s'occupait moins de la propreté des enfants à l'école pour se concentrer sur la propreté dans les maisons. Tous les jours, elle visitait chacune d'elles pour vérifier si les femmes lavaient la vaisselle et les chaudrons, aéraient les couvertures en les suspendant à des perches à l'extérieur, lavaient le linge. Elle enseignait aux femmes l'art de tenir une maison. Il s'agissait d'apprendre à ranger les objets, à laver le linge, à presser les habits, à repriser, à coudre, à tricoter, à faire des robes. Bref, elle éduquait autant les adultes que les enfants. Les femmes indiennes considéraient cette seconde institutrice comme un professeur et comme un policier car elle devait montrer quelque sévérité dans l'exercice de ses fonctions.

Les institutrices enseignaient aussi aux adultes la manière de donner les premiers soins: panser et désinfecter les plaies, utiliser les remèdes. J'ai déjà parlé de la malheureuse habitude du Ministère d'envoyer des médicaments dans les missions sans tenir compte du fait que personne ne savait comment les utiliser. De plus, mon expérience me démontrait que presque tous les Indiens ne prenaient pas régulièrement leur remède. Lorsqu'on ne les surveillait pas, ils laissaient la bouteille et les pilules dans un coin sans jamais s'en préoccuper même si la maladie les terrassait. Les institutrices corrigèrent cette situation et je puis dire qu'aujourd'hui les Indiens dévorent littéralement les remèdes et avalent de bon gré l'huile de foie de morue lorsque c'est nécessaire. Bien des habitudes néfastes sont disparues pour le grand bien des gens: ils ne crachent plus sur les planchers, changent de linge une fois la semaine et ne tolèrent plus la vermine qui les dévorait autrefois sans que personne ne réagisse. Ces grandes améliorations m'ont confirmé dans l'idée que l'homme est un être qui apprend; il est réduit à rien sans la connaissance des choses les plus élémentaires de la vie. Il doit tout apprendre, y compris la manière de se laver.

Depuis que ces changements sont survenus, la population des Têtes-de-Boule a doublé. La santé générale des gens s'est améliorée au point où, selon mon successeur, le père Meilleur, le missionnaire peut, aujourd'hui, faire son sermon pendant la messe sans continuellement entendre la toux des tuberculeux qui, autrefois, ne cessait de m'inquiéter.

D'ailleurs, la preuve du mieux-être des Indiens du Haut-Saint-Maurice depuis l'avènement de l'école et la construction des maisons n'est plus à faire. Si vous entrez dans l'une de leurs demeures, vous les trouverez plus riches qu'au temps où ils vivaient sous la tente. L'Indien d'aujourd'hui possède un poêle, des chaises, une table, une petite armoire à vaisselle, des crochets pour suspendre les chapeaux et les manteaux. Sur les murs, vous verrez un crucifix, des images saintes, un miroir. Il y a aussi une tablette où brille la lampe et où l'on range la laine, les aiguilles à tricoter et même le réveille-matin. Les fusils et les carabines sont accrochés aux poutres de la même façon qu'on suspend les hamacs servant à endormir les tout-petits. Une échelle monte au grenier où l'on entrepose des biens et des choses qui se détérioraient autrefois faute d'être à l'abri du temps et des bêtes. Avant qu'ils construisent des maisons, les Indiens suspendaient tout à des perches ou rangeaient les raquettes, les pièges, la farine, la viande fumée et la graisse sur des tréteaux recouverts d'une toile ou de morceaux d'écorce. Souvent les chiens affamés ou les prédateurs détruisaient ces caches et ces réserves. Combien de fois ai-je entendu le hurlement des chiens que l'on châtiait pour avoir osé s'approcher des tréteaux. À présent, tout cela est du passé; la sécurité du logis remplace l'insécurité des bois. Les Indiens aiment tellement vivre dans des maisons qu'ils en bâtissent sur leurs territoires de chasse.

Au village, les nouveaux mariés se hâtent de construire une maison dont la bonne tenue sera assurée par une jeune femme qui a appris à l'école ses devoirs de ménagère. Quelle joie de voir surgir ces nouveaux foyers où les odeurs des peaux fumées et du balai de cèdre embaument un logis proprement tenu par une femme dont les ciseaux brillent une fois qu'on les a accrochés au mur, tout près du crucifix!

Je répète que ces maisons, ces écoles et une bonne utilisation des remèdes ont sauvé les Têtes-de-Boule de l'extinction. Il s'éloigne le temps où, pour eux, les morts l'emportaient sur les nouveau-nés. Ces Indiens, pour qui je combattais, menaçaient de disparaître à cause des maladies qui les décimaient. J'ai longtemps prêché parmi une population à l'agonie. Chaque printemps, je revoyais les villages en deuil, plusieurs femmes ayant perdu leur époux, plusieurs hommes ayant perdu leur épouse et surtout plusieurs parents ayant perdu leurs enfants durant l'hiver. J'en étais venu à la conviction que plus rien ne pouvait changer le cours des choses. Durant un sermon, cédant au découragement, je me rappelle leur avoir dit: «Il n'y a presque plus d'enfants au catéchisme. Les mariages sont rares parce que trop de jeunes meurent. Il semble que votre tribu soit en train de disparaître; votre nombre décroît à tous les ans. À ce rythme, il faut voir le jour où il n'y aura plus un seul Indien sur les bords du Saint-Maurice. Priez et vivez chrétiennement afin que votre tribu s'éteigne dans la sainteté et dans l'amour de Dieu.»

Pourtant, de meilleures conditions de vie, telles que je les ai décrites plus haut, suffirent à inverser le cours des choses et à éviter le drame. Beaucoup d'aspects de la vie des Indiens s'améliorèrent considérablement. Il n'est qu'à penser à l'accroissement rapide de la population comme c'est actuellement le cas. Cela ne signifie pas pour autant que tous les problèmes furent réglés d'un seul coup. Malheureusement, la réalité est plus dure comme le démontrera le point suivant qui se veut une conclusion à celui portant sur les conditions de vie des Indiens du Haut-Saint-Maurice.

Les Indiens se logeaient mieux et recevaient une éducation plus adéquate, mais cela ne changeait rien aux agressions dont ils étaient victimes de la part de l'envahisseur blanc. Ils vivaient de la trappe et de la chasse, espérant pouvoir le faire encore pendant plusieurs générations. Leurs activités dans les bois avaient lieu l'hiver; il n'y avait donc aucun conflit avec la période scolaire qui occupait les mois d'été. La chasse et la trappe constituaient, – ou auraient pu constituer, serait-il plus juste de dire, – leur principale occupation, le travail en quelque sorte qui rapporte nourriture et argent au foyer. Mais en cela, ils étaient gravement menacés. Pour illustrer cette déplorable situation, j'ai choisi de raconter les péripéties de la délégation des Têtes-de-Boule auprès du premier ministre L.-A. Taschereau à Québec, en insistant sur leurs revendications quant à leurs droits de chasse et de trappe en Haute-Mauricie.

Sur cette dernière question, selon mon habitude, je n'avais pas manqué depuis plusieurs années d'inonder les bureaux des ministres provinciaux de cent lettres de protestation. Je m'étais même rendu à Québec pour exposer à quelques uns de ces ministres les réels griefs des Indiens à propos de l'envahissement de leurs territoires de chasse par des trappeurs blancs. J'obtenais toujours des réponses, mais elles allaient toutes dans le même sens qui tendait à me faire croire que je soulevais un problème qui n'existait pas vraiment. On alla même jusqu'à me poster des cartes géographiques pour me faire comprendre que le territoire était bien assez vaste pour tout le monde et que les Indiens pouvaient manquer de tout mais qu'ils ne manquaient sûrement pas de terres disponibles pour faire la chasse dans ce pays où rien de civilisé n'existait. Je finis par me convaincre du plus complet désintéressement des politiciens à l'égard des Indiens, quand ils n'entretenaient pas simplement un préjugé défavorable vis-à-vis d'eux. Il est clair que les Indiens n'ont aucune valeur aux yeux des politiciens provinciaux puisqu'ils sont tous mineurs de la naissance à la mort et qu'ils relèvent du gouvernement fédéral. Aucun ne prêta attention à leurs justes revendications au sujet des droits de chasse. Dans la mesure où ces plaintes étaient formulées par mon intermédiaire, je résolus de porter un grand coup pour ébranler le mur d'indifférence qui caractérisait l'attitude des politiciens vis-à-vis des problèmes réels de la Haute-Mauricie: j'écrivis directement au premier ministre Taschereau pour lui demander une entrevue à ce sujet. En fait, je lui demandais de bien vouloir recevoir une délégation des chefs indiens du Saint-Maurice qui voulaient discuter avec lui du «trappage» des castors. Le Premier ministre accepta et fixa une date, une heure et un lieu.

Le jour venu, je me trouvais à la gare d'Oskalanéo en compagnie de Megwesh, Gabriel Awashish, Basil Awashish, Matio Satcia et John Midlige, marchand à Obedjwan. À la gare de Sanmaur, Charles Petikwi et le gros Louis Kokokoho rejoignaient notre groupe. À Québec, un représentant de la Compagnie de la baie d'Hudson nous accueillit à la gare et nous mena à l'hôtel Saint-Roch où logèrent les Indiens.

Ces derniers provoquèrent tout un émoi chez les citadins peu habitués à voir des hommes des bois. Lorsqu'ils marchaient sur les trottoirs, les Indiens levaient trop haut la jambe, faisaient de longs pas et leur démarche bizarre provoquait le rire des curieux qui ignoraient sûrement que ces hommes n'avaient jamais mis le pied hors des forêts encombrées et ailleurs que sur les sols inégaux des sous-bois et des rives des lacs. Leur tenue vestimentaire, leur apparence physique mais surtout leurs mocassins, en plein mois de juillet, excitaient les commentaires de tous. Pour qui ne sait pas marcher dans la foule, une simple promenade devient une grande aventure si j'en juge par le nombre de passants que mes Indiens heurtèrent par inadvertance. Les Indiens ressentirent très vite l'excessive curiosité dont ils faisaient l'objet. Le gros Louis résolut de résoudre ce problème en agissant volontairement pour faire rire les gens. De cette manière, nul ne pouvait faire la distinction entre ce qu'il feignait de ne pas savoir et ce qu'il ne savait pas vraiment. Au restaurant, lorsqu'on manquait de pain, il allait en chercher sur les autres tables où les clients médusés n'osaient pas dire quoi que ce soit devant un si drôle d'homme. Évidemment, ses manières à la table étaient inhabituelles. Dans l'ensemble, cependant, la délégation se sentait mal à l'aise dans ce milieu étranger. Par exemple, tous craignaient les ascenseurs et ne pouvaient admettre qu'il s'agissait là d'une invention des plus sûres. Plusieurs d'entre eux refusèrent de vraiment s'installer dans les chambres d'hôtel, préférant ne rien toucher ou déplacer et dormant sur le plancher de telle sorte que personne n'aurait pu dire s'ils avaient utilisé leur chambre durant la nuit.

À l'heure convenue, nous nous rendîmes à l'hôtel du Palais où le premier ministre Taschereau nous reçut dans une grande salle en compagnie du ministre Perreault. [10] Tout de suite après les présentations d'usage, je prenais la parole: «Je vous remercie d'avoir consenti à recevoir notre délégation. Nous venons vous parler du castor que les trappeurs blancs sont en train d'exterminer dans le Haut-Saint-Maurice. La disparition du castor réduirait les Indiens à la misère et constituerait de toute façon une perte importante pour la Province. Les Indiens que voici voudraient à présent vous exposer leurs griefs à ce sujet». Il y eut un long moment d'hésitation. Les Indiens, trop impressionnés, ne réussissaient pas à exposer le problème. J'interprétais leurs propos au Premier ministre mais, faute de discours de la part des Indiens, je ne pouvais pas traduire ce qu'ils ne disaient pas. Le Premier ministre nous fit comprendre qu'il était pressé et que nous pourrions peut-être revenir un autre jour où les chefs en auraient plus long à dire. Puisque l'affaire tournait mal, je résolus d'exposer moi-même les plaintes des Indiens: «Nous venons de très loin pour vous parler et il est bien certain que nous n'aurions pas l'argent pour faire un second voyage. Je suis le missionnaire de ces Indiens depuis plusieurs années et je crois les connaître ainsi que leurs nombreux problèmes. Permettez-moi de parler en leur nom. Ces Indiens habitent

(10) J.-E. Perreault fut ministre de la Voirie en 1929, et des Mines en 1930. Au moment de la visite de la délégation, il est ministre intérimaire de la Colonisation sous le gouvernement Taschereau.

aux sources de la Gatineau, de la Lièvre, de la Rouge, du Saint-Maurice et de la Mékiskan. Cette dernière rivière coule vers la baie James. Ils vivent de chasse et de pêche.»

Le Premier ministre me coupa la parole et me demanda: «Pourquoi ces gens ne travaillent-ils pas comme tous les Blancs? La situation économique est bonne, il y a de l'ouvrage partout.»

«Monsieur le Premier ministre, ces gens vivent en pleine forêt, loin de tout et surtout loin des employeurs. De toute façon, vous-même, prendriez-vous un de ceux-ci comme domestique?» Il sourit et répondit non, en faisant un signe de la tête.

Je poursuivis: «Messieurs, pour bien comprendre les griefs de ces gens, il faut savoir que le castor, contrairement aux autres animaux sauvages, est un animal sédentaire. C'est presque un animal domestique. Tuer un castor sur le territoire de chasse d'un Indien est considéré par eux comme un vol, comme un acte grave portant préjudice au propriétaire de ce terrain. Avec des castors sur son territoire, un bon trappeur respectueux des règles indiennes, peut compter sur un revenu qui se renouvellera indéfiniment. Car il faut savoir comment l'Indien trappe le castor. Cet animal fait des barrages dans les ruisseaux, ce qui forme de petits lacs sur lesquels il établit sa cabane. Sous l'eau, il entrepose des tas de bois et de branches de bouleau et de tremble; là, il est au sec, au chaud et bien nourri. Ainsi, il se multiplie en accord avec les lois de la nature. Les Indiens respectent ces lois qu'ils connaissent bien. Ils élèvent les castors un peu comme nos cultivateurs cultivent leur terre. Jamais ils ne tueront tous les castors d'une cabane, laissant toujours un couple afin qu'ils se reproduisent et donnent d'autres castors au trappeur. Ce dernier exploite une partie de son territoire à la fois, pendant que dans les autres, les castors se reproduisent en paix et grossissent. Pour eux, il est grave de détruire tous les castors d'un territoire. Ils reviennent tuer des castors dans une cabane à tous les trois ans. Il n'y a que la famine qui pousse un Indien à tuer tous les habitants d'une cabane.

194

«Mais voilà que tout cela ne tient plus depuis que les Blancs se substituent aux Indiens et se mettent à trapper eux-aussi à leur façon le castor. Nul ne saurait être fier de la manière avec laquelle les Blancs chassent cet animal. Ils font strictement le contraire des Indiens, agissant avec un esprit de cupidité qui les poussent à tuer tous les castors qu'ils trouvent, allant même jusqu'à dynamiter les cabanes, ce qui est très grave dans la mesure où les castors survivants sont alors condamnés à mourir de froid sous les glaces, faute d'abri. De plus, les Blancs ne s'intéressent qu'aux castors et aux fourrures. Ils amènent dans le bois les provisions de bouche nécessaires à un long séjour et ils trappent tous les jours du matin jusqu'au soir. Encore une fois, ceci diffère beaucoup de la manière indienne. Le trappeur indien est aussi un chasseur. Il ne passe pas tout son temps à tuer le castor. Pour nourrir sa famille, il chasse aussi l'orignal, l'ours et le porc-épic. Il y a donc un équilibre qui fait que l'Indien exploite plus d'une ressource dans une forêt qui supporte bien ce genre d'activité. Mais lorsque le chasseur blanc se concentre sur un seul animal en le pourchassant et en le détruisant, en dépit de toutes les règles naturelles, des catastrophes s'ensuivent et je vous prie de croire que l'extinction du castor en serait une de taille.

«Il y a plus. Non satisfaits de trapper le castor de façon inqualifiable, de nombreux Blancs volent et intimident les pauvres Indiens qui ont, ne l'oublions pas, des familles sous leur responsabilité. Certains ont même pointé leur carabine sur des Indiens pour les chasser des territoires que ceux-ci, jusque là, exploitaient en paix. Les Blancs pillent les caches et les réserves des Indiens, s'emparant des pièges, des fourrures, des raquettes et des fusils. Ils vont jusqu'à voler ou défoncer les canots que les Indiens cachent dans les bois. Au temps des missions, de pauvres hommes viennent me voir pour me dire qu'ils ont passé l'hiver sans chasser parce que des Blancs occupaient leur territoire.

«Les Blancs trappent tous les animaux à fourrure en toute saison. Jamais un Indien ne tuerait un animal à fourrure quand celui-ci porte des petits, quand il perd son poil ou quand il change de couleur, parce qu'il sait très bien que la peau ne vaudra pas très cher et que ce serait appauvrir inutilement son domaine de chasse. Les Blancs n'ont pas ces soucis! Ils sont de passage et ne comptent pas vivre dans le pays bien longtemps. Peu importe que tout soit détruit, ils seront à Montréal ou à Québec sans que la Mauricie ne compte pour un peu dans leurs préoccupations. En plus des chasseurs de profession, ce qui serait un moindre mal, la majorité des destructeurs possèdent déjà un autre métier et c'est d'abord une fonction liée à ce métier qui les amène en Mauricie. Les bûcherons, les gardes-forestiers, les prospecteurs, les explorateurs, ceux qui aménagent et décident de l'emplacement des chantiers, et les arpenteurs sont tous des trappeurs à leurs heures et trouvent dans cette activité un revenu d'appoint. Voilà quelques années, un seul arpenteur trappa tant de castors dans le territoire des Indiens de Manowan que ces derniers pensèrent bien que la population de castors ne s'en remettrait jamais. L'arpenteur poussait même ses employés à trapper pour augmenter leurs revenus.

«Les Indiens souffrent de cette chasse irréfléchie de la part des Blancs. Par ailleurs, leurs territoires se rétrécissent de jour en jour. Le tout à commencé avec l'avènement du chemin de fer dont on pourrait dire qu'il constitue une bande de terre de dix milles de largeur qui n'est plus utilisable par les chasseurs parce que les animaux ont déserté ces régions trop fréquentées. Or ce chemin de fer traverse de part en part les territoires des Têtes-de-Boule. Je passe rapidement sur la chasse destructrice menée par les constructeurs au moment de la mise en place de la voie ferrée. Je passe là-dessus parce qu'ils ont fait pire encore, étant à la source de la plupart des grands incendies de forêts qui ont détruit la moitié du pays.

Ces incendies ont brûlé les arbres mais ils ont aussi tué les animaux. Comme si ce n'était pas assez pour les chasseurs Têtes-de-Boule, le gouvernement du Québec loue d'immenses terrains à des clubs privés qui interdisent à tous les Indiens d'y chasser ou d'y mettre les pieds. Ces terrains, soudainement privés, ne sont pas déterminés à l'aveuglette: ce sont les meilleurs terrains de chasse qui restent en Mauricie.

«Au chemin de fer, aux chasseurs sans conscience, aux incendies et aux clubs privés s'ajoutent vos fameux barrages.»

Ici, le ministre Perreault m'interrompit alors que mon discours touchait à ses sommets: «Mais vous n'allez tout de même pas nous interdire de faire des barrages. Vous voulez vous substituer au gouvernement et passer des lois?» Je lui lançai un regard qui voulait dire: «Tais-toi ou prends garde car je pourrais être plus méchant et dire que c'était une folie du gouvernement de construire des barrages et d'inonder des régions immenses sans en couper les arbres au préalable. Ce gaspillage empoisonnait les lacs! Tout cela pour enrichir des compagnies étrangères et probablement quelques ministres aussi. C'était une honte pour la Province d'avoir laissé pourrir ces arbres au fond de l'eau et d'avoir perdu des millions de dollars dont la Province ne pouvait pas se vanter de pouvoir facilement se passer!»

Heureusement, je gardai pour moi ces paroles qui n'en constituaient pas moins le fond de ma pensée et ma conviction. Je choisis d'être plus diplomate et, après avoir montré avec mes yeux mon indignation à monsieur Perreault, je poursuivis: «Je ne veux pas vous interdire de faire quoi que ce soit. D'ailleurs, comment le pourrais-je? Il reste que ces barrages inondent les territoires de chasse de ces pauvres Indiens. Ils ne savent plus où aller. Que faire avec des terrains qui se trouvent aujourd'hui au fond des grands lacs artificiels?

«Monsieur le Premier ministre, les Indiens n'ont jamais harcelé le gouvernement avec leurs griefs. La visite de ces chefs est pratiquement un précédent. Ils vivent loin dans les bois et savent très peu de choses sur vous et sur la politique. Ils viennent ici en confiance, espérant, pour une fois, avoir un contact direct et éviter les intermédiaires qui se trouvent toujours entre eux et le gouvernement. Bien sûr, aujourd'hui, les chefs ne parlent pas beaucoup et c'est moi qui, en leur nom, expose une fois de plus leurs plaintes. Mais à leur place, ne seriez-vous pas intimidé quelque peu par tant de nouveautés?

C'est la lourde nécessité qui les a fait entreprendre un si long voyage pour venir devant vous exprimer leurs difficultés dans une langue que vous ne comprenez pas. Ils ne sont pas ici par caprice ou tout simplement pour rencontrer un homme important. Ils sont ici pour obtenir justice et protection dans une situation misérable qui fait que les chasseurs blancs leur enlèvent impunément leur seul moyen de vivre. Ces Indiens ont le droit d'être protégés car ils paient de lourdes taxes à la Province. En effet, votre gouvernement n'impose-t-il pas une taxe sur la vente des fourrures? Les traiteurs, prévoyant ces taxes, diminuent d'autant le prix qu'ils consentent aux Indiens en achetant leurs fourrures. Il est donc clair que de façon indirecte, ce sont eux qui supportent le poids de cette taxe provinciale.

«Considérez aussi que ces Indiens sont les meilleurs gardiens du domaine forestier de la Province. Vous ne les verrez jamais prendre les incendies de forêt à la légère car ils savent que ce domaine est aussi le leur et qu'il importe d'en prendre grand soin. Qui sait, cependant, si un jour, poussés par la colère ou le désespoir de voir leur domaine perdu de toute manière, ils ne brûleront pas volontairement ce qui reste de la riche forêt de la Mauricie. Cela porterait un dur coup aux finances de la Province car on sait comment le bois est une richesse importante de nos jours.

«Les Têtes-de-Boule ont droit à la reconnaissance de votre gouvernement si on se rappelle qu'ils furent toujours les alliés des Français dans leurs luttes contre les Iroquois. Sans eux, qui sait si nos braves ancêtres l'auraient emporté?

«Monsieur le Premier ministre, ces Indiens n'ont jamais cédé leur territoire à qui que ce soit, Anglais ou Français. Tandis que nous nous établissions sur les rives du Saint-Laurent et que de père en fils nous nous transmettions la propriété de cette magnifique vallée, les Indiens faisaient la même chose dans les forêts profondes, cédant leur avoir, en mourant, aux générations qui prenaient la relève. Avant de rendre son dernier soupir, le chasseur indien se réjouissait en pensant que la propriété de son domaine irait à ses héritiers.

Ces terres leur appartiennent depuis des temps immémoriaux. Leur ancienneté en ce pays dépasse la nôtre. Ils ont combattu, comme la tradition indienne nous l'apprend, pour sauver et protéger leurs droits sur ces terres. Aujourd'hui, la vague qui déferle sur eux est trop forte. Les Blancs leur enlèvent le pain de la bouche et chassent impunément les Indiens des terres qui furent le berceau de leur race. Ces Blancs ne peuvent même pas invoquer la nécessité pour justifier les rapines et les violences dont ils sont les tristes auteurs. Ils sont cruels par inconscience et ignorance.

«Monsieur le Premier ministre, ces Indiens ne demandent pas que leurs terres soient indéfiniment réservées à des fins qui sont les leurs, ils veulent seulement que vous remédiez au plus urgent avant que la civilisation ne s'installe complètement en Haute-Mauricie. En cette époque où la chasse serait encore possible si les Blancs ne persécutaient pas ces pauvres gens, ils vous demandent de les protéger par des lois justes. Réduits à une honteuse mendicité, malgré des droits bien établis, il appartient à votre gouvernement de prendre ses responsabilités à leur égard. Il vous faut prendre la part de ces faibles en votant des lois capables de remédier à leurs misères et de répondre à leurs griefs véritables. Finalement, vous devez faire en sorte que ces lois soient observées par des moyens qui sont en votre pouvoir.»

Je terminai là-dessus et cédai la parole au marchand John Midlige. Ce dernier souligna le fait que tous les Indiens lui devaient de l'argent et qu'il leur serait humainement impossible de payer leurs dettes si les Blancs se substituaient à eux dans leurs territoires de chasse. À sa suite, le représentant de la Compagnie de la baie d'Hudson impressionna le Premier ministre en citant des chiffres qui démontraient que les Blancs produisaient la majorité de fourrures en Mauricie tandis que les Indiens ne rapportaient pratiquement rien.

L'entrevue touchant à sa fin, le Premier ministre se leva et dit: «Il serait difficile d'être en désaccord avec ce que vous venez d'exposer.» Puis il se retira en nous remerciant de notre visite.

Ce n'est pas une chose simple d'évaluer les résultats ou les effets d'une telle démarche. J'ose croire, cependant, qu'à partir de ce moment-là les Têtes-de-Boule cessèrent d'être une quantité négligeable dans la tête des politiciens. Même si peu fut fait que l'on aurait pu relier directement à notre rencontre avec monsieur Taschereau, il devenait plus facile de soumettre à des ministres les problèmes précis des Indiens.

Je concluerai ce chapitre en parlant des journaux de Québec qui relatèrent notre visite au Premier ministre. Ma déception fut sans borne lorsque je lus la nouvelle qu'une délégation composée d'Indiens et dirigée par le père Étienne Blanchin s'était présentée à Québec. Les journalistes ne disaient pas un mot sur les raisons véritables de cette visite, sur les griefs des Indiens, si bien que les lecteurs n'avaient à se mettre sous la dent que les anecdotes insignifiantes illustrant la nouveauté d'un semblable événement. [11]

---

(8) Il est très difficile de résister à la tentation de souligner combien est actuelle cette plainte formulée par le père Guinard à l'endroit des journalistes plus imbus d'exotisme que du souci de rapporter les faits et les problèmes en cause. Les choses ont peu changé aujourd'hui.

CHAPITRE V

LA FIN DE MES COURSES

Missions dans le nord de l'Ontario en 1918

Les Oblats quittèrent la paroisse de Mattawa en 1917 pour aller s'établir dans le diocèse d'Haileybury. Ce départ fit beaucoup de peine à Son Excellence monseigneur Patrick Thomas Ryan puisque nous laissions une paroisse que nous avions fondée en 1863. Aucune communauté d'hommes ne nous remplaçait à cet endroit. Avec raison, Son Excellence s'inquiétait vivement de ce vide provoqué par le déménagement de nos Pères à Hearst. Quoiqu'il en soit, à l'automne de 1918, obéissant aux ordres de mes supérieurs, je quittais la Province de Québec pour aller rejoindre le père Ovila Paquet, établi à Hearst depuis un an. Je devais y demeurer sept mois, desservant toutes les communautés le long du chemin de fer Transcontinental dans cette région du nord de l'Ontario. Dans les pages qui suivent, je tenterai de donner une brève description de ces villages et de la vie des pauvres colons, canadiens-français, anglais ou étrangers, qui s'y trouvaient à cette époque.

À Hearst, le père Paquet résidait dans une maison à deux étages, d'apparence acceptable, au toit plat, qu'il venait de faire construire sur les rives de la rivière Mattawishquia.

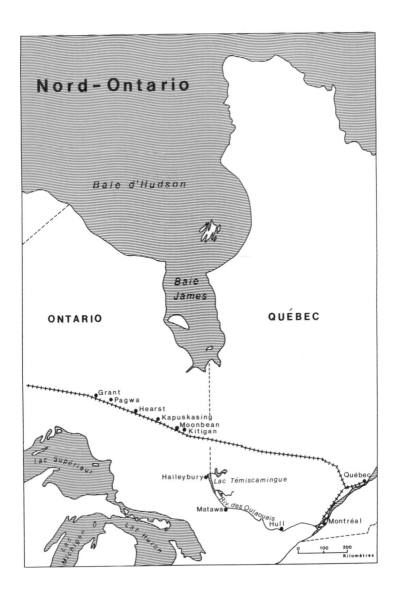

L'étage supérieur servait d'église. Au rez-de-chaussée, une institutrice enseignait en français et en anglais tandis que les Pères occupaient le premier étage. Une moitié de la maison, le côté de la cuisine, du réfectoire, de la bibliothèque et de la chambre du directeur, recevait la totalité de l'ensoleillement. L'autre moitié, c'est-à-dire les chambres réservées aux Pères en service, ne voyait jamais le soleil, si bien qu'un côté de la maison était glacial tandis que l'autre était plus confortable. Une veuve âgée et presque aveugle, Mme Gauthier, faisait office de ménagère en compagnie de sa nièce de quatorze ans.

Près de la résidence, une passerelle dangereuse enjambait la rivière et menait sur la route du petit village de Hearst. Durant mon séjour, j'étais l'unique sujet du directeur de la maison, le père Paquet, qui me chargea dès mon arrivée de desservir la mission de Moonbeam où quatre-vingts familles canadiennes-françaises vivaient.

Le village de Moonbeam ne possédait pas d'église et je devais dire la messe dans une grande tente qui, lorsqu'il pleuvait, dégouttait abondamment sur la tête des fidèles. Je recommandai la construction d'une petite église de trois ou quatre mille dollars. Les pauvres colons acceptèrent spontanément de contribuer dans la mesure du possible et, pour ce faire, chacun promit d'abord de donner une corde de bois à papier, ce qui faisait à ce moment quatorze dollars la corde pour le financement de l'église et, ensuite, de contribuer à sa construction en y consacrant quelques jours d'ouvrage. J'écrivis à monseigneur Latulipe pour lui demander de nous prêter un peu d'argent pour compléter notre projet, mais il me répondit qu'étant donné la situation financière très enviable de ma communauté, je ferais mieux de m'adresser à elle si je voulais des fonds. De plus, il ajoutait que je devrais bâtir une maison-chapelle, c'est-à-dire une maison à deux étages abritant le curé au rez-de-chaussée et la chapelle au premier, comme cela se faisait maintenant dans plusieurs paroisses. Sans hésiter, je lui envoyai une seconde lettre dans laquelle je plaidais vivement la cause d'une église indépendante, lui démontrant le coût exorbitant d'une maison-chapelle comparé à celui d'une simple chapelle, et insistant surtout sur la détermination des fidèles de Moonbeam qui rejetaient l'idée de construire autre chose qu'une chapelle.

La deuxième réponse de monseigneur Latulipe était propre à décourager les plus obstinés. Il n'hésitait pas à qualifier les gens de Moonbeam de rebelles à l'autorité religieuse. L'affaire fut étouffée par la subdivision, peu de temps après, du diocèse d'Haileybury, subdivision qui fit que Moonbeam relevait dorénavant du nouveau diocèse de Hearst.

Mes relations avec le Père directeur à Hearst n'étaient pas au mieux. Lorsque pour la première fois je partis pour Moonbeam, il me recommanda de pensionner chez monsieur Phidime Léonard près de la gare, ce que je fis. Après quelques jours, cependant, madame Léonard me confia qu'elle avait bel et bien spécifié au père Paquet lors de la dernière visite qu'elle ne voulait plus loger les pères. Évidemment, j'ignorais tout et j'assurai madame Léonard que j'allais sur le champ me chercher un autre toit. Que penser d'un homme qui s'impose ainsi par personne interposée et qui place cette dernière dans des situations difficiles sans que celui-ci n'en sache rien au départ? À la suite de ce drôle de malentendu, je dus chercher refuge ailleurs, notamment chez madame Célestin Desgroseilliers.

Une autre fois, à l'occasion d'une petite loterie que nous avions organisée pour renflouer les caisses de la mission, le Père directeur, que j'avais invité à la soirée du tirage, clôtura la fête en donnant des dix dollars aux personnes qui, selon lui, s'étaient le plus dévouées pour l'organisation de la loterie. Sur les profits, il préleva trois cents dollars pour acheter une tente de mission ainsi qu'une autre somme d'argent pour acheter je ne sais quoi, peut-être les grands chandeliers dorés qui brillaient au fond d'une malle où ils ne risquaient pas d'enflammer la toile d'une tente-chapelle beaucoup trop petite pour s'éclairer avec des objets aussi prétentieux. Décidément, cet homme me surprenait par sa façon d'agir.

Comme le territoire était très vaste, lui et moi étions toujours en voyage le long des sept cent milles du Transcontinental, du Canadien National Nord et de l'Algoma Central. Le père Paquet desservait surtout Foleyet, Horne Payne et les chantiers de ces régions tandis que je m'occupais des communautés établies le long du Transcontinental, à l'exception de Stevert sur l'Algoma Central, où de toute façon les gens vivaient ensemble sans se marier et travaillaient le dimanche. C'est le coeur brisé que je déambulais dans ce nid de concubins sans conscience et je me demandais tristement si un prêtre devait répondre aux salutations de ceux qui travaillent le dimanche.

Les villages

En commençant par la communauté de Kitigan, je m'attarderai à décrire brièvement chacun des endroits que je visitais régulièrement durant mon séjour là-bas. À Kitigan donc, le gouvernement établissait les soldats qui, revenus du front en Europe, voulaient s'établir sur une terre et devenir cultivateurs. Le gouvernement fournissait une maison à chaque soldat et offrait une prime alléchante pour chaque acre de terre que le nouveau colon défrichait car, on s'en doute, les terres des futurs cultivateurs n'existaient pas encore et il fallait les créer à même la forêt vierge. Bien sûr, les maisons du gouvernement se ressemblaient toutes avec leur toit pointu à quatre faces. Pour ce qui est du défrichement, il se passa cette drôle de chose: les soldats, ontariens et anglophones pour la plupart, engagèrent des Canadiens français pour faire le travail en leur donnant un pourcentage minime de la fameuse prime à l'acre qu'ils recevaient du gouvernement; ils se réservaient le reste et pouvaient se reposer tout en voyant leur lot prendre lentement la forme d'une terre cultivable. La plupart de ces soldats colons quittèrent leur maison et leur terre une fois le défrichement terminé. Ne profitant plus de l'argent du gouvernement, ils n'avaient plus rien à faire dans la région. Ce sont les défricheurs véritables, les Canadiens français, qui s'établirent pour de bon à Kitigan.

À Pagwa, il n'y avait pas à proprement parler de village puisque seulement deux familles y résidaient. À partir de Pagwa, on pouvait se rendre à Albany sur la baie James en descendant les rivières Pagwa, English et Albany. La compagnie de fourrure Révillon Frères construisait à Pagwa des chalands pour le transport des marchandises vers les postes situés le long de la baie. Ces chalands ne faisaient qu'un seul voyage puisque la compagnie les vendait une fois arrivés à destination. Ainsi, Pagwa était le lieu où s'arrêtait le chemin de fer et d'où les voyageurs repartaient par une route relativement facile et rapide pour atteindre la région ouest de la Baie-James. Pagwa me suggère un souvenir touchant. Un jour, par la fenêtre d'un wagon en marche, j'aperçus un jeune Oblat qui attendait sans doute un chaland qui le conduirait à Albany. Il tenait un bréviaire entre ses mains et un crucifix brillait à sa poitrine. Je revis alors mes premières et anciennes missions à Albany, à Winisk et j'imaginai mes états d'âme d'alors. Il me semblait que ce jeune Oblat, aperçu un bref instant, n'était nul autre que moi recommençant mes interminables périples, ma longue course au service des âmes éparpillées dans un pays sauvage, vaste et inexploré.

Je desservais aussi le petit village de Grant, dépôt du chemin de fer situé à une faible distance de Hearst. Peu de gens y demeuraient, la plupart travaillaient pour le chemin de fer. Un Ukrainien tenait le «magasin général» et un Canadien français du nom de Tremblay possédait le seul boeuf du lieu. Ce dernier ne manquait pas de travail. À chacune de mes visites, un Japonais m'aidait à installer ma chapelle portative et à préparer la mission. Il faut dire qu'il n'y avait pas un endroit à Grant où je pouvais décemment dire la messe.

Une cotisation permit d'amasser huit cents dollars pour la construction d'une petite maison qui servirait de chapelle. C'est un conducteur de train qui prit l'initiative de cette cotisation à la suite de mes plaintes répétées durant les sermons quant aux difficultés énormes de dire la messe et de se recueillir dans des hangars délabrés. Dans la région de Grant, la grippe espagnole fit de nombreuses victimes parmi les trappeurs indiens. Un jour, un bel Indien vint me voir et m'avisa que les Indiens mouraient de la grippe sur leurs territoires de chasse et qu'ils tentaient désespérément de rencontrer des gens pour se faire soigner: «J'arrive moi-même de la chasse et j'ai vu de nombreux cadavres non inhumés sur le chemin du retour. Le roi d'Angleterre ne permettrait jamais qu'une telle chose se passe sans qu'on n'y fasse rien. Il faut s'organiser pour aller enterrer ces nombreux morts. J'ai servi dans l'armée et je fus soldat pour les Anglais au-delà des mers. Jamais sur les champs de bataille laissait-on les cadavres sans les inhumer en priant pour le repos de leurs âmes. On doit faire la même chose ici.»

Sur les ravages de la maladie, l'Indien avait raison. Les hommes et leurs familles sortaient du bois et arrivaient au chemin de fer dans la région de Hearst aux dernières limites de l'épuisement, maigres, courbés, tirant avec difficulté les toboggans sur lesquels se trouvaient des jeunes enfants affamés. Plusieurs n'avaient pas eu la force de faire le trajet et étaient morts en route sans que personne ne gaspille les quelques énergies qui leur restaient pour les enterrer. L'Indien qui m'avait rapporté les faits disait donc vrai mais il se faisait de grosses illusions sur la compassion des Blancs. Ceux-ci ne participèrent pas à l'inhumation des victimes, mais profitèrent plutôt de la faiblesse des survivants pour les voler et les piller.

J'ai toujours aimé les Indiens et je recherchais leur compagnie même si mes missions dans le nord de l'Ontario ne s'adressaient pas précisément à eux. Le poste le plus à l'ouest le long du chemin de fer, et qui était en même temps dans mon territoire, était un village indien du nom de Kowkash. Habituellement desservis par les Jésuites de Long Lake, ces Indiens, par ailleurs fort pauvres, pratiquaient la religion avec une ferveur mitigée à cause de la présence irrégulière des missionnaires parmi eux. Évidemment, les pasteurs protestants essayaient de profiter de notre négligence à l'égard de ce troupeau. J'étais peut-être le seul prêtre catholique qui se retrouvait spontanément avec les Indiens de la région et cela le plus souvent possible. Lorsque je voyais des tentes dressées quelque part, je m'y rendais pour converser et m'informer. Ce fut le cas un jour où, sur les rives de la rivière Akwakotsi, je suis allé vers des tentes dans le seul but de me retrouver en compagnie des Indiens qui campaient à cet endroit. Ils n'avaient pas l'allure de protestants et je sus qu'ils étaient du poste Matawagamaw, autrefois visité par nos vaillants missionnaires du Témiscamingue qui furent contraints, bien malgré eux, d'abandonner la desserte de ce poste parce que l'évêque se refusait de payer les frais des déplacements. Je ne suis resté que sept mois en Ontario et je suis convaincu, aujourd'hui, que si on m'avait confié ces Indiens qui m'attiraient et que je visitais dans mes rares moments libres, j'aurais fait, avec l'aide du temps, d'heureuses conquêtes dans ce troupeau négligé. D'ailleurs, mes fréquentations apparemment non motivées des campements indiens inquiétaient vivement les pasteurs protestants.

Partout où je suis allé au Québec et en Ontario, il m'arrivait d'entendre de la bouche des colons des histoires sûrement véridiques concernant les mauvais comportements de certains prêtres. Cela m'attristait beaucoup mais je dois avouer que ces choses existent et que c'est bien regrettable. Un soir, le long du chemin de fer, alors que j'achevais de chanter des cantiques, un colon me tint ce discours: «Mon Père, je ne pratique plus la religion depuis une trentaine d'années et je vais vous dire pourquoi. J'étais alors un colon très pauvre. Ma femme accoucha et je pris l'initiative d'entreprendre un long voyage pour aller faire baptiser le nouveau-né par le prêtre le plus proche. Or ce dernier n'était pas proche du tout et j'arrivai épuisé à la chapelle après une journée entière de voyage. Ce prêtre refusa de baptiser mon enfant sous prétexte qu'il y avait des heures fixes et une journée précise pour cela. Il me commanda rudement de revenir à l'heure prescrite. Il ne voulut rien entendre de mon éloignement et de l'état des chemins. Qu'en pensez-vous?» – «Je pense que ce prêtre a mal agi. Vous veniez de loin et votre enfant devait être baptisé. Je suis un missionnaire et je comprends très bien ce qu'est la misère des voyages et de l'éloignement. Je l'aurais baptisé, moi, votre enfant. Il ne faut pas juger la religion sur les mauvais agissements d'un prêtre.» L'homme se confessa et communia le soir même.

Finalement, je dirai quelques mots sur Kapuskasing, le plus grand village de mon territoire. En 1918, une seule famille canadienne-française habitait à cet endroit, près de la gare. Un peu plus loin, le gouvernement ontarien possédait une ferme expérimentale. Il y avait surtout un camp de prisonnier où les soldats canadiens gardaient 1 700 Allemands. Ces derniers dans leur enclos de boue et dans leurs longues baraques entourées de barbelés, ne passaient pas leur temps à dormir ou à se regarder les uns les autres. Ils s'organisaient et s'instruisaient mutuellement, en attendant la fin de la guerre. Là encore, la grippe espagnole frappa durement le campement où de nombreux prisonniers moururent. À quelques reprises, je fus appelé pour exercer le saint ministère à l'infirmerie de ce camp. À chaque visite, l'infirmière m'affublait d'un pardessus blanc et d'une tuque de la même couleur qui me recouvrait toute la tête à l'exception des yeux et de la bouche. Avec un costume semblable je craignais fort de faire crier les moribonds placés sans avertissement en face d'un fantôme ou d'un esprit.
Je discutais souvent avec le personnel du camp ou avec certains prisonniers qui s'exprimaient en anglais. Un jour, une Anglaise de Toronto soutint l'idée que les Canadiens français ne parlaient pas le français mais bien un patois provincial qui indiquait leur manque de culture. Elle disait savoir qu'à Paris un Canadien français ne serait pas compris. Ses arguments me firent bondir. «Sachez, Madame, que la plupart des livres en circulation au Québec nous viennent de la France. Les Français qui viennent au Canada trouvent que nous parlons un excellent

209

français. Vous ignorez peut-être que les patois dans les différentes régions de France, en Provence, en Bretagne, sont plus prononcés que chez nous. Les parisiens grasseyent, ce qui n'est pas beau du tout. C'est un défaut, pas une qualité. Je ne dis pas que tous les Canadiens français parlent correctement le français ni que le français du Canada est identique au français de France. Je dis que ce ne sont pas tous les Anglais qui parlent l'anglais parfaitement et qu'il faut distinguer entre le parler du Canada et celui d'Angleterre. Dans tous les pays les choses sont ainsi. Les Jésuites, les Rédemptoristes, les Oblats ou les Dominicains qui arrivent de France et prêchent dans nos campagnes se font parfaitement comprendre de nos habitants ou de nos colons. Il n'y a donc pas à se laisser convaincre que les Canadiens français seraient le seul peuple du monde à ne pas parler correctement leur langue.»

Curieusement, les prisonniers allemands que j'ai connus étaient, pour la plupart, très cultivés et ne tenaient pas de semblables discours qui relevaient de l'ignorance. Je me souviens de l'un d'eux avec qui j'ai fait le voyage de retour en train après la signature de la paix entre les Alliés et les Allemands. Je retournais au Québec et lui s'en retournait chez lui: «La guerre est une bien drôle de chose. Je ramène deux petits chats du camp de Kapuskasing où j'étais prisonnier. Avec l'amour de ma femme, c'est tout ce qui me reste. Avant la guerre, j'étais riche, je possédais quelques biens et j'avais des parts dans des compagnies. Faute de pouvoir gérer mes affaires, tout s'est écroulé et ma femme me rapporte que nous repartons à zéro.» La guerre appauvrit les uns et enrichit les autres. Je n'ai pas osé lui répondre que la seule ville de Toronto comptait trente-trois nouveaux millionnaires depuis 1914.

Le mouvement des Six-Nations

Le mouvement des Six-Nations prit naissance aux États-Unis et se répandit rapidement partout au Canada. Au moment où j'écris ces lignes, il est encore très vivace puisque j'apprends qu'une délégation d'Indiens vient de claquer les portes du Château Laurier à Ottawa où le gouvernement fédéral les avait convoqués pour discuter de leurs problèmes. Le secrétaire Sioui sommait récemment l'autorité gouvernementale de rappeler sans retard tous les soldats indiens de l'armée et exigeait trois millions de dollars pour que les Indiens prennent en charge leurs propres affaires. La protestation des Six-Nations va très loin puisque c'est tout l'état de New York qui est revendiqué par les leaders indiens qui se sont même rendus jusqu'à Londres pour obtenir l'appui du Roi. Ce dernier ne les reçut point. On s'adressa aussi à la Société des Nations mais sans trop de succès. [1]

(1) Le père Guinard confond deux mouvements distincts. Quant il parle du secrétaire Sioui, il parle de Jules Sioui, un Huron de Lorette, qui organisa une rencontre nationale des Indiens, à Ottawa, le 5 juin 1944.

«Je vous laisse savoir que le but principal de cette convention est de réorganiser la direction de notre nation, il nous faudra élire un chef suprême, établir une direction de gouvernement. Après tout cela, nous pourrons rencontrer les autorités du gouvernement fantoche, nous leur soumettrons nos prétentions, et s'ils ne veulent pas négocier d'entente avec nous, nous nous adresserons directement au Roi et si nous sommes refusés par le Roi, nous nous adresserons à la Société des Nations.» Jules Sioui, *L'Envahisseur a fait mourir le patriote Louis Riel*. Brochure pour inviter les délégués à Ottawa, 1944. (Cette brochure ou ce pamphlet dut être publié en 1944 et je crois bien qu'il est très difficile aujourd'hui de s'en procurer une copie. C'est Axel Harvey qui l'a porté à mon attention.)

Jules Sioui se posait donc comme un leader qui ambitionnait de créer l'unité de la nation indienne face à l'envahisseur blanc. En l'occurence, il profitait du climat occasionné par la guerre et son argumentation se construisait autour du refus de la majorité des Indiens de s'enrôler dans l'armée. Sur le plan de l'histoire des mouvements politiques indiens, l'apport de Jules Sioui a été largement sous-estimé. Il serait très opportun d'étudier sérieusement ses actions et les conséquences qui en ont résulté. À ma connaissance, tout reste à faire pour donner à Jules Sioui et à son mouvement la place qui lui revient dans l'histoire des Indiens au Québec.

Pour ce qui est du mouvement des Six-Nations, il originait des États-Unis et du sud de l'Ontario et visait la reconnaissance de la souveraineté de la nation indienne. Les Iroquois et leur Confédération étaient les meneurs de ce mouvement qui s'accompagnait, en outre, d'une volonté collective de retour aux valeurs traditionnelles. Le mouvement connut un grand succès à Maniwaki et des militants se mirent à faire de la propagande dans d'autres villages indiens du Québec, en Haute-Mauricie notamment. Guinard parlera plus loin d'Indiens étrangers qui viennent à Wemontachingue pour recruter les adhérents. Dans son histoire de Wemontachie, Normand Clermont prétend que ces Indiens étaient des Algonquins de Maniwaki dirigés par le chef J.B. Chabot. (Clermont, Normand. *Ma femme, ma hache et mon couteau croche, op. cit.*, p. 117.) Là encore, il s'agit d'événements peu connus qui mériteraient d'être traités avec plus de profondeur.

Les répercussions de ce mouvement se firent d'abord sentir à Maniwaki, à Lac Victoria et à La Barrière. Les Indiens américains invitaient les Indiens canadiens à se soulever et à les rejoindre dans une grande assemblée de rebelles à Brandford, en Ontario. Plusieurs Indiens de Maniwaki et des environs se cotisèrent et firent le voyage pour assister à l'assemblée. Ils revinrent complètement fanatisés et entreprirent avec un zèle excessif une campagne de propagande qui visait à embrigader d'autres villages indiens au Québec. Devant la situation, le ministère des Affaires indiennes dut sévir. Il destitua Jean-Baptiste Chabot, alors chef de Maniwaki, et déclara hors-la-loi les perturbateurs étrangers. La lutte se poursuivit en cachette.

Un nommé Davidson vint à deux reprises à Wemontaching où il se retirait à la Compagnie de la baie d'Hudson en essayant de passer inaperçu. Il se disait anthropologue et prétendait enseigner à l'université de Philadelphie tout en étant mandaté par le musée de New York pour constituer des collections d'objets indiens. Il passait le plus clair de son temps sur les grèves du Saint-Maurice, renfermé sur lui-même, concentré, disait-il, sur l'objet de ses recherches. Personne ne fut dupe de ses intentions réelles et, se voyant démasqué, il dut s'enfuir. [2]

Les propagandistes du mouvement n'agirent pas seulement par personne interposée comme dans le cas de

(2) Daniel Sutherland Davidson (1900-1952) fut un anthropologue américain qui a travaillé sous l'influence de Frank G. Speck. C'est dans le cadre des recherches de Speck sur les Indiens du Nord-Est que Davidson a étudié sur le terrain la communauté des Têtes-de-Boule dans les années vingt. La majorité de ses travaux porte toutefois sur la culture des Aborigènes d'Australie. Sur les Têtes-de-Boule, voir: Davidson, D.S., *Notes on Têtes de Boule ethnology*, dans *American Anthropologist* 30, no 4, 1928, p. 18-45.

Il est peu probable que Davidson ait eu des liens directs avec les mouvements indiens de revendications. Il n'est pas surprenant, cependant, de voir le père Guinard le dénoncer en tant qu'espion de ces mouvements. Guinard, on le sait, se méfiait des étrangers. Par ailleurs, le père Guinard avait bien reçu l'anthropologue catholique Cooper (qui était prêtre par surcroît), mais il n'accepte pas un type comme Davidson. Dans la même veine, il ne fait jamais mention de Frank G. Speck qui fit plusieurs séjours d'études sur le terrain à Maniwaki. Or, le père Guinard passa une grande partie de sa vie à Maniwaki, mais il semble bien qu'il n'ait jamais rencontré Speck, du moins n'en parle-t-il jamais.

Davidson, ils vinrent en personne. Un jour, pendant le catéchisme, une femme accourut, tout excitée, pour m'avertir que deux Indiens étrangers étaient à Obedjwan et tenaient une assemblée dans le village. Je renvoyai les enfants chez eux et me précipitai vers la maison où se tenait l'assemblée. Les hommes s'intéressaient tellement à l'affaire que très peu me virent entrer.

Tous assis sur leurs talons, ils écoutaient parler un étranger qui, assis sur une chaise, tenait à la main un vieux bandeau de perles et donnait de longues explications sur sa valeur et sa signification. À ses pieds, un coffre renfermait des bandeaux, des colliers, des casques, des calumets, des plumes d'aigle, des papiers et des insignes. Tout cela n'augurait rien de bon et j'intervins sans plus attendre, ordonnant à mes Indiens de quitter la pièce au plus vite parce que la cause exposée n'était pas bonne pour eux. Un lourd silence suivit mon intervention, silence durant lequel les Indiens me regardaient tristement sans obéir à mon ordre cependant. Après quelques minutes, ils se décidèrent enfin à sortir un par un, lentement, et à regagner leur foyer. Ils ne dirent pas un seul mot de telle sorte que je n'ai jamais su s'ils approuvaient mon geste ou pas. Je n'étais sûr de rien car jamais je n'avais vu un mouvement les intéresser à un si haut point.

Une fois seul avec les deux étrangers, je leur tins ce discours: «Vous venez semer le trouble chez les Indiens d'Obedjwan. Tous ici vivent heureux, libres de chasser et de pêcher. Ils vont dans les bois et sur les eaux des lacs comme autrefois. Lorsqu'il y a des récriminations, je me charge de les transmettre au gouvernement comme je l'ai toujours fait pour eux. S'ils ont à se plaindre maintenant, qu'ils le disent et j'agirai. Ces Indiens n'ont pas besoin de vous.» Ils ne me répondirent pas se contentant de me regarder avec un drôle d'air. Je sortis et regagnai mes quartiers tout en surveillant de très près pour vérifier si l'assemblée ne reprendrait pas aussitôt. Il n'en fut rien. Les Indiens restèrent chez eux et les étrangers, une heure plus tard, poussaient au large leur canot pour s'en retourner d'où ils étaient venus. [3]

Ils n'osèrent jamais revenir dans mes missions du Haut-Saint-Maurice mais la propagande se poursuivit par la voie du courrier. Un parti de rebelles était né et recrutait des membres dans tous les villages. Des circulaires dénonçaient l'avarice et les mauvaises intentions du gouvernement vis-à-vis des Indiens, exaltaient les mérites du mouvement de rébellion, rassuraient les populations en soutenant qu'elles seraient mieux traitées sous la gouverne des Indiens que sous la gouverne injuste des Blancs. Je combattis de toutes mes forces les effets de cette propagande néfaste en démontrant de mon côté toute l'hypocrisie que sous-tendait ces assertions. Je me servais du chef, auprès duquel je réfutais patiemment les arguments des rebelles, pour rejoindre tous les chefs de famille afin de leur faire comprendre les dangers d'une position extrême et les mensonges contenus dans les circulaires quant à la méchanceté du gouvernement.

Mes efforts portèrent si bien que les Têtes-de-Boule ne prirent aucune part active au mouvement des Six-Nations. Le ministre des Affaires indiennes, M. Duncan Scott, m'écrivit personnellement pour me féliciter de mon rôle dans cette affaire où j'avais si énergiquement coopéré à la pacification.

Malheureusement, les choses n'allèrent pas aussi bien à Maniwaki, à Lac Victoria et à La Barrière où les Indiens étaient davantage exposés à la propagande des rebelles américains. Ils étaient plus crédules et partant, plus fanatiques aussi. À Maniwaki, ils envahirent les hôtels, buvant, mangeant et occupant les chambres tout en refusant de payer un sou puisqu'ils en revenaient, disaient-ils, au «vieil acte» dont on ne savait trop bien, d'un côté comme de l'autre, ce qu'il était

(3) On peut penser qu'il s'agissait d'Indiens de Maniwaki, mais dans ce cas, le père Guinard les aurait reconnus. Peut-être étaient-ils des militants iroquois? Quoiqu'il en soit, les *Mémoires* ne nous donnent pas les détails qui permettraient de savoir d'où venaient ces gens.

exactement. En s'appuyant sur ce «vieil acte», ils réclamaient rien de moins que toutes les forêts du Canada. [4]

Invoquant précisément ce droit de propriété sur les forêts canadiennes, trente et un Indiens de Maniwaki se rendirent un après-midi au chantier de Charles Laguë dans le but de mettre un terme à ses activités. Dans les voitures, sous des couvertures, les Indiens cachaient des carabines. Aux bureaux du chantier, où les Indiens se rendirent d'abord, le commis Frank Maheu réussit à les contenir un tant soit peu. Vétéran de la guerre de 1914-1918, il n'avait pas froid aux yeux et accepta de recevoir les Indiens un par un dans son bureau où une épée était posée sur une chaise et un pistolet sur une table. Les Indiens hésitèrent jusqu'au soir et mal leur en prit puisque le retour des bûcherons leur enleva toutes velléités de combat. Les bûcherons, la hache sur l'épaule, les charretiers, les chargeurs et même les employés de la voirie se regroupèrent près des bureaux et cette présence menaçante amena les Indiens à retraiter et à rentrer chez eux. Le lendemain, les chefs de cette bande furent emprisonnés.

Malgré les sanctions, le fanatisme augmentait; l'animosité se portait sur les prêtres et la religion. Un groupe fonda une nouvelle foi basée sur les anciennes croyances. Ils détruisirent les grandes croix des cimetières de Baskatong et de Michomis et marièrent un homme à une femme déjà mariée en se référant à un code tenu secret où se trouvaient les rites de leur religion nouvelle. Les mariés eurent un garçon; on proclamait partout qu'il s'agissait du nouveau Christ. Ce qu'on ne disait pas fort, c'est que dans cette drôle de Sainte-Famille, la mère avait une virginité douteuse et que le Saint-Esprit, selon toute vraisemblance, n'avait rien à voir dans l'enfantement. D'ailleurs, il n'est jamais venu à l'idée de ce nouveau Christ de se faire crucifier pour son peuple!

Il reste que le mouvement remettait tout en cause. Un Indien d'Oka vint à Maniwaki pour dénoncer l'emprise des prêtres sur les gens. Il prétendait que les prêtres tenaient les

(4) On notera que ce n'est pas d'hier que les Indiens du Canada réclament la reconnaissance de leurs droits territoriaux.

Indiens dans l'ignorance, les enveloppaient dans un monde à part et retardaient leur évolution. Le pire c'est que cette propagande portait. Le père Laniel, missionnaire dans ces régions à l'époque, me confia que ses Indiens adoptaient de drôles de comportements religieux:

> «À La Barrière, les Indiens sont presque devenus fous de la religion cette année. Je les ai trouvés illuminés, contemplatifs, absents. Ils ne travaillaient plus, ni ne chassaient ni ne pêchaient. Ils attendaient tout du ciel, passaient des journées à prier, immobiles, profondément concentrés. Je sus qu'ils suivaient les enseignements de leurs prophètes du diable. Par la grâce de Dieu, j'ai réussi à les convaincre de revenir à la religion de Jésus-Christ et à reprendre leur comportement habituel. Dieu seul sait comment j'ai réussi car j'ai bien cru un moment que ces gens étaient perdus à tout jamais.»

Tous ces événements tendent à prouver combien les Indiens sont crédules et irréfléchis. Ils sont à la merci du premier charlatan venu. Les rebelles leur promettaient le paradis sur terre et ils le croyaient. Un quidam écrivait que Duncan Scott, ministre, et Ernest Gauthier, agent des Affaires indiennes à Maniwaki, possédaient les clefs d'un immense coffre rempli de billets de banque, se refusant à l'ouvrir pour le bénéfice des Indiens maintenus dans la pauvreté, et ils le croyaient. Un protestant dénonçait les missionnaires en les décrivant comme des geôliers qui retenaient les Indiens prisonniers des tenailles de la religion catholique, et ils le croyaient encore. Inutile de dire que tous ces événements causèrent un tort considérable aux Indiens qui y participèrent.

Les Indiens n'ont pas de raisons sérieuses de se plaindre ainsi du ministère des Affaires indiennes ou du gouvernement canadien. On leur donne tellement que tous les colons sont presque justifiés d'en être jaloux. Le Ministère bâtit des écoles, fournit le chauffage et l'entretien, paie le salaire des institutrices, achète des livres, le papier, les crayons. Il engage des médecins, fournit les remèdes et les soins dans les hôpitaux. Il donne des rations aux malades, aux vieux, aux infirmes et aux nécessiteux. Il va même parfois jusqu'à payer des vêtements, des chaussures ou différents objets nécessaires à une vie normale. En un mot, le Ministère fait tout pour eux. En plus de tout cela, comme des princes, ils ne paient pas de taxes. Les Indiens de Maniwaki détiennent une réserve de quarante-quatre mille acres, soit environ cent cinquante milles carrés pour satisfaire cent trente familles. À l'intérieur de cette réserve, le Ministère entretient les ponts et verse un salaire aux Indiens lorsqu'ils travaillent à améliorer l'état des chemins. La réserve indienne les protège contre tous les importuns à tel point que nul créancier n'est en droit de saisir les biens d'un Indien criblé de dettes si ces biens se trouvent à l'intérieur des limites de la réserve. Les Indiens possèdent en plus un fond communautaire en argent dont l'intérêt leur est versé chaque année par le Ministère. Un agent s'occupe d'eux à plein temps et juge leurs différends. Encore faut-il souligner que mon énumération ne vise que les avantages les plus évidents. «Les Indiens sont trop gâtés par le Ministère», me confiait un jour un de leurs agents. Force est d'admettre que c'est bien vrai. Ils sont les petits préférés du gouvernement qui fait pour eux ce qu'il ne ferait pour personne d'autre. Or, voilà que des étrangers viennent les convaincre qu'ils n'en ont pas encore assez et voilà que, sans réfléchir, nos Indiens réclament à tort et à travers des droits qu'ils n'ont pas. C'est une ingratitude de leur part, certes, et il serait préférable de leur rappeler souvent combien de millions de dollars le gouvernement canadien, dans sa pitié, dépense pour eux chaque année. Bien sûr, les Indiens méritent notre pitié et un traitement de faveur. Ne leur a-t-on pas pris leurs terres, leurs forêts; en un mot leur pays? Bien que sauvages, ils n'ont jamais pris les armes contre nous. Ils méritent donc notre sollicitude, mais de là à ce qu'ils revendiquent davantage, j'y vois une marge inacceptable.

Au Canada, les recensements de la population se font tous les dix ans et il arrive que l'on demande aux missionnaires des régions éloignées d'effectuer cette tâche. C'est ainsi que je fis ceux de 1910, 1920 et 1930. Cette nouvelle responsabilité occasionnait un surcroît de travail dans mes voyages mais j'y voyais de nombreux avantages: les sommes d'argent allouées aux frais de déplacements dépassaient les dépenses encourues; les Indiens constataient que j'avais l'estime et la confiance du «grand chef» d'Ottawa et, finalement, j'avais une bonne raison de visiter les protestants.

Je regrette, aujourd'hui, d'avoir déchiré et jeté récemment les grandes feuilles bleues et les enveloppes jaunes où étaient consignés les résultats de mes trois recensements. Ces documents me serviraient bien pour la rédaction de mes mémoires puisque ces recensements contenaient, non seulement le nombre de personnes formant la population mais relevaient aussi les âges, le sexe, le nombre de familles, le nombre d'incendies, les animaux tués par chasseurs et par espèce. En principe, le recensement révélait combien de loutres, de visons, de castors, de renards ou de pékans chaque homme avait tués. En réalité, il n'en était rien. Les Indiens sont supertitieux et ne révèlent pas facilement le nombre de leurs prises de peur que les animaux s'en offusquent et que leurs prochaines chasses soient infructueuses. Ils prétendaient ne jamais compter le nombre d'animaux pris annuellement dans leurs pièges. Lorsque j'insistais pour le savoir, au nom et sur ordre du «grand chef» d'Ottawa, ils desserraient les dents et me disaient un chiffre, n'importe lequel assurément. Il importe donc de ne pas attacher trop d'importance aux chiffres des recensements indiens pour la chasse et la quantité des prises car les Indiens conservent pour eux-mêmes ces informations et ne les livrent à personne. Pour compléter le recensement au chapitre des fourrures, je m'informais auprès des commis des magasins de la Compagnie de la baie d'Hudson.

En 1910, je recensai Masamegous, Manowan, Wemontaching, Kokokache, Kikendash et Waswanipi. Monsieur Saint-Denis, de Hull, qui, par l'entremise du père Médéric Prévost, m'avait mandaté pour faire ce travail, me demandait aussi de recenser les postes d'Albany, de Moosonee et de Rupert House, ce que je dus décliner à cause du manque de temps, mais que j'aurais bien aimé faire pourtant, afin de revoir mes anciennes missions. Le gouvernement demandait aux missionnaires d'effectuer les recensements des Indiens et des travailleurs isolés parce que les missionnaires rencontraient tout le monde de toute façon durant leurs voyages. Un simple fonctionnaire se perdait trop facilement dans les bois et ignorait comment rejoindre les gens. Dans ces régions éloignées, le recensement coûtait au gouvernement un dollar par habitant recensé. Aujourd'hui, l'utilisation de l'avion a réduit les frais de beaucoup, semble-t-il.

En 1920, je repris mon recensement dans les postes visités en 1910 en ajoutant, en plus, le recensement des draveurs de la Compagnie Saint-Régis dans la région d'Oskalanéo et les opérateurs des barrages A, B et C sur la rivière Manowan. Ces voyages me permettaient de repasser dans des lieux que je ne fréquentais plus tellement mais que j'avais autrefois bien connus, notamment en compagnie du père Guéguen. Je reconnus des endroits, le long de la rivière Manowan où, vingt ans plus tôt, les Indiens avaient volontairement brûlé des secteurs de forêt afin d'attirer les ours au temps des fruits. À présent, la forêt repoussait bien même si aucun tronc ne dépassait encore un pied de diamètre.

En 1930, j'ajoutai encore à mes courses puisqu'on me demanda, en plus des recensements dans les endroits où j'avais déjà recensé la population dix ans plus tôt, de visiter la nouvelle région du lac Doré et de Chibougamau où l'on venait de découvrir de riches mines de cuivre. Plusieurs hommes y travaillaient déjà à la préparation des futures exploitations. Il fallut parcourir cent trente milles pour faire le trajet entre

Obedjwan et le lac Doré, et j'entrepris le voyage en canot en compagnie de mes deux guides, Paul Megwiste et David Nikwi.

Nous avons quitté le bassin de La Loutre en suivant la rivière Eau-Claire pour ensuite traverser les lacs Eau-Claire et Lynx-Eye, qui nous menaient à la rivière Memanishishipi par la rivière Lynx-Eye, le lac Brochet et le lac Rohault. La rivière Memanishishipi coulait vers la baie James, vers Waswanipi plus précisément. [5] Nous l'abandonnions pour traverser le lac Obatagamau où nous rencontrâmes des chasseurs de Mistassini en route pour Oskalanéo. [6] Leur mine misérable attirait la compassion. Il fallut leur donner de la nourriture car ils en manquaient. Nous les laissâmes en leur souhaitant de tuer un orignal au plus tôt. Après ce lac, nous attteignîmes le magnifique lac Chibougamau sur les rives duquel la Compagnie de la baie d'Hudson exploite un magasin. Finalement, un portage nous faisait déboucher sur le lac Doré que les Indiens appellent Wakonichi. [7] Les eaux de ce lac coulent vers l'immense lac Mistassini. Au lac Doré, je ne recensai que des gardes-forestiers puisque les mineurs et les prospecteurs étaient déjà retournés chez eux. On racontait que l'exploitation de ces mines n'était pas une chose acquise, en raison de l'éloignement. Tout devait être transporté par avion et on sait combien cela coûte. Néanmoins, il était de plus en plus question de la construction d'une route entre le Lac-Saint-Jean et Chibougamau.

En 1940, je refusai de faire un quatrième recensement. Car on me demandait d'ajouter encore les postes de Mistassini,

---

(5) «La route la plus probable semble être celle-ci: du bassin La Loutre par le ruisseau à l'Eau-Claire jusqu'au lac Eau-Claire (aujourd'hui Dubois); ensuite par la rivière Lynx-Eye (aujourd'hui Ventadour) jusqu'au lac Lynx-Eye (aujourd'hui Robert); puis par le lac Rohault et peut-être le lac Gabriel qui fait partie du système Opawica; finalement, le lac Newejiche vers le lac Obatagamau qui est à une vingtaine de milles du lac Doré. Le lac Brochet n'est pas identifiable». (Axel Harvey, communication personnelle).

(6) Oskalanéo est un poste de transbordement le long du chemin de fer transcontinental. Le poste de Mistassini s'approvisionnait à partir de cet endroit.

(7) Il s'agit d'une erreur du père Guinard.

Nitchicun et Nemiscau à ma liste déjà trop longue. Cette fois, le périple devait se faire en avion mais en 1940, les pilotes étaient plus rares que l'or, puisqu'ils étaient réquisitionnés pour la guerre. Je me désistai par lettre en suggérant que le bureau du recensement s'adresse à la Compagnie de la baie d'Hudson pour obtenir ses informations. J'ignore si les populations indiennes furent recensées cette année-là.

Retour définitif à Maniwaki en 1940

Dans les premiers jours de janvier 1940, je serrai la main de mes chers Indiens du Haut-Saint-Maurice et un pressentiment me disait que je les voyais pour la dernière fois. Les Indiens devinèrent mes pensées en me voyant pleurer: «Ne sois pas si triste, père Guinard, tu vas revenir encore.» Je n'y suis jamais retourné. Il ne me sera jamais plus possible d'oublier ces gens qui me furent fidèles pendant près de quarante ans et qui faisaient en quelque sorte partie de moi-même.

À mon retour à Maniwaki, mes appréhensions se confirmèrent. Une lettre, faisant allusion à mon âge, à mon état de santé et aux difficultés des voyages, m'annonçait que le père Édouard Meilleur me remplaçait en Haute-Mauricie tandis qu'on me confiait la tâche plus sédentaire de curé auprès des Indiens de Maniwaki. Cette fois-ci, c'était bien vrai: le petit missionnaire solitaire arrivait au terme de ses courses après cinquante ans de travail auprès des Indiens. Quant à mon âge, mes supérieurs avaient tout à fait raison puisque j'avais 80 ans. C'était moins évident en ce qui a trait aux difficultés de la tâche, car je crois bien que mon court séjour chez les Indiens de Maniwaki, au début des années 40, fut plus difficile pour moi que toutes mes courses à la Baie-James ou en Haute-Mauricie. Le climat n'était plus du tout le même. Les Algonquins étaient remplis de ressentiment et d'animosité envers les Blancs. De plus, si je parlais couramment le cri, j'étais moins compétent en algonquin. Je me retrouvais donc, à un âge avancé, dans la situation où il me devenait nécessaire de perfectionner mon parler algonquin comme je l'avais fait cinquante ans plus tôt pour le cri.

À Maniwaki, je fus impliqué dans une dispute entre nos pères et les Indiens à propos de la construction d'une chapelle exclusivement réservée aux Indiens et d'une résidence attenante, à l'intérieur des limites de la réserve. Avec beaucoup d'autres missionnaires consultés au préalable, j'avais donné mon accord pour ce projet car je considérais qu'un missionnaire, dans la mesure du possible, doit vivre en permanence au milieu des Indiens. D'ailleurs, ces derniers se plaignaient d'avoir à sortir de la réserve pour venir dans une chapelle où les Blancs les recevaient mal et leur volaient leurs bancs. Dans les circonstances, seulement quelques messes par semaine étaient destinées aux Indiens.

Les autorités acceptèrent le projet et me mandatèrent auprès des Indiens pour obtenir d'eux une acre de terre où nous pourrions construire. Lors d'une assemblée générale où je devais exposer le projet, je rencontrai une opposition peu commune. Des hommes sortirent en manifestant leur colère; une vieille me cria: «Tu n'auras pas de terre, tu n'auras pas de terre! Tu as de la terre, construis sur ta terre!» Un autre vociférait: «Nous ne voulons pas d'église!» L'agent des Affaires indiennes intervint pour calmer les esprits: «Mon travail consiste à visiter les réserves et je les connais presque toutes dans la Province. Que ce soit à Lorette, à Caughnawaga, à Saint-François ou à Manowan, les Indiens ont une église sur la réserve. Vous possédez plus de 45 000 acres de terre pour la plupart inutilisés. Ne pourriez-vous pas donner quelques acres aux Pères qui, à leur frais, veulent vous construire une église! En Ontario, des Indiens protestants viennent de donner 3 000 $ pour la réparation de leur église endommagée par un ouragan. Vous, des catholiques, vous ne donneriez même pas une acre pour jouir des avantages d'avoir un prêtre parmi vous!»

Le chef Jean-Baptiste Chabot se leva et ne daigna même pas répondre à M. Jude Thibeault. Il parla de mille autres problèmes qui touchaient les Indiens, ne mentionnait jamais la question du terrain pour la chapelle. Il conclua par cette phrase laconique: «Duncan Scott m'a dit autrefois: *to put the white men out of the reservation*. C'est bien ce que j'entends faire!»

Non seulement les Indiens refusaient de donner du terrain pour l'église, mais encore menaçaient-ils de brûler la chapelle si nous la construisions. Quelques mois plus tard, je récidivai en tentant cette fois d'acheter un petit terrain à un individu. Ce fut peine perdue car il me refusa. Un peu plus tard, avec toutes les peines du monde, je réussissais finalement à louer un terrain pour réaliser le projet. Le 15 avril 1942, on procédait à l'inauguration de la chapelle et de la résidence.

Cependant, la piété n'étouffait personne. Sur la réserve, vivaient six cent cinquante catholiques, indiens, métis et blancs. Or, les assistances à la messe étaient très faibles et la plupart des fidèles ne faisaient par leurs pâques. Les Indiens fréquentaient peu la résidence, ce qui constituait pour moi un changement profond dans mes relations avec les gens, si chaleureux en Haute-Mauricie, si froids ici. Mikonini et Tchimité furent les premiers indiens à visiter la maison. Tchimité en fit rapidement le tour et partit en me demandant si je ne voulais pas échanger mon logis pour son «shak». L'autre ne s'intéressa qu'au pot de tabac dans la salle de récréation. Il en prit deux poignées et retourna rapidement chez lui en riant. Je regrettais vivement mes amis Têtes-de-Boule avec qui j'avais partagé tant d'expériences véritables. Je revoyais avec nostalgie les conditions, en apparence misérables, mais en réalité extrêmement riches et favorables, dans lesquelles je m'étais toujours retrouvé à l'aise pour catéchiser.

Mes courses hivernales avec les Têtes-de-Boule

Dans mon temps, les missionnaires voyageaient souvent avec les Indiens en hiver car il nous était difficile de nous limiter à nos missions d'été en abandonnant les fidèles tout l'hiver pendant qu'ils chassaient dans les bois. À l'époque des Fêtes, notre arrivée à la mission provoquait un rassemblement des familles. Peu de chasseurs préféraient rester dans les bois tandis que la plupart profitaient de ce moment pour venir se reposer au poste et pour voir le prêtre.

Nous voyagions en raquettes, avec des attelages de chiens. Ces maigres bêtes tiraient le traîneau avec courage. La marche en raquettes est pénible la plupart du temps car elles sont lourdes, mouillées, recouvertes de glace et s'enfoncent trop souvent dans la neige épaisse. Les itinéraires suivent toujours des pistes battues sur les lacs et les rivières. Il faut de bons guides qui savent «lire la glace», évaluer la solidité de ce mélange d'eau et de neige que l'on appelle communément la «sloche». Le guide s'arrête souvent pour sonder la glace et notre trajet ne consiste qu'en arrêts et longs détours. Il n'y a pas de prudence excessive en cela car les dangers de s'enfoncer et de disparaître sont réels. La glace des lacs est toujours crevassée et le poids énorme de la neige la fait caler quelque peu, si bien qu'il s'y trouve constamment un peu de glace qui s'affaise et d'eau qui remonte par les fissures. Lorsqu'il fait très froid, il importe de ne pas se mouiller, c'est pourquoi on marchait sur les lacs en prenant le plus de précautions possible.

Les Indiens qui regagnent la mission ont l'habitude de se regrouper et de voyager ensemble pour éviter les accidents. Quelquefois, leur route coïncidait avec celle du missionnaire et nous faisions la dernière partie du voyage en groupe, marchant les uns à la suite des autres, formant une interminable file de toboggans tirés par les chiens ou par les hommes. En général, cependant, les hommes poussaient les toboggans avec l'aide d'un bâton. Les femmes et les enfants marchaient et poussaient aussi. De loin, un observateur aurait vu se dessiner ces longues files humaines qui approchaient par des chemins tortueux et qui ressemblaient à un long serpent noir se glissant et se tordant sur la neige blanche.

Durant ces marches longues et froides, les jeunes hommes et les jeunes filles se courtisaient selon les coutumes indiennes. Un groupe de jeunes filles brisait le rang et doublait la file d'un pas rapide. Sans regarder qui que ce soit, les raquettes claquant sur la croûte de glace, soulevant un nuage de neige, voilà que les filles courent presque, elles prennent les devants, les robes et les mouchoirs au vent, la condensation de leur souffle rapide s'échappant en fumée. Bientôt, elles sont devenues toutes petites à l'horizon loin devant nous. Elles se sont arrêtées et attendent sagement l'arrivée du groupe au milieu duquel elles reprennent très sérieusement leur place. Rien ne s'est dit. Après un certain temps, voilà que les jeunes hommes quittent le rang, doublent la file d'un pas rapide, essayant de se dépasser les uns les autres, balançant les bras et les épaules, leur hache scintillante à la ceinture, allant les mains nues et toussant le plus fort possible pour se faire remarquer. Ils lèvent les pieds très haut et les raquettes frappent les manches de hache comme s'ils voulaient les déglacer pour les alléger. Au loin, à leur tour, ils s'arrêtent essoufflés, forment cercle et se mettent à fumer la pipe en nous attendant. La fumée du pétun embaume l'air autour d'eux. Ils sont heureux car bien des amours naissent ainsi sans qu'un mot, un regard ne soient échangés entre les futurs partenaires.

À l'heure des repas, le groupe s'arrête et les hommes montent sur les rives de la rivière ou du lac pour se mettre à fouler la neige avec les raquettes afin de préparer un endroit propice pour s'asseoir et manger. Puis, ils coupent cinq ou six bûches de bois vert sur lesquelles ils disposeront leurs feux pour qu'ils ne s'enfoncent pas dans un trou de neige et ne s'éteignent pas dans l'eau résultant de la fonte de la neige laquelle est provoquée par la chaleur des feux. D'autres hommes abattent de jeunes épinettes qu'ils viennent ébrancher à l'endroit où la neige est déjà foulée. Avec les branches d'épinettes, ils font un tapis qui nous isolera de l'humidité. D'autres apportent du bois sec tandis que quelques-uns disposent des branches d'épinettes près des chiens afin qu'eux aussi profitent de cette protection. Toute la troupe est affairée, si bien qu'en peu de temps le repas sera prêt et la place confortable. Un homme à genoux achève de percer un trou dans la glace avec sa hache et déjà la belle eau froide surgit. Plusieurs chaudrons remplis d'eau et de glace sont suspendus au bout des perches plantées obliquement, juste au-dessus du feu. La viande et les fèves sont déjà dans de gros poêlons en train de cuire. Le pain dégèle, le thé bout et renverse, la viande est cuite, les fèves sont bouillantes: nous voilà prêts pour le dîner. Avant de festoyer, nour remercions Dieu de nous permettre de manger aussi bien. La marche en hiver aiguise l'appétit. La viande disparaît comme par enchantement, si bien qu'on ne voit jamais de restes. La graisse d'ours, la viande d'orignal et le lard trouvent toujours des convives. Dans des tasses en faïence, les participants ingurgitent bruyamment du thé très chaud, très fort et très sucré. Les femmes sont assises sur leurs chevilles, recroquevillées, portant les enfants sur le dos, emmaillotés dans des peaux de lièvres. Les hommes font face au feu, assis sur des perches et, de temps en temps, ils se mettent la main devant les yeux et baissent la tête pour laisser passer une rafale de fumée. Moi, je suis installé sur des sacs remplis de peaux de lièvres. C'est plus confortable que le plus cher des sofas. Les chiens s'agitent, se battent, mêlent leurs attelages. Il faut courir les séparer, les appeler par leur nom, donner des coups pour que la paix revienne.

En bas, sur la rivière, les toboggans attendent, disposés pêle-mêle, les chargements défaits, détachés de partout comme des trésors qu'on aurait fouillés. Mais ce ne sont justement pas des trésors, si l'on en juge par le contenu qui révèle l'extrême pauvreté de mes compagnons. Ces traîneaux transportent toutes les possessions d'une famille, ce qui est bien peu. Je mange moins que les Indiens et j'ai du temps pour me promener lentement au milieu de ces équipages provisoirement abandonnés. Sur le dessus de la charge d'un grand toboggan, un bébé repose, enveloppé avec soin dans des fourrures recouvertes de toiles. Il a le front bandé d'un linge, si bien qu'on n'aperçoit que ses yeux, de magnifiques yeux noirs dont les cils sont blancs de givre. Couché sur le dos, complètement immobile, silencieux, il regarde attentivement au-dessus de lui les nuages blancs qui courent sous le ciel bleu. Je m'étonne et m'attendris du recueillement de ce petit innocent, tellement attiré par ce qu'il voit en haut qu'il ne se préoccupe pas le moins du monde de ce qui se passe autour de lui. Son innocence me fait envie. Puisque des chiens rôdent dans les parages, j'avertis les Indiens que ce bébé court certains dangers d'être mordu ou dévoré. Amusés, ils me répondent que leurs chiens ne mordent jamais les enfants. Là-dessus, le voyage reprend sans plus attendre.

Le soir, on dormait dans une tente, dans un vieux «shak» abandonné lorsqu'il y en avait un, ou encore à la belle étoile. Cette dernière solution est la meilleure pour qui ne fait que voyager. Il suffit de creuser avec ses raquettes un trou dans la neige jusqu'à ce qu'on rejoigne le sol. Des branches sont disposées sur les parois pour retenir la neige et le sol est recouvert de branches de sapin ou d'épinette. C'est dans ces trous que j'ai passé mes plus belles nuits de missionnaire, car ce n'est ni froid ni humide comme dans un «shak» ou sous une tente. Avant de dormir, il faut nourrir les chiens et les préparer pour la nuit. Les Indiens de la Baie-James donnaient du loup-marin ou du marsouin à leurs chiens. Dans le Haut-Saint-Maurice, les chiens mangeaient du poisson ou une sorte de purée composée surtout de suif. C'est le seul repas des chiens de traîneaux dans une journée. Au matin, les chiens sont gelés et sont impatients de se remettre en route pour se réchauffer. Lorsque vous les attelez au traîneau, il importe que ce dernier soit solidement retenu, fixé au sol ou attaché à un arbre, car les chiens pourraient partir sans vous.

Tous ces souvenirs qui refont surface, ces images de mon passé missionnaire, me confirment l'immense bonheur qui me fut donné de servir les âmes dans des régions éloignées. J'y repense toujours avec nostalgie, même si je sais que tout cela est maintenant révolu.

Mon calice brisé

Un matin de mission, ouvrant ma chapelle portative pour dire la messe, je trouvai mon calice brisé. En le voyant ainsi, je me suis mis à pleurer et à l'embrasser. Ce petit calice d'argent,

227

ciselé d'une croix, m'avait suivi sur les rives sablonneuses de la baie d'Hudson, à la baie James, dans le Haut-Saint-Maurice jusqu'à Waswanipi; ensemble nous avions traversé mille lacs, d'immenses forêts et de dangereux rapides; nous avions visité des chantiers et des taudis indiens; pendant 29 ans, j'y avais bu le sang divin de l'Agneau. Avec lui, j'avais offert des milliers de fois le Saint-Sacrifice sous des tentes, dans des cabanes, dans des fermes isolées ou des petites chapelles indiennes. Que de fidèles se sont inclinés devant lui quand, plein de Sang Divin, je l'élevais vers le ciel? Que d'Algonquins, de Cris, de Têtes-de-Boule et de bûcherons s'approchèrent de ce cher calice! Combien de fois ai-je, le matin, entouré son pied fragile de petites hosties que je consacrais pour les distribuer ensuite aux pauvres et aux ignorants qui communiaient en chemise, en haillons, les cheveux en broussaille. Oh! mon Calice, mon cher Calice! ma vie de missionnaire va-t-elle se briser avec toi? Mon Dieu, pourquoi un tel malheur? Aurais-je dit une messe sacrilège? Aurais-je communié indignement à la coupe bénie? Voulez-vous me punir et m'enlever le bonheur de dire la messe? Pardon mon Dieu si je suis coupable! Pardonnez une fois de plus à votre oblat qui se dévoue et s'épuise pour les âmes. Qui donc maintenant, mon Dieu, vous priera dans la forêt comme le calice de ma chapelle portative, qui donnera le pain du ciel à vos petits enfants des bois? Je suis seul à les visiter, à les faire communier et à leur prêcher. Mon Père, faites en sorte que ce calice ne s'éloigne pas de moi, que je boive encore à sa coupe consacrée.

Je pris mon calice en tremblant et essayai de lui redresser la tige. Je me servais d'un linge blanc pour le traiter avec encore plus de délicatesse. En l'appuyant sur mon coeur, le feu de l'amour faisant fondre le métal, je lui redonnai lentement sa forme. Je versai de l'eau dans la coupe, les fissures s'étaient refermées. Je le déposai sur la pierre de l'autel afin de bien l'examiner. Il n'était pas parfait, mais vu sous certains angles, sa forme était encore gracieuse. Je mis la pale dessus et préparai l'autel pour la messe en pleurant et en priant. Oui mon Dieu, avec mon calice chéri, brisé et refait, je vous ai adoré

228

à nouveau, je vous ai béni des semaines, des mois, deux années encore où il me semblait Vous aimer davantage. Tous les matins, après la messe, lorsque tous avaient quitté les lieux, je regardais mon cher calice en m'ingéniant à lui trouver la meilleure place possible sur ma chapelle portative. Je le bandais de linge et le roulais dans l'aube de lin. J'éloignais tout ce qui aurait pu le blesser. J'étais comme une mère pour son premier-né, une nonne pour les Saintes Reliques ou les vases précieux des riches cathédrales. Je crois même que je prenais encore plus soin qu'elles de mon petit calice difforme.

*

Plusieurs années se sont écoulées depuis ces événements; j'ai missionné vingt-deux ans avec un autre calice. Aujourd'hui, ce n'est plus mon calice d'argent qui est brisé, c'est moi-même que le temps brise. Ma voix ne veut plus chanter, ne veut plus prêcher, elle peut à peine répondre aux prières de la communauté. Je me tais, je m'efface, je suis impuissant. C'est Dieu qui veut ces brisures; je les accepte car elles viennent de Sa Main divine et j'accepte plus encore la grande et dernière brisure qui me fera disparaître de ce monde. Je sais que Dieu est un habile ouvrier. Il refera mieux ce qu'il brisera bientôt. Vita mutatur, non tollitur.

RELEVÉ DES NOMS DE LIEU PROBLÉMATIQUES OU MAL CONNUS DANS LES MÉMOIRES DU PÈRE GUINARD

Nom selon le manuscrit	Nom officiel	Coordonnées Lat. N. ° '	Lng. O. ° '	Remarques (avec chapitre et page du manuscrit)
Aigle (R. de l')	le même	46 27	76 3	(II 99)
Akamaski (Grande î.)	Akimiski	52 54	80 22	(I 56)
Akawakotsi (R.)	?	—	—	(V 228) C'est sans doute une rivière du district de Hearst ou de Cochrane en Ontario. Voir ce que dit Guinard au sujet des Indiens de Matawagamaw.
Atawapiskat (Lieu et R.)	Attawapiskat	52 56	82 30	(I 54, 56)
Bark Lake	Écorce (L. de l')	47 5	76 24	(II 98)
Barrière (La, poste)	?	—	—	(III 103) Au lac Barrière, aujourd'hui au nord du Réservoir Cabonga?
Baskatong (Lieu)	?	—	—	(II 86) Inondé — voir II 87.
Bois-Franc (Le, lieu)	le même	46 30	75 59	(II 85)
Brochet (Lac)	?	—	—	(V 220) Semble impossible à identifier.
Castor-Blanc (Le, lieu?)	?	—	—	(II 83) À huit milles au nord de Sainte-Famille-d'Aumond. Il y a près de là un lac et une rivière Castor-Blanc, 46° 31' N., 75° 48' O., et près du lac il y a le village de Saint-Cajetan. Mais même par la route la plus tortueuse Saint-Cajetan ne pouvait pas être à huit milles de Sainte-Famille.
Croche (Lac)	le même	46 38	76 28	(II 99) Dans le Canton de Picardie, comté de Pontiac. Ne pas confondre avec les 90 autres «Lac Croche».

Nom selon le manuscrit	Nom officiel	Coordonnées Lat. N. °	'	Lng. O. °	'	Remarques (avec chapitre et page du manuscrit)
Dukokou (R.)	Coucou (R. du)	47	35	75	24	(III 105)
Eau-Claire (Lac)	Dubois (Lac)	48	55	74	24	(V 220)
Eau-Claire (R.)	Eau-Claire (Ruisseau à l')	48	50	74	37	(V 220) «Ruisseau Verreau» dans certaines cartes fédérales, mais «Eau-Claire» reste officiel.
Échohom (R.)	?	—		—		(II 77) Cf. le lac Échouani, 47°45' N., 75°45' O.
Ekwan (R.)	le même	53	30	84	0	(I 50, 56) Dist. de Kenora, Ontario.
English (R.)	Kénogami (R.)	50	30	84	30	(V 206) Cf. «English River I. R. 66» sur la Kénogami vers 50°28' N.
Ennuyante (R.)	Solitaire (R.)	47	55	79	10	(I 37) «Lonely River» dans une carte de 1911, entre le l. Rémigny et le l. Opasatica.
Épinettes (L. des)	Spruce Lake?	54	17	85	0	(I 51) «...qui se dit en cris, Minahikosakaigan.» Probablement Spruce L., dist. de Kenora.
Esturgeon (Ferme de l')	Sturgeon (Poste)	—		—		(II 80) situé au nord du Réservoir Baskatong.
Fort-Hope (Lieu)	le même	51	37	87	55	(I 54)
Grande-Pointe (Lieu)	?	—		—		(II 88) Probablement au l. Saint-Joseph, au nord de Sainte-Famille-d'Aumond.
Grant (Dépôt de ch. de fer)	le même	50	8	86	18	(V 206)
Gull (Lac)	Goéland (Lac au)	49	47	76	48	(III 116)
Ignace (Ferme de l')	?	—		—		(II 99) Probablement sur le lac Ignace entre le lac Croche et le lac Désert.
Joseph (R.)	Saint-Joseph (R.)	46	30	75	54	(II 81)

Nom selon le manuscrit	Nom officiel	Coordonnées Lat. N.	Lng. O.	Remarques (avec chapitre et page du manuscrit)
		° '	° '	
Kaiepapiskat (R.)	Capousacataca (R.)	48 31	76 25	(III 119) V. la note sur le trajet Maurice-Waswanipi.
Kakamaw (Lac)	Gagamo (Lac)	46 40	76 32	(II 99)
Képockaw (Lieu)	Kapiskau (Poste)	52 45	82 0	(I 48)
Kikendash (Poste)	?	—	—	(III 104, 124) À 12 milles au nord du Barrage La Loutre; inondé. Cf. Baie Kikendash, à l'extrême est du Réservoir Gouin.
Kipockaw				(I 56) Voir Képockaw.
Kirigan (Lieu)	le même	49 23	82 18	(V 205)
Kokokache (Poste)	Coucoucache	—	—	(III 127) La réserve actuelle, qui n'est pas au même endroit que la première, n'est pas habitée. V. le manuscrit. (III 124, IV 158) Inondés?
Kotchitchiwastan (R.? et Lac)	?	—	—	
Kowkash (Village ind.)	le même	50 14	87 13	(V 207)
Lépine (Lieu)	le même?	46 55	76 7	(II 98) Probablement le «Dépôt Lépine» moderne.
Longue-Pointe (Poste HBC)	?	—	—	(I 37) V. le manuscrit. Introuvable sur les cartes.
Lynx-Eye (Lac)	Robert (Lac)	49 14	74 23	(V 220)
Lynx-Eye (R.)	Ventadour (R.)	49 10	74 23	(V 220)
Majamegos (Lieu)	Mitchinamekus?	47 30	75 0	(III 103) Mitchinamekus est inondé. Cf. le lac Mejomangoes dans la même région.
Manawan				(Passim) V. Manowan.

Nom selon le manuscrit	Nom officiel	Coordonnées lat. N. ° '	Lng. O. ° '	Remarques (avec chapitre et page du manuscrit)
Manitobégan (Lac)	Du Tremblay (Lac)	47 57	74 35	(II 77).
Manowan (Lieu)	Manuan (Rés. ind.)	47 13	74 23	(*Passim*.) Malgré les tentatives de normalisation, «Manowan» est aussi courant que «Manouane».
Marten's Falls	Manouane (Vill. et R) Marten Falls I.R. No. 65	51 40	85 55	(I 47)
Masamegous (Lieu)	?	—	—	(V 219) V. Majamegos.
Matawa (Lac)				(III 123) Probablement inondé. Cf. Baie Mattawa, à l'ouest du Réservoir Gouin.
Matawagama				(135) V. Matawagamaw.
Matawagamaw (Poste)	?	—	—	(V 208) «...je sus qu'ils étaient du poste Matawagamaw, autrefois visité par nos vaillants missionnaires du Témiscamingue....Je ne suis resté que sept mois en Ontario et je suis convaincu...que si on m'avait confié ces Indiens...»
Méchomis (Lieu)	Michomis (Dépôt)	47 10	75 38	(III 103)
Megiskan (R.)	Mégiscane (R.)	48 29	77 8	(III 105)
Megiskanic (Lac)	Mégiscane (Lac)	48 35	77 55	(III 105)
Memanishishipi (R.)	?	—	—	(V 220) Ce serait la r. Opawica ou l'un · de ses tributaires. V. ma note dans le manuscrit.
Metabedjwan (Portage)	?	—	—	(III 117) Dans la région de Waswanipi, et donc sans rapport avec Métabetchouane.

Nom selon le manuscrit	Nom officiel	Coordonnées Lat. N. ° '	Lng. O. ° '	Remarques (avec chapitre et page du manuscrit)
Metabeskega (Lac)	?	—	—	(III 103) Évidemment près de Manouane. Cf. rivière Métabeskéga, 47° 10' N., 74° 20' O.
Métikan (R.) Metikanich (Lac) Minahikosakaigan (Lac)				(III 119) V. Megiskan, Megiskanic. (I 51) V. Épinettes. S'il s'agit de Spruce Lake, à 70 milles au sud de Winisk, il se peut que Guinard soit revenu par une route plus directe que celle du du départ.
Minwenindamowi (R.) Moonbean (Mission)	? la même (Municipalité)	— 21 49	— 82 9	(I 50) (V 203)
Moulin des Pères	Sainte-Famille d'Aumond	46 28	75 53	(II 81)
Maurry (Lac)	Murray (Lac)	46 27	75 49	(II 81) Probablement une erreur du copiste.
Nawashi	?	—	—	(I 56) Il y a deux bonnes possibilités: 1. Ce serait une communauté indienne sur le r. Lawashi, au sud de l'Attawapiskat, distr. de Kenora, 52° 50' N., 82° 12' O.; 2. il s'agirait d'une bande indienne établie près de Nowashe, Creek, au nord de la r. Ekwan, 54° 6' N., 82° 18' O.
New-Port (Poste)	New Post?	—	—	(I 39) Sans doute une erreur de copiste.

Nom selon le manuscrit	Nom officiel	Coordonnées Lat. N. ° '	Lng. O. ° '	Remarques (avec chapitre et page du manuscrit)
New-Post	?	— —	— —	(I 56) Probablement un poste situé sur la rivière Kanasuta, juste au nord du lac Dasserat où il y a deux portages de suite, de neuf chaînes et six chaînes de longueur; v. le texte. Guinard entend par «Abitibi» un système plus long que la r. Abitibi actuelle.
Nord-Témiscamingue (Rés.)	Notre-Dame-du-Nord	47 36	79 30	(I 37) La réserve, aujourd'hui appellée Témiscamingue, existe toujours mais elle a moins d'un sixième de la superficie qu'elle avait en 1892. Elle est au nord de Notre-Dame-du-Nord, qui occupe le centre de l'ancien village indien.
Obedjwan (Rés.)	Obedjiwan (Rés.)			(Passim)
Olga (Lac)	le même	49 47	77 15	(III 116)
Oskalanéo (Lieu)	Oskélanéo (Lieu)	48 7	75 12	(IV 155 et passim)
Pagwa (Lieu et R.)	Pagwa (Lieu) Pagwachuan (R.)	50 1	85 15	(V 206)
Pivagan (Chantier)	?	— —	— —	(II 99)
Quinze (Lac des)	le même	47 35	79 5	(I 37)
Rohault (Lac)	le même	49 23	74 20	(V 220)
Ruban (R.)	le même	47 53	73 49	(III 125)
Sables (Lac des)	?	— —	— —	(III 124) Inondé.
Sainte-Anne (Lac)	?	52 20	81 40	(I 48) Il ne semble pas y avoir de nom moderne.

Nom selon le manuscrit	Nom officiel	Coordonnées lat. N. °	'	Lng. O. °	'	Remarques (avec chapitre et page du manuscrit)
Sainte-Famille-d'Aumond						(II 81) V. Moulin des Pères.
Saint-Roch de Mékinak (Lieu)	Saint-Roch-de-Mékinac	46	49	72	46	(III 131)
Sesématawa (R.)	?	—		—		(I 50)
Sishotési (Lac)?						
Sishotési (Lac)	?	—		—		(III 143) Inondé.
Travers (Lac)	Rémigny (Lac)	47	51	79	12	(I 37)
Trente (Lac et chantier)	?	—		—		(II 99) Région Gatineau-Lièvre.
Truite (R. à la)	?	—		—		(I 56) Il s'agit probablement d'Indiens de la région de Trout Lake, à l'ouest de la tête du bassin Albany.
Victory (La, lieu)	Gracefield (Lieu)	46	6	76	3	(II 99)
Wabano (Portage)	?	—		—		(III 124) Inondé?
Wagistikweia (R.)	?	—		—		(III 105) Probablement la r. Nicobi, 49° 27' N., 75° 57' O. V. la note sur le trajet Mauricie-Waswanipi.
Wakistikwya (R.)						(III 119) V. Wagistikweia.
Wapikun (R.)	?	—		—		(III 119) Pourrait être la r. Waswanipi, 49° 53' N., 77° 16' O.
Wapukun (R.)						(III 123) V. Wapikun. V. la note sur le trajet Mauricie-Waswanipi.
Wedding (R.)	le même	49	13	77	8	(III 117) (*Passim*)
Wemontaching (Rés.)	Weymontachingue					(III 119) V. la note sur le trajet-Mauricie-Waswanipi.
Wetetnaganum (Lac)	Wetetnagami (Lac)	48	55	76	15	(II 77) V. Manitobégan.
White Bear Lake						

Le trajet de la Mauricie à Waswanipi reste à reconstituer en détail, mais il passait sans doute par les systèmes suivants: d'Obedjiwan au lac Mégiscane; la rivière Mégiscane; la rivière Capousacataca; le lac et la rivière Wetetnagami; les rivières Nicobi, Opawica et Waswanipi. La «série de lacs» qu'il rejoint en quittant la Mégiscane est sans doute le système Berthelot-Girouard. Voir S.T.N. 1:500 000, 32 SE et 32 SW.

La réserve indienne de Winneway, ou Longue-Pointe, sur le lac Simard n'est pas le «Longue-Pointe» de Guinard. Mais puisqu'elle n'a été établie qu'en 1960 il se peut que les Algonquins de Winneway viennent du Lac des Quinze, à 30 ou 40 milles au plus de Winneway. Il faudrait s'enquérir sur l'histoire de la bande de Longue-Pointe.

TABLE DES MATIÈRES

LA COLLECTION CIVILISATION DU QUÉBEC